트렌드 베트남
2020

트렌드
베트남
2020

초판인쇄 2020년 8월 5일
2쇄 발행 2021년 6월 28일

집 필 진 경제광 · 강문경 · 김태원 · 이동길 · 김선일 · 최필균 · 김지현 · 김석운 · 김유호 · 조범곤 · 최지웅
김찬영 · 이재국 · 이윤영 · 이재성 · Mr. Ton Trong Nghia · 원 일 · 김일중 · 양승혁 · 변상현

기   획 베트남 중 · 남부한인상공인연합회(KOCHAM)
총   괄 김흥수
편   집 최흥연, 이용남
디 자 인 양혜진

제작지원 토픽코리아(TOPIK KOREA)

펴 낸 곳 (주)도서출판 참
펴 낸 이 오세형
등 록 일 2014.10.20. 제319-2014-52호
주   소 서울시 동작구 사당로 188
전   화 02-6294-5742
팩   스 02-595-5749
홈페이지 www.chamkorean.com
블 로 그 blog.naver.com/cham_books
이 메 일 cham_books@naver.com

I S B N 979-11-88572-25-0 03320

트렌드 베트남 2020

KOCHAM
Korean Chamber of Commerce & Industry
Ho Chi Minh City, Vietnam

베트남 중·남부한인상공인연합회(KOCHAM) 기획

경제광 · 강문경 · 김태원 · 이동길 · 김선일 · 최필균
김지현 · 김석운 · 김유호 · 조범곤 · 최지웅 · 김찬영
이재국 · 이윤영 · 이재성 · Mr. Ton Trong Nghia
원 일 · 김일중 · 양승혁 · 변상현

CHAMBOOKS

존경하는 코참 회원사 및 진출 기업인 여러분, 그리고 베트남 투자자 및 독자 여러분, 안녕하십니까?

2020년 3월 기준 베트남 외국인 투자청 자료에 따르면, 현재 베트남 내에는 8,700여 개의 한국기업(프로젝트 포함)이 진출하여, 총등록자본 685억 7,000만 달러를 투자해 135개 FDI투자국 중 최대 투자국의 자리매김을 지속하고 있습니다. 전세계 경제가 미중무역분쟁의 장기화와 신보호무역주의의 영향으로 성장 둔화 추세를 보이는 것과는 대조적으로, 베트남은 지속적인 경제성장을 이어오고 있으며, 2018년에 7.08% GDP성장률 달성에 이어, 2019년에도 7.02%의 성장률을 달성함으로써, 당초 정부의 목표치였던, 6.6~6.8%를 초과 달성하여, 세계의 투자자들로부터 유망한 FDI투자처로 더욱 많은 관심을 받고 있습니다.

특히, 올해 베트남은 ASEAN 의장국으로 취임한데 이어, UN안보리 비상임이사국에 선출되었으며, EU-베트남 FTA발효가 예정되어 있어, 그 어느 해보다 국제사회에서의 역할이 확대되고 있으며, 경제적으로도 글로벌 투자자들로부터 큰 관심을 받고 있고, 기업들의 활력이 기대되고 있습니다.

그러나, 이러한 기대와 달리 예상치 못하게 올해 1월부터 중국에서 시작된 코로나19의 전세계 확산과 사태의 장기화로 베트남 내 기업들 또한 오더 감소와 원자재 수급, 인적·물적 교류 중단으로 사업장의

Shut Down을 비롯하여 경영악화가 예상되는 등 예측하기 힘든 혼돈 속에 처해 있는 것도 사실입니다.

이에, 코참은 '트렌드 베트남 2020(제3호 코참 베트남 경제백서)' 발간을 통해, 그 어느 때보다 어려운 혼돈과 위기의 시기를 맞이하여, 베트남 투자자들에게 보다 현명한 투자 방향을 제시하고, 성공적인 비즈니스 전략을 설정하는데 꼭 필요한 지식과 정보를 공유해 드리고자 합니다. '트렌드 베트남 2020(제3호 코참 베트남 경제백서)'에서는 최신 베트남 경제 이슈부터, 투자와 무역, 회계, 세무, 관세, 노무 및 법무, 그리고 산업안전에 이르기까지, 베트남 비즈니스에 필수적인 주제들에 대해서 베트남 각 경제계에서 활동하고 있는 전문가들이 집필진으로 직접 참여함으로써, 보다 폭 넓고 전문적인 지식을 담아 낼 수 있었습니다.

끝으로, 바쁜 현업과 업무에도 우리 진출 기업과 한·베 양국의 경제 발전을 위해 소중한 지식을 나누어 주신 집필진 여러분과, 올해에도 코참 경제 백서가 발간될 수 있도록 많은 지원과 응원을 보내 주신, 800여 개 코참 회원사 여러분께 진심 어린 감사의 말씀을 전합니다. 아울러, 2020년에 들어서 새로운 형태로 발생한 코로나19에 의해 야기된 전세계가 경험해 보지 못한 초유의 위기와 어려움을 극복하여, 한국과 베트남이 더 큰 발전을 이루고 양국의 굳건한 결속이 지속되기를 기원합니다.

베트남 중남부한인상공인연합회(KOCHAM)
제12대 회장 김흥수 배상

제1장 베트남 경제 및 금융 시장동향 및 전망

신한은행 신한금융투자(겸직) 투자자산전략부 경제광 연구위원
(Email : nasunjang@shinhan.com)

*약력
- 2005년 연세대학교 경영학과 졸업
- 2005년 신한은행 입행
- 2013년 신한은행 투자자문부
- 2016년 신한은행, 신한금융투자 투자자산전략부
- 2016년~현재 베트남 담당 연구위원
- 2016년 9월~현재 '주간 베트남 시장 동향 및 이슈' 연재
- 2017년~현재 '베트남 경제 및 금융시장 전망 세미나
  – 호치민시, 하노이시'
- 2018년~현재 매경TV 등 방송 출연, 일간지/잡지 다수 기고

제2장 2020년 베트남 경제 및 주식시장 전망

미래에셋증권 베트남법인 강문경 대표
(Email : moon.kang@miraeasset.com.vn)

*약력
- 고려대 경제학과
- 미래에셋증권 분당 및 방배지점
- 미래에셋증권 자산운용컨설팅본부 연구위원
- 미래에셋자산운용 베트남 사무소 포트폴리오 매니저
- 미래에셋증권 베트남법인 주식영업본부장

- 미래에셋증권 브라질법인 기획실장
- 미래에셋증권 해외전략팀장
- 현) 미래에셋증권 베트남법인 대표

제3장 베트남 은행권 현황 및 주요 이슈

신한베트남은행 재무기획부 김태원 부장
(Email : best11player@shinhan.com)

*약력
- 2004년 신한은행 입행
- 2012년 신한은행 자금부
- 2017년 신한베트남은행 자금부
- 2019년 신한베트남은행 재무기획부

제4장 베트남 투자를 위한 자본금 및 대여금 송금

신한베트남은행 기업고객부 이동길 부장
(Email : 06175831@shinhan.com)

*약력
- 2004년 신한은행 입행
- 2016년 신한베트남은행 비엔화 지점
- 2018년 신한베트남은행 기업영업추진부

제5장 베트남 스타트업 생태계 현황 및 전망

신한퓨처스랩 김선일 부장
(Email : martin@futureslab.vn)

*약력
- 2016년~현재 신한 퓨처스랩 베트남 설립 및 운영
  - NATEC(과학기술부), 호치민 과학기술국,
    SIHUB(Saigon Innovation HUB) 제휴
  - 베트남 정부 공식 한-베 스타트업 교류 프로그램
    'Runway to the World' 공동 런칭
  - 베트남 정부 'Open Innovation Vietnam' 프로젝트 파트너쉽
  - 'Shinhan Open Innovation Network' 통한
    베트남 스타트업 육성 생태계 구축
  - 베트남 예비 청년 창업자, 학생을 위한 창업 교육 프로그램
    (Seed the Future) 런칭
- '베트남에서 반드시 알아야 할 핀테크 인플루언서 15인' 중
  선정(FIntechnews Singapore)
- DaumKakao 온라인 플랫폼 사업(e-commerce, O2O,
  Contents, LBS 등) 기획, 제휴

제6장 베트남 M&A 시장 동향

EY Vietnam & Indochina(M&A거래 & 경영 자문 서비스) 최필균 이사
(Email : Phil.Choi@vn.ey.com)

*약력
- 현) Director, EY Vietnam & Indochina
  (M&A거래 자문 & 경영자문 서비스)
- 전) 재무, 전략, 내부감사 담당 Director,
  Central Group Vietnam, MM Mega Market Vietnam
- 전) EY 인도, PwC 삼일회계법인 근무

제7장 토지사용권(LURC)의 기본 이해 및 유의사항

법무법인 JP 베트남 사무소 법인장 김지현 변호사

(Email : jesusdam@jplaws.com)

*약력

- 고려대학교 법학과 졸업
- 서울대학교 국제대학원 FLP 수료
- 현) 법무법인 JP 베트남 사무소 법인장 변호사
- 현) 법무법인 JP 서울 사무소 소속 변호사
- 전) 대통령 소속 노사정위원회 전문위원
- 전) 이랜드그룹 법무실 소속 변호사
- 전) 공군 대위 전역

제8장 베트남의 유통 채널

제9장 베트남 소비시장 트렌드

베트남 경제연구소 김석운 소장

(Email : kswkso@hanmail.net)

*약력

- 연세대학교 경영대학원 최고경영자과정 수료(AMP 50기)
- KT 근무 (21년간), KTF 사내벤처 프리님 전무이사
- ㈜인터리츠 부사장(코스닥 등록기업)
- 베트남 시장조사 정보 공유 Blog 운영(베트남 경제연구소장)
- 무역협회 공식 언론 한국무역신문 컬럼 기고
  '김석운의 베트남 통신' (209회 게재 중)
- 월간 음식과 사람들 컬럼 기고 '베트남 진출 외식업'(4회 게재 중)
- 전) 한글과 컴퓨터의 해외영업법인 / 한컴MDS(코스닥등록기업)
  베트남 법인장

- 현) 베트남 경제연구소(Viet-Han market research Co., Ltd.) 소장 / CEO

제10장 국영기업의 민영화

로투비(Law2B) 대표 김유호 미국 변호사(베트남 법무부 등록 외국변호사)
(Email : ceo@law2b.kr)

*약력
- 대한상사중재원 국제중재센터(KCAB International), 국제중재인
- 대한민국 법무부, 해외진출 중소기업 법률자문위원
- 주베트남 대한민국 대사관, 사건·사고 법률자문관
- 하노이 한인회, 고문변호사
- 베트남 한국상공인 연합회(코참), 자문위원/운영위원
- KBIZ 베트남 하노이 중소기업 연합회, 고문변호사/운영위원
- 한국 신재생 에너지 협회, 자문위원
- 베트남 하노이 국립대학 법대, 외래강사
- 베트남 사법연수원, 외래강사
- 전) 베이커 맥킨지 로펌(베트남),
  베트남 법무부 공식 등록 외국변호사
- 전) 코트라 하노이, 고문변호사
- 전) 법무법인 로고스 서울 본사(미국변호사) 및 하노이 지사(지사장)

제11장 인사 노무 : 개정 노동법의 이해

법무법인 김&장 조범곤 변호사
(Email : beomkon.cho@KimChang.com)

*약력
- 2007년 제49회 사법시험 합격
- 2008년 연세대학교 법학사

- 2010년 대법원 사법연수원 39기
- 2010년~2013년 육군법무관
- 2013년~현재 김&장 법률사무소
- 서울 사무소(2013.03.~2018.07.)
- 베트남 호치민 사무소(2018.08.~2020.01.)
- 서울 사무소(2020.02.~현재)
- 2019년~현재 베트남 노사관계 분야 정책자문 ODA 사업 참여
- '베트남의 임금법제, 베트남에서의 저성과자 관리와 해고'

  『베트남 경제백서 2019』

  (공저, 베트남 중남부 한인상공인 연합회)

제12장 베트남 주요 법률 개정 사항 및 인사노무

법무법인 아세안 베트남 최지웅 변호사

(Email : jchoi@alfcounsel.com)

*약력
- 법무법인 아세안 베트남법인·미국법인 대표변호사
- 주베트남 대한민국 대사관(하노이) 고문변호사 역임
- 주베트남 대한민국 총영사관(호치민) 고문변호사 역임
- 코트라 동남아대양주지역본부(베트남) 고문변호사 역임
- 베트남한인상공인연합회(코참) 법률운영위원 역임
- 미주한인상공회의소총연합회 고문변호사 역임
- 영국 Financial Monthly 베트남 기업법분야 Legal Award 수상(2020)

제13장 2019년 개정 신 노동법

KOTRA 호치민무역관 김찬영 변호사

(Email : cyk@kotra.or.kr)

*약력

- 1998년 연세대학교 법학과 졸업
- 2013년 동아대학교 법학전문대학원 전문석사
- 2013년 법무법인 삼양
- 2014년 법률사무소 아인
- 2014년 부산지방법원 책임조정위원
- 2015년~현재 KOTRA 호치민무역관 전문위원

제14장 베트남 노동법관련 한국기업 주요 질의 7선

주베트남 대한민국대사관 이재국 고용노동관

(Email : jglee19@mofa.go.kr)

*약력

- 2006년 고용노동부 입부(행정고시 49회)
- 장관 비서, 직업능력정책과·여성고용정책과·공공기관 노사관계과
  등 역임
- 2013년 호주 Griffith 대학교 HRM 석사
- 2019년 2월~현재 주베트남 대한민국대사관
  (고용노동관 겸 1등 서기관)

제15장 저작권과 관련권의 관리, 사이버보안과 정보보호, 기술 이전법

ROUSE LEGAL VIETNAM 이윤영 변호사
(Email : ylee@rouse.com)

*약력
• 미국 변호사(워싱턴 디씨) / 베트남 법무부 등록 외국변호사
• 2017년~현재 ROUSE LEGAL VIETNAM
• 2016년~2017년 MCC Holdings
• 2016년 김&장 법률사무소
• 2015년 KCC

제16장 베트남 산업안전보건법에 따른 실무 해설

베트남 안전관리회사 SOL VINA 이재성 대표
(Email : leecasiano@naver.com)

*약력
• 호치민시 안전협회(HOSHA) 자문관
• 동특탕 대학 안전학과 기술 연구원

호치민시 안전협회 Mr. Ton Trong Nghia 연구원
(Email : trongnghia.comat@gmail.com)

*약력
• HOSHA(Hochiminh Occupational Safety and Health
  Association) 연구원
• 똔득탕 대학(TON DUC THANG UNIV. 호치민시) 안전학과 석사

제17장 외국인 계약자 세(Foreign Contractor Tax)

KPMG Vietnam 원일 회계사
(Email : ilwon@kpmg.com.vn)

*약력
- 2007년 EY한영 세무본부 근무
- 2009년 삼정 KPMG 감사본부 근무
- 2017년 KPMG 베트남 파견
- 현) KPMG 베트남 Korean Desk

제18장 베트남 교민의 부동산과 지분이전에 대한 한국과 베트남의 과세문제 검토

CTAC EJ Vietnam 김일중 대표 회계사
(Email : Ilchung.kim@ctacgroup.com)

*약력
- 한국 공인회계사, 세무사
- 미국 공인회계사(델라웨어주)
- CTAC의 한국부 대표 파트너로서, 국세청, KPMG Korea, KPMG Shanghai에 근무하였으며, 국제조세 전문가로서 이전가격문서화, 세무조사 방어, 상호합의, APA 및 조세불복 건을 포함하여, 20년간의 회계, 세무 및 국제조세 관련프로젝트 경험을 가지고 있습니다. 베트남은 2017년부터 호치민 및 하노이에서 이전가격팀을 운영하고 있습니다.
- Home page: www.ctacgroup.co.kr

제19장 베트남 통관환경 및
최근 베트남 진출기업 애로 사항

호치민시 총영사관 / 양승혁 전) 관세관
(Email : krheo75@korea.kr)

제20장

관세법인 유니 / Cargo Rush International 변상현 관세사
(Email : byun@cargorush.com)

*약력
• 거창고등학교 졸업
• 충남대학교 졸업
• KOTRA 호치민 무역관 전문위원
• KOCHAM 자문위원
• 호치민 한인회 전문가 위원
• 2019년 관세청장 표창
• 현) CARGO RUSH INTERNATIONAL 이사
• 현) 관세법인 유니 법인장

목차

| 일러두기 |

본 자료의 내용은 필자 소속 법인의 공식적인 자문이나 의견이
아닌 필자 개인의 견해를 담은 참고용 자료이며, 코참의 공식적인
자문 또는 의견이 아님을 밝힙니다.

제1장

베트남 경제 및 금융 시장동향 및 전망

신한은행, 신한금융투자(겸직) 투자자산전략부 / 경제광 연구위원

제10장

국영기업의 민영화

로투비(Law2B) 대표

/ 김유호 미국 변호사(베트남 법무부 등록 외국변호사)

제11장

인사 노무 : 개정 노동법의 이해

법무법인 김&장 / 조범곤 변호사

. . . .

제14장

베트남 노동법관련 한국기업 주요 질의 7선

주 베트남 대한민국대사관 / 이재국 고용노동관

제15장
저작권과 관련권의 관리, 사이버보안과 정보보호, 기술 이전법
ROUSE LEGAL VIETNAM / 이윤영 변호사

제1절 저작권과 관련권의 관리

제2절 사이버보안과 정보보호

제3절 기술 이전법

제19장

베트남 통관환경 및 최근 베트남 진출기업 애로 사항

호치민시 총영사관 / 양승혁 전) 관세관

제20장

베트남 세관조사 절차 및 세부 사항

관세법인 유니/Cargo Rush International / 변상현 관세사

* 베트남 주요 도시

① 하노이 : 수도, 공공기관 집중, 2019년 미·북 서밋,
　　　　　　 2020년 F1 개최

② 호치민 : 최대 상업도시, 높은 소득 수준(GDP 약 6,000달러)

③ 하이퐁 : 제3의 도시(부산과 유사),
　　　　　　 북부 물류 중심지, LG 진출

④ 빈푹 : 노이바이 국제공항 인근, 4개의 강 수로 연결

⑤ 꽝닌 : 하롱베이, 최대 석탄매장지, 열 발전소 밀집

⑥ 박닌 : 하노이 인근, 삼성전자(갤럭시 스마트폰) 진출

⑦ 다낭 : 제4의 도시, 관광 휴양지, 2017년 APEC 서밋

⑧ 껀터 : 최대 곡창지대(메콩델타), 쌀과 수산물 수출

⑨ 동나이 : 호치민 인근,
　　　　　　 최대 산업공단 밀집(태광, 창신, 화승, 효성)

⑩ 빈증 : 산업공단 밀집(금호타이어, 오리온), 신도시 개발

⑪ 바리아 붕따우 : 원유/가스 생산지,
　　　　　　 최고 소득수준(휴양지), 포스코

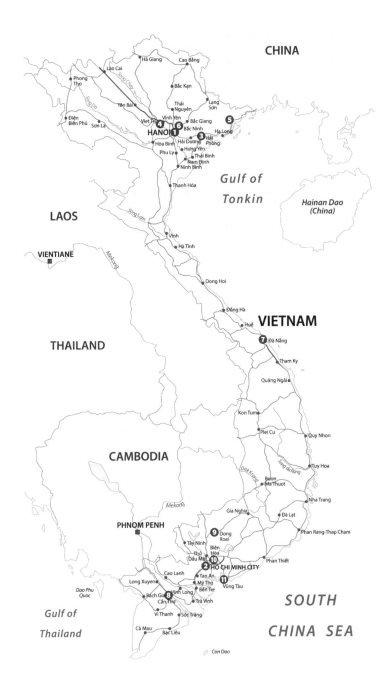

국명: 베트남 사회주의 공화국

면적: 한반도의 약 1.5배(남북 1,700km, 해안선 3,200km)

인구: 약 9,620만명(세계 15위, 2019 통계청 기준 인도네시아
필리핀에 이어 동남아 3위) 35세 이하 70%, 평균연령 30세
* 2050년 인구 예상 : 1억 2,000만명

GDP: 2,620억 달러(2019년)
※ 2018년 : 2,450억 달러(1986년 대비 9.3배 증가)

1인 당 GDP: 2,800달러(2019년)
※ 2018년 : 2,587달러(전년대비 ↑198달러)
2009.1. : 1,160달러

GDP 성장률: • 2019년 7.02%(베트남 통계청)
• 2018년 7.08%(2008년 이래 최고치),
(2017년 : 6.81%), (2019E : 6.6% World Bank),
(2018년 : 제조업 13%, 산업 건설분야 8.5%,
서비스 7.2%, 농림어업 3.5% 성장)

정치: 공산당 1당 체제(당 서기장 - 주석 - 총리 - 국회의장)

종교: 신자 1,900만명(불교 12%, 가톨릭 7% 등),
신앙의 자유 ○, 포교의 자유 ✕

행정구역 : 5개 직할시(호치민(남), 하노이(북), 하이퐁(북),
껀터(남), 다낭(중)), 58개 성(省)

통화 : 동화(VND, 원화의 약 1/20)
- 환율변동 : 베트남중앙은행 1.6% 증가(2017년),
시장환율 2.5% 증가
- 2018년 베트남중앙은행 평가절하율 : 2.2~2.3%
(중국 5% 절하)
- 2019년 3월말 환율 23,200동/달러
- 2019년말 예상 : 23,700동/달러(연중 평균 23,440동)
(2% 이내 평가절하 예상)
* SBV : 환율안정 위해 2019.1~4월까지
83억 5,000만 달러 매입

시차 : 한국보다 2시간 늦음

국가 신용 등급
- Standard & Poor's : BB- 등급 → BB 등급(2019.4.5.)
(장기신용등급 : Stable Outlook)
※ 단기신용등급 : B 등급 유지(거시경제성과,
정치적 안정에 기인)
- Fitch(2019.5.) : BB 등급(장기외화 Default Rating),
- Moody's(2019.12.18.) : Ba3 "Negative" 등급
(베트남정부 채무이행지연은 재정적
요인보다는 행정력 부재로 봄)

베트남 무역액

- 2019년 : 5,180억 달러
  - 수출 2,640억 달러
    (전년대비 8%↑, 이중 임가공품 2,222억 달러 84.3% 차지)
    ※ 2020년 목표 3,000억 달러
  - 수입 2,540억 6,000만 달러(무역수지 + 99억 4,000만 달러)
- 2018년 : 4,820억 달러(1.47%↑)
  - 수출 2,450억불(13.8%↑) : 국내기업 692억 달러(15.9%↑),
    FDI기업 1,755억 2,000만 달러
    (71.6% 차지, 12.9%↑)
  - 수입 2,370억 달러(11.5%↑) : 국내기업 948억 달러,
    FDI기업 1,422억 달러(60% 차지)
- 2017년 : 4,750억 달러
    ※ WTO 자료 : 2006년 수출 50위.
      수입 44위(2019년 수출 26위,
      수입 23위)
- FDI, Local 무역수지 : 2018년 72억 달러 흑자
    (FDI기업 328억 달러 무역흑자,
    베트남국내기업 256억 달러 무역적자)
- GDP대비 교역량 : 200%

무역/경상수지 흑자

- 4년연속 무역수지흑자
  (2019년 12월말 : 99억 4,000달러, 2018년 75억 8,000달러)
- 경상수지흑자(2018년 126억 달러, 2017년 64억 달러)

해외송금유입액(WB) : 2019년말(World Bank 예상치) ; 167억 달러,

2018년 : 159억 달러, 2017년 : 138억 달러

※ 특히 호치민으로 송금유입이 많음.

2019년 11월까지 43억 달러, 12월에만

10억 달러 송금유입 총 56억 달러 유입

(전년대비 9% 증가)

해외근로자 송출(ILO)

• 2018년도 총 142,000명 중 일본 68,700명, 타이완 60,400명,
 한국 6,500명

• 해외근로자 월평균급여 : 일본, 한국 1,000~1,200달러,
  대만 700~800달러, 중동 400~600달러

외환보유고 : 2019. 12월 ; 790억 달러

※ 2015년말 수입 2.1개월분 → 2018년말 수입

2.8개월분 규모로 증가(베트남중앙은행)

은행 BASEL Ⅱ문제

• 2020.1.1. 기한 적정자기자본비율 8% 충족은행(2019년 10월)
 ; 35개 은행 중 11개 은행(VIB, VIETCOMBANK, OCB, MB
 Bank, TPBank, VPBank, ACB 등) 충족

• 2020년 은행 간 M&A 예상됨

• 문제점 : SOE기업의 비핵심분야(은행지분 등) 매각,
  외국금융기관의 부실베트남은행 지분인수 꺼리고,
  지점 등 네트워킹 확대에 주력

Bad Debt Ratio : 2020년까지 목표 3%

※ 2018년 1.89%(64억 달러, 149조 2,200억 동),
2017년 1.99%, 2016년 : 2.46%

* 2018년 실제 6%대

신용증가율 목표

• 2019년도 베트남중앙은행 목표 : 14% 증가(2017년 : 18%)
• GDP대비 신용율 : 135%(Credit to GDP Ratio)

WEF(세계경제포럼) / WB 국가경쟁력지수

• 2019년 67위/141개국(2018년 77위에서 10계단 상승)

※ 1위 싱가폴, 3위 홍콩, 6위 일본, 13위 한국, 27위 말레이시아,
40위 태국, 50위 인도네시아, 56위 브루나이, 64위 필리핀,
106위 캄보디아, 113위 라오스

• 2017년 55위/135개국(2016년 대비 5계단 상승)
• 세계은행 Doing Business Report : 60위/190개 경제단위

(2016년 대비 14계단 상승)

Ease of Doing Business(WB 발표) :

• 2019년 10월 : 70위/190개 경제단위(2018년 69위)

※ 싱가폴(2위), 말레이지아(12위), 태국(21위), 브루네이(66위)

• 기업설립용이 지수 : 2019년 115위/190개 경제단위

(2018년도 104위)(Facilitating Business
Establishment Indicators)

기업경영효율성 : 기업평균 ROA(2018년) : 2.7%(FDI : 6.9%,

SOE : 2.6%, 비국영기업 : 1.4%),

(ROA : 자산수익률)

※ ROA : Return on Assets

실업률(WB발표) : 2018년 ; 2.2%(2017년과 동일)

* 불완전고용률(Under-employment)

: 1.5%(2017년 : 1.7%)

저소득층 실업률(WB 발표) : 2018년 ; 5.9%(2016년 : 8.4%)

최저 임금 인상 추이 : 2013년 17.5% → 2014년 14.9% →

2015년 14.8% → 2016년 12.4% →

2017년 7.3% → 2018년 6.5% →

2019년 5.3% → 2020년 5.5%(2019년 6월 발표)

· 1~4급지 ; 월 442만 동~월 307만 동

(원화 약 22만4,000원(1급지)

~15만5,000원(4급지))

SOE 민영화

· 베트남의 국영기업은 모두 855개이며 이 가운데 정부가 지분
100%를 갖고 있는 기업이 505개, 정부가 일부 지분을 보유한
기업이 355개임

· 2016~2019년도 민영화 회사수 : 36개사

(목표 130개사의 28% 달성)

- 부동산, 지식재산, 기타 자산평가의 문제/변화를 꺼림, 이해충돌, 특권, 부패 고리 탈피 꺼림

인터넷 사용
- 2019년 10월 : 6,500만명 → 2020년 9,000만명 목표
  (최고 많은 사용국 20개 국 중 14위)
- 페이스북 이용자 5,000만명 이상 국가 중 7위

외국인 방문객 수
- 2017년 1,292만명(중국 400만명, 한국 240만명, 일본 79만명)
- 2018년도 한베 양국 상호 방문객수 : 350만명
  (한 → 베 310만명,
  베 → 한 40만명)
- 2019년말 베 → 한 방문객수 : 55만명(한국관광공사 자료)

중산층 : 2018년 총인구의 13% → 2026년 26% 예상

은행계좌보유(WB 발표)
- 2017년 기준 : 성인의 69%가 아직 은행 계좌가 없음
- 15세 이상인 5,000만명이 아직 현금으로 지급하고 있음

외국인 투자가 : 2019년 ; 베트남 전체 9,842건 중
호치민가 60%(5,720건), 55억9,000만 달러 차지,
2018년 대비 4.4배 증가 M&A거래

대기오염 : GREEN PEACE 발표 동남아 최악의 대기오염 도시 :
　　　　　하노이 2위, 호치민 15위(2018년 11월, 2019년 1월, 2월
　　　　　측정 : 건기)

편의점 수
• 2019년 1월 : 인구 38,400명당 1개
　　　　　　　(※ 한국 : 1,400명당 1개로 포화상태)
• 아직 성장 잠재력 있음.
　바쁜 생활 속 편리하게 이용할 수 있는 현대식 유통채널 선호
• 영국에 본사를 둔 식료품유통연구소
　(Institute of Grocery Distribution) :
　향후 4년 동안 베트남 편의점 증가율 두 자리수로 2021년에는
　전체 소매 매출의 37.4%를 차지할 것으로 전망

대형할인점 : 경제환경평가(ENT)를 받아야 하지만 관련규정
　　　　　변경으로 라이선스를 면제받은 500m² 이하의
　　　　　소형점포로 구성된 편의점 및 전문점의 프랜차이즈는
　　　　　사업진행 속도가 빠름. 소형점포의 경우,
　　　　　적은 비용으로 투자 가능해 확장이 쉬우며,
　　　　　높은 수익률을 보이고 있음
　　　　　→ 상권선점 경쟁으로 임대료 상승을 부추김.
　　　　　　 호치민의 경우, 우수한 상권은 최근 3년 만에
　　　　　　 임대료가 3배 이상 상승하여 m²당 100달러를
　　　　　　 넘어서는 지역 속출되고 있음

지하경제규모(베트남통계청) : 1991~2015년 ; GDP의 18.7%

※ IMF(2018년 1월 발표) :

　1991~2015년 158개국의 평균 지하경제 규모는 31.9%

　(최대 규모 : 볼리비아(62.3%), 최소 규모 : 스위스(7.2%))

　(출처 : 2020.1.7. Vietnam News 기사)

비공식 고용율(ILO) : 2016년도 추산 ; 비농업분야 비공식 고용율

　　　　　　　　　57.2%, 노동계약서 없이 고용된 비공식고용율

　　　　　　　　　76.7%(출처 : 2020.1.7. Vietnam News 기사)

오토바이 판매대수(베트남 오토바이 제조협회)

• 2019년 : 320만대(Honda 260만대, Yamaha 40만대)

• 2018년 : 340만대

TREND
VIETNAM
2020

| 제1장 |

베트남 경제

및

금융 시장 동향

및

전 망

01

베트남 경제 및
금융 시장동향 및 전망

신한은행, 신한금융·투자(겸직) 투자자산전략부
경제광 연구위원

1. 2019년 베트남 경제 리뷰

2019년 베트남 경제는 혹독한 대내외 환경 속에서도 상반기 6.8%, 3분기까지 7.0% 성장하며 선전했습니다. 돼지 열병 확산과 가뭄으로 인해 농업 부문이 부진했지만, 미·중 갈등에 따른 반사이익과 내수 증가에 힘입은 산업, 건설업, 서비스업의 선전이 돋보였습니다.

< 베트남의 주요 경제지표 >   2020.1월 기준

주요 지표	2016년	2017년	2018년	2019년	2020년(f)
실질 GDP(YoY%)	6.2	6.8	7.1	7.0	6.8
평균 CPI(YoY%)	2.7	3.5	3.5	2.8	3.5
실업률(%)	2.4	2.3	2.2	2.2	2.2
경상수지(GDP대비%)	2.9	2.1	2.4	2.2	2.3
주1)달러-동 환율	22,768	22,718	23,233	23,173	23,400

주1: 기말 시장환율 기준   자료 : Bloomberg *'20년 → 당행 추정 및 전망치

하반기 들어 미·중 갈등이 완화되는 조짐을 나타내고 연준이 세 차례 연속 금리 인하에 나서면서 대외 여건이 개선되는 가운데 베트남으로의 외자 유입이 증가했고, 정책 여력이 제고되면서 베트남 금융시장도 안정을 찾았습니다. 베트남은 정책금리 인하, 경제 구조개혁, 글로벌 경제 협력 확대를 추진하였고, 이에 글로벌 성장률 둔화 속에 베트남 홀로 성장률 전망이 상향 되면서 투자 매력은 더욱 제고되었습니다. 그 결과, 정부의 성장률 목표치를 뛰어넘어 2019년 7.02% 성장하였습니다.

2, 3차 산업 호조가 베트남의 高성장을 주도

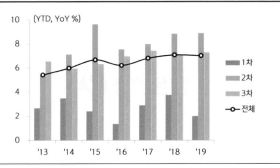

자료 : GSO, 신한은행 투자자산전략부

CPTPP가 베트남 수출에 끼친 긍정적인 효과

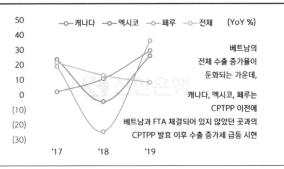

자료 : 베트남 관세청, 신한은행 투자자산전략부

2. 2020년 베트남 경제 전망

2020년에도 여전히 불확실한 대외 여건 속에 국내 부문의 선전과 이를 뒷받침하는 강력한 정책의 콜라보가 기대됩니다. 글로벌 경기 둔화를 선제 대처하려는 각국의 부양 노력과 미·중 갈등 완화에 따른 수출입 반등, 정부 지출, 투자, 소비 증가가 여러 악재요인을 상쇄하고, 베트남 당국은 신중한 통화정책과 환율 정책, 물가 안정 관리에 집중할 것으로 예상합니다.

'20년 수출입 반등, 정부 지출 확대

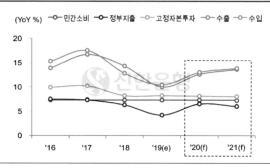

자료 : World Bank('19.10월), 신한은행 투자자산전략부

'20년 6.8% 성장률 목표 달성

자료 : Bloomberg, 신한은행 투자자산전략부

또한, 트렌드 변화에 따른 새로운 수요 부상에 맞춰 새로운 성장 동력을 발굴하고, 글로벌 무대에서 베트남의 역할을 증대하며 꾸준한 개혁을 추진할 것으로 전망합니다. 특히, 현재 지도부의 임기와 5개년 경제 개발 계획의 마지막 해를 맞이하여 대내외 성과 과시를 위한 6.8% 성장률 목표 달성에 총력을 다할 것입니다.

이슈 1. 수혜와 도전

미·중 무역갈등은 베트남에게 혜택과 고민거리를 동시에 안겨주었습니다. 미국의 대 중국 관세 부과로 인해 중국산 제품의 경쟁력이 하락한 틈을 타 베트남을 포함한 아시아 신흥국들의 대미 수출이 크게 증가했고, 중장기 관점에서 글로벌 및 중국 기업들의 생산기지 이전 움직임이 활발하게 전개되어 베트남으로 들어오는 FDI 자금이 늘어났습니다.

하지만, 이러한 대미 수출 급증은 2019년 5월부터 미 재무부의 환율조작 관찰대상국에 베트남이 포함되면서 미국의 다음 통상압박

美中 갈등 지속 … 對美 수출 증가, 중국發 FDI 급증

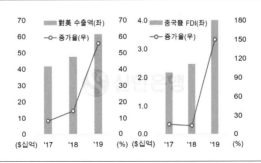

자 료 : 베트남 관세청, FIA, 신한은행 투자자산전략부

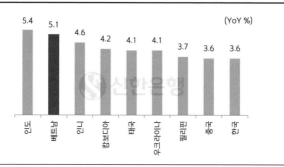

자료 : ECA International *'20년 전망

대상국이 되었고, 단기간 급증한 이전 수요는 베트남의 숙련된 인력과 인프라 부족을 심화시켜, 저렴한 생산비용이라는 이점을 빠르게 상쇄시키고 있습니다.

이렇듯 베트남이 맞이한 기회는 한 순간에 위기로 바뀔 수도 있습니다. 저렴한 노동력과 같은 기존의 장점은 언젠가 또는 언제든지 캄보디아, 라오스와 같은 후발국으로 넘어갈 수 있고, 미래의 환경 변화에 대비하지 않고 현재의 이득에 안주한다면, 경쟁력을 상실하고

한국, 중국과의 1인 당 국민소득 비교 … 도약에 중요한 시점

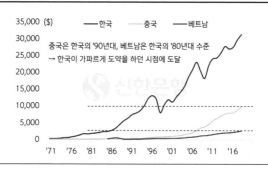

자료 : Bloomberg, 신한은행 투자자산전략부

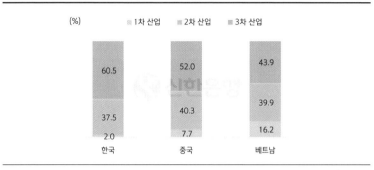

자료 : Bloomberg, 신한은행 투자자산전략부 *'18년 기준

새로운 성장 동력을 찾아내지 못해 중진국 함정에 빠질 수 있습니다. 한국과 중국의 발전 사례에서 볼 때, 베트남은 양국이 가파른 성장을 시작하던 초입에 도달해 있는데, 지금이 바로 베트남만의 차별적인 매력을 입증해야 할 시점입니다.

돌파구는 바로 생산성 제고와 인프라 개발입니다. 단순 조립 생산에서 벗어나 고부가가치 제품으로의 성장 축 이동을 위해서는 기술과 자본의 축적이 필수적입니다. 베트남은 교육 훈련을 강화하고

045

싱가포르와 ASEAN 5 내 노동 생산성 ··· 베트남은 최하위

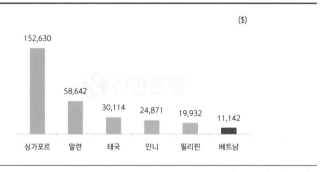

자료 : MPI *'18년 PPP 기준

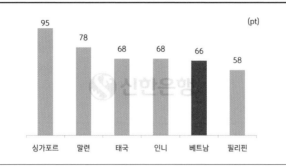

자료 : WEF 글로벌 경쟁력 지수 2019

선진 기술을 습득하며 외자 기업의 현지화를 유도하고 있습니다. 이를 뒷받침하는 다양한 재원을 마련하기 위해 주식, 채권과 같은 국내 자본시장을 육성하고, 민영화를 통해 대외, 민간 부분에 대한 개방을 가속화하며, FDI와 같은 외자를 유치하기 위해 노력하고 있습니다.

또한, 인프라 개발을 가속화하기 위해 투자법과 PPP법을 개정으로 호의적인 투자 환경을 조성하고 GDP 산정 방식 변경을 통한 정부 지출 확대 의지를 내비치고 있습니다.

이슈 2. 지속가능한 성장 … 환경, 안전, 고령화

최근 하노이에서의 수은 누출과 상수도 폐유 오염 사건, 초미세먼지 공포는 베트남 사람들에게 생존의 문제로 인식되고 있습니다. 이러한 가운데, 세계은행은 2035년까지 환경오염의 영향으로 GDP의 3.5%가 억제될 가능성까지 언급하며 사회적 경제적 손실에 대해 경고하였습니다.

베트남 정부도 최근 친환경 정책을 강화하고 있습니다. 심각한

046

역내에서도 심각한 베트남의 대기오염 상태

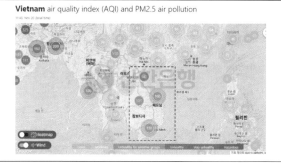

자료 : AirVisual *11.20 현재

자원 별 발전 비중 … 재생 에너지 비중 확대 추진

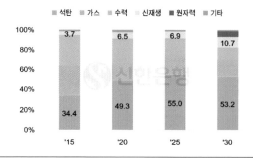

자료 : 베트남 전력 개발 계획 VII('18.3월 개정), 신한은행 투자자산전략부

대기오염 문제를 해결하기 위해 석탄 화력 발전소보다는 태양광, 풍력과 같은 재생 에너지 개발을 장려하고 있고, 하노이시, 호치민시 등 주요 도시 내 오토바이 운행을 규제하고 도시철도, BRT와 같은 대중교통 활성화를 추진하고 있습니다. 또한, 선진국에서 들어오는 쓰레기 컨테이너 수입을 중단하고, 일회용품 사용을 규제하며 외자 유치 시에도 친환경 프로젝트 중심으로 선별적 승인을 하고 있습니다.

많은 사람들이 다치거나 죽은 2018년 카리나 플라자 화재 사고는

카리나 플라자 화재 ⋯ 안전에 대한 경각심 제기

자료 : 현지 언론

식품 안전 강화 ⋯ 식중독 환자 감소세 지속

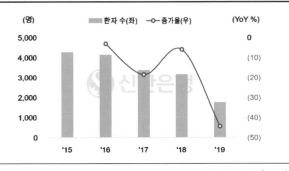

자료 : Nielsen('19.2Q) *복수응답

화재 예방 시스템이 작동되지 않아 발생한 것으로 베트남 사람들에게 안전에 대한 경각심을 갖게 하였습니다. 앞으로는 가격이나 위치, 교통, 편의시설뿐만 아니라, 안전시설 여부도 부동산 가치 평가에 중요한 기준으로 포함될 것이고 화재보험에 대한 필요성도 크게 제고될 것으로 예상합니다.

유통기한이 경과한 식자재나 투명하지 않은 유통 경로, 비위생적인 조리 환경, 이로 인해 만연한 식중독이나 수입 식품 선호 현상도 개선되어야 합니다. 향후 당국의 식품 안전과 위생 단속 강화, 소비자들의 즉석, 유기농, 안전, 브랜드 식품 선호 증가, 식품 생산 이력을 추적할 수 있는 IT 기술의 접목이 더욱 활성화될 것으로 기대됩니다.

고령화 또한 베트남이 당면한 문제 중 하나입니다. 전문가들은 이미 2016년 고령화 사회에 진입한 베트남이 중국과 일본보다 더 빠른 속도로 고령 사회, 초고령 사회에 진입할 것으로 예상하고 있습니다. 이는 향후 의료비 지출 및 양로 시설 확충 필요성 증가로 재정에 큰

인구 증가율 비교 ⋯ 베트남, 가파른 속도로 고령화 사회 진입

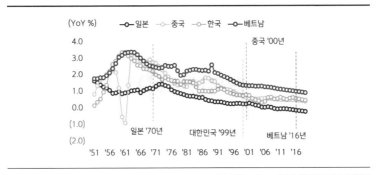

자료 : Bloomberg, UN, 신한은행 투자자산전략부

베트남 소비자들의 주요 관심사 ⋯ 1위 '건강'

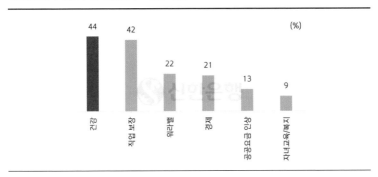

자료 : Nielsen('19.2Q) *복수응답

부담이 되어 사전 예방과 재원 준비가 과제로 떠오르고 있습니다.

경제 성장은 결국 건강한 사람의 힘이 필요한데, 고령화는 경제활동 인구의 감소와 성장 둔화로 연결됩니다. 현재 수준의 고성을 지속하기 위해서는 최근 베트남 국회에서 통과된 정년 연장과 같은 보다 적극적인 대책이 필요합니다. 이에 따라, 향후 스포츠, 여가, 의약품, 의료기기, 사적 건강보험, 노후 및 은퇴 대비 연금에 대한 수요가 증가하며 이에 대한 정책 지원 확대가 예상됩니다.

이슈 3. 개혁, 변화, 주도

베트남 정부는 국가 지분 매각을 포함한 국영기업 민영화를 추진하고 있으나, 현재 추세대로라면, 2020년까지 설정했던 목표는 달성하기 어려울 것으로 예상됩니다. 이는 국영기업의 투명하지 못한 지배구조와 평가 시스템 탓으로 베트남 정부는 투자자의 이익을 보호하기 위해 법적 시스템을 보완하고 공시 규제를 강화하고 있습니다. 한편, 은행 개혁은 2020년 1월 현재 총 18개 은행이 바젤 II 기준을 이행하고 있으며, 고질적인 병폐를 지적되었던 부실채권 문제도 해소되고 있습니다. 특히, 정부가 금융시장 육성과 외자 유치를 위해 증권법을 개정하고 새로운 상품을 출시하면서 금융 선진화는 더욱 속도를 내고 있습니다.

국가 주도 경제에서 민간 부문의 역할 증대로 정책의 지향점이 전환되면서, 각종 사업 규제를 완화하거나 폐지하고, 스타트업을 활성화하기 위해 정책 노력을 기울이고 있습니다. 대외 환경 변화에 크게 흔들릴 수 밖에 없는 과거 외자 중심, 수출 지향적 제조 가공업에 대한 의존도를 줄이고, 인구와 소득의 자연스러운 증가, 생활 수준

지지부진한 SOE 리스트럭처링 ··· 가속화 방안 모색

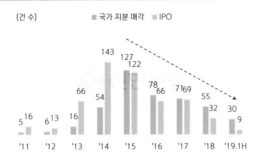

(건 수)　■ 국가 지분 매각　■ IPO

인구와 소득 증가 → 소비 증가

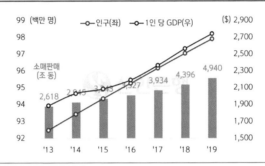

향상에 따른 내수 중심 서비스업의 발전을 장려하고 있습니다.

　2020년은 현재 국가 지도부의 임기 마지막 해입니다. 보호무역의 파고가 여전한 가운데, 남중국해 분쟁과 코로나19 확산에 대응하고 미·중 간 균형 외교를 추구하며, 경제 구조개혁을 추진하는 등 과제가 산적해 있습니다. 특히, 2016~2020년 사회-경제 개발 계획의 마지막 해이기도 해서 대내외 성과 과시를 위한 목표 달성에 총력을 기울일 것으로 예상합니다.

자료 : KOTRA *당 서기장은 '18.9월 공석이 된 주석도 겸직

'16~'20년 사회 - 경제 개발 계획 목표와 달성 가능성 점검

구 분	목 표	'19.12월 현재
GDP 성장률	6.5~7.0%	7.0%
GDP 대비 공공부채	65% 이하	56.1
GDP 대비 사회투자자본	31.8~33.9%	33.9%
GDP 대비 정부부채	55% 이하	49.2%
GDP 대비 외채	50% 이하	39.0%
수출액 증가율	10%	7.9%
수입액 증가율	9.5%	6.5%
수출액 대비 무역수지 적자(누적)	2.3%	$69.2억 '흑자'
산업생산지수	110.8~110.9	109.1
리테일 판매 증가율	12.5~12.9%	12.4%
FDI 이행자본금(누적)	$725억	$728억
신설기업(누적)	450천 개	506천 개

자료 : MPI, GSO, 신한은행 투자자산전략부

베트남은 2020년 국제 무대에서 보다 강력한 외교력을 확보하였습니다. 아세안 의장국이자 2년 간 UN 안보리 비상임이사국으로 활동하게 됩니다. 이러한 지위와 기회를 활용해 베트남은 국제 사회에서 남중국해를 비롯한 지역 현안뿐만 아니라, 국제적인 이해관계가 걸린 이슈에 대해 과거보다 큰 목소리를 내며 적극적으로 대처할 것으로 예상합니다.

은행에 대한 유동성 공급을 확대하여 기업과 가계의 숨통을 트여주었습니다.

2020년 금리는 일부 은행들의 금리 인상과 정부의 재정 지출 확대 가능성이 있긴 하지만, 올해 글로벌과 미국의 경기 둔화 전망이 크게

잠재력이 큰 메콩강 유역 개발

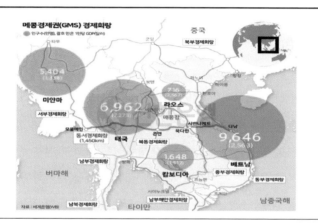

자료 : 한국일보

남중국해(동해)를 둘러싼 긴장 지속

자료 : 연합뉴스

특히, 중국의 일대일로와 미국의 인도-태평양 전략이 충돌하는 지정학적 요충지에 베트남이 자리잡고 있고 한국 정부의 신남방정책의 최대 관심 지역으로 베트남을 포함한 아세안이 선정되었습니다. 이로 인해 향후 막대한 자금이 필요한 메콩강 유역 개발에 이들 국가뿐만 아니라 글로벌 투자자들의 러시가 예상됩니다.

3. 금리

2019년 하반기 금리는 전반적인 하락세를 유지하였습니다. 상반기 돼지 열병 확산과 전기 요금 인상, 갑작스런 유가 급등 속에 정책 당국은 금융시장 안정과 리스크 관리를 최우선으로 하여 신용 증가율 목표를 14%로 유지하고 리스크 부문에 대한 신용을 제한하며 은행 부문에 대한 대출 규정을 강화했습니다. 글로벌 경기 둔화 우려가 심화되고 이에 연준이 선제적 보험적 금리 인하에 나서자, SBV도 2019년 9월 약 2년 만에 전격적인 정책금리 인하를 단행하였습니다. 이는

돼지 열병 확산에도 안정적인 물가 관리 성공

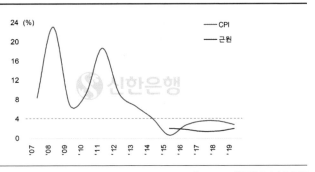

자료 : GSO, 신한은행 투자자산전략부

미국과 유럽의 금리 인하 … 베트남에게 정책 여력 제공

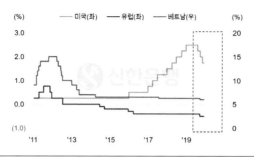

자료 : Bloomberg, 신한은행 투자자산전략부

올해 美 기준금리의 향방 … 인상보다는 인하 쪽

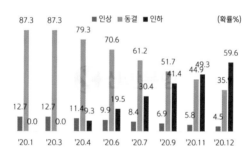

자료 : CME FedWatch, 신한은행 투자자산전략부 *1.15 기준

점점 더 차별화되는 각 은행의 예금 금리 수준

구 분(%)	1개월	3개월	6개월	12개월	24개월	36개월
TECHCOMBANK	4.4	4.4	6.3	6.0	6.3	6.3
Maritime Bank	4.9	4.9	6.5	6.7	7.2	7.2
VietinBank	4.3	4.8	5.3	6.8	6.8	6.8
vietcombank	4.3	4.8	5.3	6.8	6.8	6.8
ACB	5.0	5.0	6.3	6.8	7.6	7.6
AGRIBANK	4.3	4.8	5.3	6.8	6.8	
Sacombank	4.9	5.0	6.3	6.9	7.3	7.4
VPBank	4.5	4.6	7.0	7.0	7.2	7.2
BIDV	4.3	4.8	5.5	7.0	7.0	7.0
SHB	5.0	5.0	6.8	7.0	7.3	7.4
HDBank	5.0	5.0	6.8	7.3	7.0	7.0
MBBank	4.8	5.0	6.4	7.4	7.6	7.4
TPBank	4.8	5.0	6.4	7.4	7.6	7.5
VIB	5.0	5.0	7.3	7.4	7.4	7.4
EXIMBANK	4.6	5.0	5.6	7.7	8.4	8.4

자료 : 현지 은행 *11.20 현재 정기예금 기준

개선되지 않는 한 연준의 금리 인상 가능성은 낮고, SBV도 시장 안정과, 물가 관리, 성장 지원을 위한 중립적 통화정책을 계속 이어나갈 것으로 전망합니다. 결국 연말 연초 계절적 자금 수요 증가에 따른 단기 상승 가능성은 있지만, 대체로 안정적인 흐름이 연중 이어질 것으로 예상합니다.

4. 환율

2019년 하반기 환율은 미·중 갈등 심화에 급등했다가 연준의 잇단 금리 인하와 단기 유동성 공급, 미·중 간 무역 합의 가능성 증가로 23,200동/달러 수준에서 안정을 찾았습니다. 베트남에 대한 성장률 전망 상향, 꾸준한 경상수지 흑자와 FDI, 해외송금 유입, 사상 최고치를 경신 중인 탄탄한 외환보유고(800억 달러)는 대외 환경 변화에도 환율을 안정적으로 만들 수 있는 여력을 제공합니다.

2020년 환율은 일부 지정학적 리스크(신종 전염병, 중동 분쟁 등)

최근 동화 가치 안정 지속 ··· 시장과의 괴리 축소

자료 : Bloomberg, 신한은행 투자자산전략부

글로벌 Top 10 해외송금 수취국 … 베트남 포함

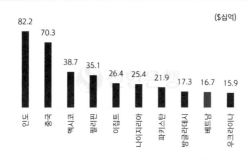

자료 : World Bank('19년 추정), 신한은행 투자자산전략부

예상보다 양호한 베트남의 교역 상황

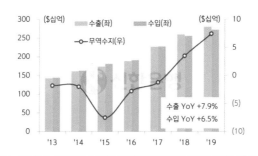

자료 : GSO, 신한은행 투자자산전략부

베트남으로의 FDI 증가세 유지

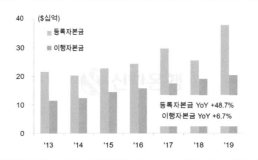

자료 : GSO, 신한은행 투자자산전략부

상승에 따른 상승 압력에도 불구하고 꾸준한 외자 유입, 지속적인 경상수지 흑자를 기반으로 연준의 완화적 통화정책 기조 지속, 미·중 갈등 수위 조절에 따라 안정을 유지하여 연중 1% 수준의 소폭 절하를 예상합니다.

5. 주식

2019년 주식시장은 미·중 합의 가능성이 부상하고 베트남 기업들의 양호한 실적 확인에 따라 외인들의 매도세가 점차 둔화되었습니다. 특히, 신흥국으로의 글로벌 자금흐름이 개선되고 위험자산 선호가 돌아오면서 저성장, 저금리, 저물가 속에 상대적 고수익을 추구하는 투자자들의 관심이 집중되었습니다.

2020년 주식시장은 지정학적 리스크(신종 전염병, 미국 대선)와 글로벌 경기 침체 우려가 주가에 변동성 확대 요인으로 작용하겠지만, 외인 지분 한도를 폐지하는 증권법 개정안 시행과 글로벌 상위 지수로의

對外 여건 변화에 따라 등락 거듭한 VN 지수 … 950~1,000pt

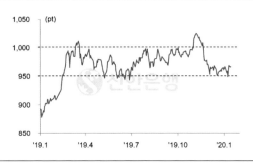

자료 : Bloomberg, 신한은행 투자자산전략부

차익실현에 나섰던 外人의 귀환

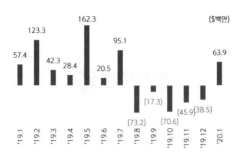

자료 : Bloomberg, 신한은행 투자자산전략부 *1.14 현재

베트남 당국의 확고한 증시 육성 의지

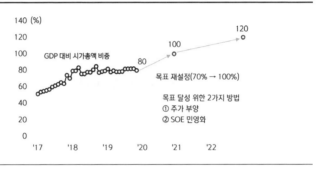

자료 : SSC, 신한은행 투자자산전략부

점진적인 증시 개방 ··· 外人의 거래 계정 비중 증가

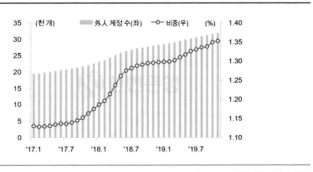

자료 : SSC, 신한은행 투자자산전략부

059

편입 가능성으로 하반기 중 1,100pt 등정을 시도할 것으로 예상합니다.

6. 부동산

2019년 부동산 시장은 부동산 부문 신용 규제, 인허가 절차 강화로 인한 공급 위축과 도시화 진전, 미·중 무역전쟁 이전 수요 증가에 따른 수요 증가로 인해 가격이 크게 상승했습니다.

2020년은 전반적으로 완만한 가격 상승 속에 부문별로 성과는 차별화될 것으로 예상합니다. 특히, 정부의 스타트업 육성책에 따른 공유 오피스, 미·중 갈등과 이전 수요 증가에 따른 산업 인프라, 도시화 진전과 소득 증가, 중산층 성장에 따른 스마트 시티, 리테일 샵 부문이 유망합니다. 다만, 그간 과잉 투자가 이뤄졌고 코로나19 확산에 따른 관광 수요 급감의 직접적인 영향을 받으며, 고금리 회사채 발행이 집중된 일부 휴양 시설, 부동산 개발 프로젝트에 대한 면밀한 점검이 투자 전 필요합니다.

베트남의 부동산 시계 ... 가격 상승 중

자료 : JLL 베트남('19.3Q)

글로벌 기업들의 베트남 移轉 움직임

기 업	국적	상태	위치
한화에어로스페이스	한국	이전	하노이
Yokowa	일본	이전	하남
Huafu	중국	이전	롱안
Goertek	홍콩	이전	박닌
TCL	중국	이전	빈증
Foxconn	대만	검토 중	박짱, 꽝닌
Lenovo	중국	검토 중	박닌
Nintendo	일본	검토 중	미정
SHARP	일본	검토 중	빈증
KYOCERA	일본	검토 중	하이퐁
ASICS	일본	검토 중	미정

자료 : 한국투자증권 자료 인용

신설 기업의 증가세 지속

자료 : GSO, 신한은행 투자자산전략부

부동산 회사채 발행 잔액 급증 *Top 15 기준

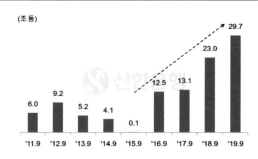

자료 : ADB Asia Bond Monitor, 신한은행 투자자산전략부

TREND

VIETNAM

2020

2020년
베트남 경제 및
주식시장 전망

02

2020년 베트남 경제 및
주식시장 전망

미래에셋증권 베트남법인
강문경 대표

1. 베트남 경제현황

2019년 베트남 경제는 건실한 성장세를 지속하였다. 연간 GDP 성장률은 7.02%로 정부 목표치인 6.6~6.8%를 초과 달성하였다. 업종별로 살펴보면 제조업 11.29%, 건설업 9.10%, 리테일 8.82%, 금융업 8.62% 그리고 운송업이 9.12%로 양호한 성장세를 보였으며 농업

분기별 GDP 성장률

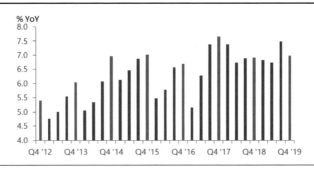

자료 : GSO, 신한은행 투자자산전략부

업종별 GDP 성장률

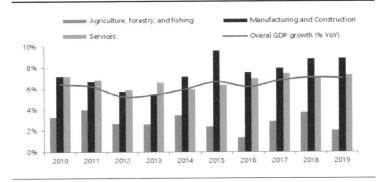

및 광업 분야는 각각 0.61%, 1.29% 성장에 그쳤다.

특히, 베트남의 하반기 성장률이 양호하였다는 점에 주목할 필요가 있다. 미·중 무역전쟁 및 불안정한 지정학적 정세로 글로벌 무역 및 투자가 둔화된 시기였음에도 불구하고 상반기보다 양호한 성장세를 이뤄냈기 때문이다. 이러한 베트남의 성장세는 ASEAN 국가 중 가장 높은 수준이라는 점도 눈여겨볼 만하다.

그러나, 베트남 경제는 다양한 도전에 직면하고 있다는 점도 간과할 수 없다. 우선 글로벌 수요 감소 및 이에 따른 수출 약화, 기후 변화 및 아프리카 열병 등에 기인한 농업분야의 저성장세 그리고 전 세계적인 보호무역 기조 등은 베트남이 지속적인 성장을 위해 극복해야 할 과제다.

베트남 경제가 이러한 성장세를 유지할 수 있는 요인을 다음 3가지 주요사항을 중심으로 살펴보기로 한다. 첫째는, 내수 시장의 성장세가 지속되고 있다는 점이다. 둘째는, FDI 투자가 이어지고 있다는 점이며, 마지막으로 수출 호조세가 그 요인이 될 수 있다고 본다.

ASEAN 국가 경제성장률

Country	2017	2018	2019F	2020F
Vietnam	6.8	7.1	7.0	6.5
Philippines	6.7	6.2	5.8	6.1
Indonesia	5.1	5.2	5.0	5.1
Malaysia	5.9	4.7	4.6	4.6
Thaiand	4.0	4.1	2.7	2.9
Singapore	3.7	3.1	0.7	1.7

ASEAN국가 경제성장률

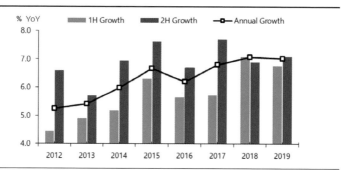

앞서 살펴본 바와 같이, 베트남 리테일 분야는 11.8%를 성장하여 2018년 8.4%보다 높은 수준으로 집계되었다. 이는 일자리가 지속적으로 창출되어 완전고용상태를 유지하고 있고 지난 10년간 1인당 소득이 2배 이상 증가하는 등 실질소득이 증가함에 따라 소비자신뢰도(Consumer Confidence)가 높은 수준을 유지하고 있기 때문이다. 즉, 베트남 국민의 미래에 대한 전망이 여전히 밝기 때문에 소득증가가 소비증가로 직결되고 있다. 미래에 대한 불안한 전망으로 지갑을 잔뜩 움츠리고 있는 국가 입장에서는 부러울 수밖에 없는

모습이다. 리테일 시장과 밀접한 관련을 가지고 있는 슈퍼마켓, 쇼핑센터, 편의점 그리고 전자 상거래는 성장세가 이어지고 있고 관광산업 활성화 역시 서비스 분야 성장을 견인하고 있다. 실제로 관광산업은 16.2%로 눈부시게 성장하였다. 중국 국민의 실질소득 또한 증가하고 있다는 점을 고려한다면 중국 바로 아래에 자리잡고 있는 베트남의 지정학적 위치가 관광산업 발전으로 이어질 것은 자명한 사실일 것이다.

FDI 투자 역시 간과할 수 없는 지표다. 2019년 FDI는 전년 대비 12% 감소하였음에도 불구하고 여전히 225억 달러를 돌파하였다. 전통적인 FDI 상위 국가인 우리나라를 비롯하여 일본 및 싱가포르의 투자금액이 감소한 반면, 미·중 무역 분쟁 등의 영향으로 중국, 홍콩 및 대만의 투자금액이 급증하였으며 신규 FDI 투자금액의 72.2%가 제조업에 집중되었다.

이러한 FDI 유입에 힘입어 대표적인 제조업 지표인 PMI(구매자 관리지수)는 2019년 50.8로 집계되었으며, 2015년 이후 49개월 연속

국가별 소비자 신뢰지수(Consumer Confidence Index)

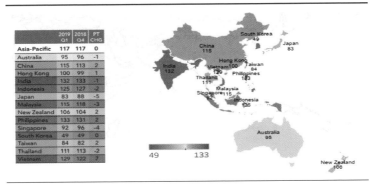

	2019 Q1	2018 Q4	PT CHG
Asia-Pacific	117	117	0
Australia	95	96	-1
China	115	113	2
Hong Kong	100	99	1
India	132	133	-1
Indonesia	125	127	-2
Japan	83	88	-5
Malaysia	115	118	-3
New Zealand	106	104	2
Philippines	133	131	2
Singapore	92	96	-4
South Korea	49	49	0
Taiwan	84	82	2
Thailand	111	113	-2
Vietnam	129	122	7

출처 : Nielsen

으로 신규 주문건수가 증가하는 등 베트남 제조업은 여전히 견실한 것으로 파악되고 있다. 특히, 핸드폰 분야의 성장세가 주춤하였음에도 불구하고 제조업의 성장세가 이어지고 있다는 점에서 그 의미를 찾아볼 수 있다. 미·중 무역분쟁의 수혜자로 거론되던 스토리가 숫자로 확인되고 있기 때문이다. 이러한 점에서 중국과 인접하고 있는 북부지방의 발전방향 및 속도에 주목해야 할 것이다.

마지막으로, 베트남 수출현황을 살펴보자. 2019년 베트남의 수출

FDI 투자금액

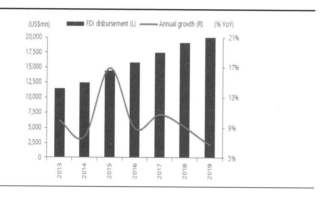

2019년 상위 10개 FDI 투자국가

#	Partner	Registered FDI (US$mn)	Growth YoY
1	Korea	5,249.02	-11.5%
2	Hong Kong	3,418.04	76.5%
3	China	3,023.72	81.9%
4	Japan	2,891.48	-63.8%
5	Singapore	1,810.44	-44.6%
6	Taiwan	1,165.43	71.5%
7	BritishVirginIslands	821.50	53.6%
8	Samoa	786.78	224.3%
9	Holland	653.33	148.7%
10	Thailand	647.49	10.3%

PMI

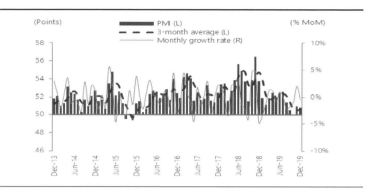

무역수지 현황(US$mn)

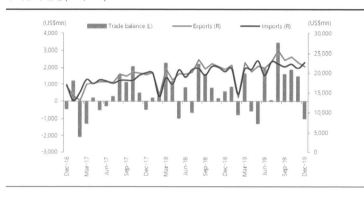

금액은 2,643억 달러로 8.1% 성장하였다. 특히, 대미 수출은 607억 달러로 27.8%, 일본 수출금액은 7.7%, 한국 8.3% 증가하였다. 반면, EU 0.7% 감소, 중국 0.2%, 아세안 1.9%로 소폭 증가하였다. 핸드폰 관련 수출은 총 518억 달러로 2018년 10.5% 성장보다 둔화된 5.3% 증가에 그쳤으며, 특히, 농산물 2.4%, 커피 21.2%, 쌀 9.9%로 대폭 감소하였다. 그러나, 베트남 기업의 수출 증가세가 FDI 기업의 4.2% 보다 높은 17.7%를 기록하였다는 점은 주목할 만한 대목이다. FDI

기업의 경우, 핸드폰 비중이 크다는 점에서 성장세가 그쳤다고 하겠으나, 베트남 기업의 수출 역량이 강화되고 있다는 점은 베트남의 장기 전망을 밝게 하는 대목이라고 하겠다.

총 수입금액은 2,535억 달러로 7% 증가하였으며, 중국은 여전히 최대 수입국으로 753억 달러를 수입하여 14.9% 증가세를 보였다. 이로써 수출 및 수입 총 금액은 최초로 5,000억 달러를 돌파하여 5,170억 달러를 기록하였으며, 대미흑자 99억 달러를 포함하여 사상최대 순수출을 달성하였다.

2019년 최대 수출국가

#	Market	Exports (US$ bn)	YoY growth
1	US	60.7	27.8%
2	EU	41.7	-0.7%
3	China	41.5	0.2%
4	ASEAN	25.3	1.9%
5	Japan	20.3	7.7%
6	Korea	19.8	8.3%

2019년 주요수출 품목

#	Products	11M19 (US$ bn)	YoY growth
1	Phones all of kinds and their parts	46.3	0.2%
2	Electronic goods, computers and their parts	30.7	13.1%
3	Textiles and garments	28.5	3.0%
4	Shoes and sandals	15.6	6.7%
5	Machinery, equipment, accessories	15.6	4.0%
6	Wood products	9.0	11.4%
7	Aquatic products	7.4	-7.4%
8	Transport and equipment	7.4	0.8%
9	Iron, steel	3.6	-13.9%
10	Textile fibers	3.6	-1.8%

생산성 지수(TFP)

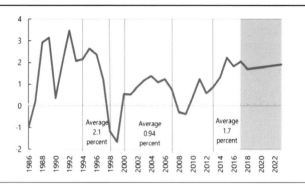

출저 : IMF(TFP: total factor productivity)

소비자 물가지수 현황

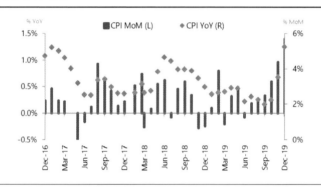

　이와 같이 베트남 성장률 7%라는 내용도 건실하며 주요 특징은 다음과 같다. 수출 및 수입 금액이 GDP 2배를 차지하는 개방경제이고 FDI 기업에 대한 수출 의존도가 높다는 점이며, 도시화율은 36%로 파악되고 있다. 특히, 제조업 생산성이 2012년 이후 평균 1.7% 이상 향상되고 있다는 점은 제조업이 더욱 발전할 수 있다는 가능성을 보여주고 있다.

　이러한 경제성장에도 불구하고 2019년 물가상승률은 최근 3년간

2019년 주요 아시아 국가 통화(달러 대비)

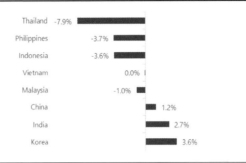

베트남 및 중국 통화 현황(달러 대비)

베트남 외화 보유 현황

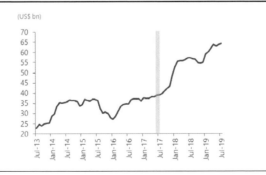

출처 : IMF

최저수준인 2.79%로 집계되었다. 돼지고기 가격 상승으로 식료품 상승률은 5.08%를 기록하였으나, 전반적으로 물가는 안정세를 보이고 있는데, 이는 에너지 가격이 안정세를 보였기 때문이다. 올해 물가상승 압박요인에도 불구하고 글로벌 시장에서 에너지 가격이 상승하지 않을 것으로 예상되므로 올해 목표인 3.5% 수준을 유지할 수 있을 것으로 예상된다.

베트남 경제가 안정적으로 성장함에 따라, 동화 역시 그 어느 국가 통화보다 강세를 보이고 있다. 2019년에 사상 최고 무역수지 흑자,

주요기관 베트남 GDP 전망

#	Organization	2020 growth (%)	Time
1	WB	6.8	Dec-19
2	IMF	6.5	Oct-19
3	ADB	6.7	Sep-19
4	HSBC	6.5	Sep-19
5	Fitch Ratings	6.8	Dec-19
6	VN Governme nt	6.8	Nov-19
	Range	**6.5-6.8**	

국제유가 동향

Indicator	2014	2015	2016	2017	2018	2019	2020(F)
Real GDP growth (%, YoY)	6.0	6.7	6.2	6.8	7.1	7.0	6.8
Export growth (%, YoY)	13.8	8.1	9.0	21.1	13.2	8.1	6.4
Import growth (%, YoY)	12.0	12.1	5.6	20.8	11.1	7.0	7.1
Trade balance (US$ bn)	2.0	-3.2	2.6	2.7	6.8	9.9	12.2
FDI disbursement (US$ bn)	12.4	14.5	15.8	17.5	19.1	20.4	19.8
Retail growth, excluding inflation (%, YoY)	6.2	8.5	8.3	9.3	9.4	9.2	9.1
Average CPI (%)	4.1	0.6	2.7	3.5	3.5	2.8	3.5
Foreign exchange reserve (US$ bn)	34.5	30.5	40.0	52.0	58.0	80.0	90.0
Credit growth (%, YoY)	14.2	17.3	18.7	18.2	13.9	13.0	14.0
Exchange rate VND/US$	21,388	22,485	22,761	22,698	23,175	23,173	23,547
Change in VND/US$ (%)	1.4	5.1	1.2	-0.3	2.1	0.0	1.0
Public debt (%/GDP, MPI)	58.0	61.0	63.7	61.4	58.4	58.3	58.0

074

FDI, FII(외국인 간접투자) 투자에 따른 지속적인 달러 유입을 바탕으로 베트남중앙은행의 외환정책 역시 강력하게 작동하고 있기 때문이다. 최근 위안화의 약세에도 불구하고 사상 최대 외환 보유액 및 완만한 통화정책 등을 바탕으로 베트남중앙은행은 올해에도 안정적인 외화관리정책을 유지할 것으로 예상됨에 따라, 2020년 동화는 달러 대비 1% 정도로 절하폭이 제한될 것으로 예상된다.

2020년 베트남 GDP는 6.8% 이상 성장할 것으로 예상된다. 아래 표와 같이 World Bank를 비롯한 글로벌 주요 기관들도 베트남 경제 성장세가 이어질 것으로 전망하고 있다. 우선 고용시장의 안정, 글로벌 주요 상품가격의 안정은 베트남 국민의 실질소득 증가로 이어져 내수시장이 여전히 성장할 것으로 기대된다. 또한, 2019년에 이어

FDI 유입도 지속될 것으로 예상된다. 중국 시장의 대안 생산 기지로 이미 자리잡고 있으며, 이를 기반으로 FDI에 기반한 제조업 성장세가 지속될 것으로 보인다. 완만한 통화정책 역시 자본조달 비용을 낮추어 투자 활성화를 촉진할 것이며 재정정책 역시 공공투자를 늘려 경제발전에 기여할 것으로 예상된다. 그러나, 글로벌 시장의 성장세가 다소 위축될 경우, 이는 베트남 수출 등에 영향을 미칠 수 있다는 점은 염두에 두어야 한다.

2. 베트남 주식시장 현황

2019년 베트남 증시는 녹록치 않은 상황임에도 불구하고 8.6% 상승하였다. 지수 950p를 중심으로 박스권에서 횡보한 것도 특징이라고 하겠다. 건실한 경제를 바탕으로 기업의 이익이 지속적으로 증가함으로써 무역분쟁 및 글로벌 경기 둔화 가능성에도 불구하고 상승세를 이어가고 있다.

2019년 업종별 상승률

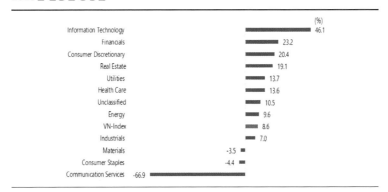

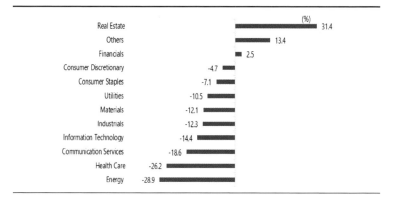

2019년 지수는 박스권을 보였으나, 그 내용을 살펴보면, 많은 변화를 감지할 수 있다. 우선 2018년 30% 이상 상승하였던 부동산업의 상승률은 19% 수준으로 제한되었다. 반면, IT 및 은행을 중심으로 한 금융업종은 2019년에 각각 46%, 23% 이상 상승하였다. 사실 호치민을 중심으로 한 부동산 시장이 다소 냉각되었음에도 불구하고 2019년에 여전히 20% 가까이 상승하였다는 점은 베트남 부동산 시장의 발전 가능성이 여전이 높다는 점을 반영하는 대목이 아닌가 싶다. 또한, 2018년 하락세였던 IT업종의 높은 상승세가 돋보였으며, 은행의 건전성 지표 등의 개선으로 금융업종이 상승하였다는 점도 2019년 시장의 특징이라고 하겠다. 소비증가에 따른 Consumer 섹터의 상승은 최근 베트남 경제의 특징을 반영하고 있다.

그렇다면, 베트남 증시는 2020년 올해 어떤 모습을 보일까? 우선 현재 주가수준이 어느 정도인지 살펴보자. 주식시장 Valuation에서 흔하게 사용되는 주가수익비율(PER)을 적용하면, 베트남 증시의 시장평균 P/E는 약 15.9배로 예상되며, 이는 최근 5년 평균 15.7배에

베트남 증시 P/E 현황

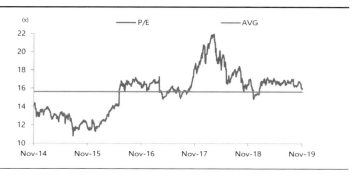

베트남 증시 P/E 현황

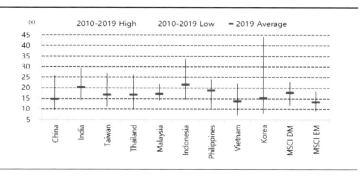

근접한 수준이다. 2018년 4월 베트남 증시가 역사적 고점인 1,200p를 기록할 당시 P/E가 22배였다는 점을 고려할 경우 현재 수준은 충분히 투자할 만한 수준으로 판단된다.

또한, 타 ASEAN 국가와 비교하여도 높지 않은 수준이다. 최근 글로벌 시장에서 주목받고 있는 인도의 경우 가파른 성장세에 힘입어 20배를 넘어가고 있으며, 인도네시아 P/E 역시 20배 이상 수준에서 형성되고 있다.

블룸버그 기준 시장 컨센서스에 따르면, 베트남 향후 1년 기준 예상

P/E는 13배 수준으로 역사적 고점이었단 35배보다 현저히 낮은 수준이다. 향후 베트남 P/E는 14.5~17.2배 사이에서 유지될 것으로 예상되며, 이는 안정적인 증시 움직임으로 반영될 것으로 기대하고 있다. 굳이 이를 지수로 환산한다면, 945~1,145p 수준에서 움직일 것으로 예상된다. 역사적 고점이었던 1,200p가 박스권 상단에서 저항선으로 작용할 것으로 예상되며 예상치 못한 상황이 발생한다고 하더라도 900p선 즉 P/E 기준 14배 정도 수준이 지지선으로 작용할 것으로 예상하고 있다.

　베트남 증시의 긍정적인 요인으로는 건전한 경제성장, 기업의 이익 증가세 그리고 시장 우호적인 통화 및 재정정책을 손꼽을 수 있겠다. 또한, 베트남 증시가 2021년에는 Emerging Market으로 격상할 수 있다는 점도 간과할 수 없는 긍정적인 요인이다. 반면, 미·중 무역분쟁이 다시 한 번 부각될 수 있다는 점과 글로벌 경제 성장기조가 둔화될 경우, 베트남 증시도 영향을 받을 수 밖에 없다는 점은 유념해야 한다.

　개별기업의 매출 및 이익도 성장세를 보이고 있다. 2019년 3분기 기준 상장기업의 매출과 이익은 각각 8.6%, 10.5% 성장하였으며, 이는

Matrix of VN-Index's target range for 2020

		Target P/E (x)								
		14.0	14.5	15.0	15.5	16.0	16.5	17.0	17.5	18.0
	8.0%	901	933	966	998	1,030	1,062	1,094	1,126	1,159
	8.5%	905	938	970	1,002	1,035	1,067	1,099	1,132	1,164
	9.0%	909	942	974	1,007	1,039	1,072	1,104	1,137	1,169
Projected EPS growth	9.5%	914	946	979	1,012	1,044	1,077	1,109	1,142	1,175
	10.0%	918	951	983	1,016	1,049	1,082	1,115	1,147	1,180
	10.5%	922	955	988	1,021	1,054	1,087	1,120	1,153	1,185
	11.0%	926	959	992	1,025	1,058	1,092	1,125	1,158	1,191
	11.5%	930	964	997	1,030	1,063	1,096	1,130	1,163	1,196
	12.0%	935	968	1,001	1,035	1,068	1,101	1,135	1,168	1,202

호치민 거래소 상장기업 3분기 및 누적 성장률

Sector (HOSE)	3Q19 growth rate (% YoY)		9M19 growth rate (% YoY)	
	Net revenue	Net profit	Net revenue	Net profit
Financials	19.1	41.0	15.3	19.7
Information Technology	25.0	32.9	24.0	30.7
Consumer Staples	2.0	25.6	2.1	8.8
Consumer Discretionary	20.5	25.1	16.5	21.0
VN-Index	**10.0**	**20.7**	**8.6**	**10.5**
Real Estate	32.9	17.5	25.9	23.4
Industrials	0.0	13.5	3.2	-3.8
Energy	4.0	10.9	-2.0	21.1
Utilities	7.9	10.2	4.1	4.5
Health Care	2.7	-5.0	9.0	-2.1
Materials	-1.3	-31.4	2.1	-27.4
Communication Services	-25.8	-307.9	-3.6	-215.8

베트남 상장기업 매출 및 이익성장률

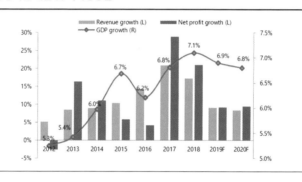

예상치를 상회하는 수준이다. 주가 상승률이 높았던 IT, 금융업(특히, 은행) 및 리테일 기업의 실적은 역시 호조세를 보였고 부동산 관련 기업의 성장세는 다소 둔화되었으나, 빈홈(VHM)의 실적 호조에 힘입어 두 자릿수 성장세를 유지하였다. 2020년 실적 역시 9.5% 이상 상승할 것으로 예상하고 있다. 은행, 리테일 그리고 IT의 강세가 이어질 것이며 부동산 및 건설업도 다시 한 번 주목해야 할 것이다.

새로운 증권법안이 국회를 통과함에 따라, 2021년 시행될 예정이다.

시가총액 상위 20개 상장기업의 외국인 한도 현황

#	Ticker	Name	Exchange	Industrial sector (ICB)	Current foreign ownership	Maximum foreign ownership	Market cap (VND bn)	Remaining market cap of foreign purchase (US$ bn)
1	VHM	Vinhomes	HOSE	Real Estate Holding & Development	15.0%	49.0%	281,253	3.74
2	VIC	VinGroup	HOSE	Real Estate Holding & Development	14.7%	37.0%	390,081	3.65
3	GAS	PetroVietnam Gas	HOSE	Gas Distribution	3.6%	49.0%	186,610	3.64
4	VNM	Vinamilk	HOSE	Food Products	58.5%	100.0%	203,915	2.36
5	SAB	SABECO	HOSE	Brewers	63.4%	100.0%	149,419	0.87
6	BID	BIDV	HOSE	Banks	17.9%	30.0%	166,713	0.84
7	VCB	Vietcombank	HOSE	Banks	23.8%	30.0%	316,367	0.73
8	NVL	Novaland	HOSE	Real Estate Holding & Development	7.1%	39.0%	53,529	0.54
9	VRE	Vincom Retail	HOSE	Real Estate Holding & Development	32.7%	49.0%	76,618	0.52
10	BVH	Bao Viet Group	HOSE	Life Insurance	25.3%	49.0%	50,604	0.44
11	SBT	Bourbon Tay Ninh	HOSE	Food Products	9.5%	100.0%	11,285	0.44
12	POW	PV Power	HOSE	Conventional Electricity	13.9%	49.0%	28,922	0.41
13	HVN	Vietnam Airlines	HOSE	Airlines	10.1%	30.0%	47,938	0.34
14	HNG	HAGL Agricultural	HOSE	Farming & Fishing	0.4%	49.0%	16,074	0.33
15	VJC	Vietjet Air	HOSE	Airlines	19.7%	30.0%	74,699	0.30
16	HPG	Hoa Phat Group	HOSE	Steel	38.1%	49.0%	63,919	0.28
17	MSN	Masan Group	HOSE	Food Products	39.1%	49.0%	65,578	0.27
18	VCS	VICOSTONE	HNX	Building Materials & Fixtures	2.2%	49.0%	13,360	0.27
19	ROS	FLC FAROS Construction	HOSE	Heavy Construction	3.6%	49.0%	13,622	0.25
20	VCG	Vinaconex Group	HNX	Heavy Construction	0.5%	49.0%	11,882	0.25

출처 : 미래에셋 베트남 리서치 센터, 2019년 12월 기준

2020년에는 2021년 증권법 시행을 위한 하위법이 제정될 예정이다. 주요 개정 내용은 상장주식에 대한 외국인 한도, 무의결권주식(NVDR : Non-voting Depository Receipt) 발행관련 법률정비, 상장기업 주요 경영사항에 대한 공식강화, 자본시장관련 대 정부기관 개편 등이며 이를 위한 세부 시행령이 올해 준비될 예정이다. 이러한 증권법 개정은 외국인 투자자 활성화 그리고 2021년 Emerging Market으로 격상하는데 실질적인 도움이 될 것으로 기대되고 있다.

증권법 개정 외 2020년 베트남 증시의 화두는 ETF이다. 지수를 연동하는 ETF는 이미 글로벌 주식시장의 주요 투자수단으로 자리잡고 있으며, 베트남 증시 역시 ETF를 매개로 외국인 투자자금이 지속적으로 유입될 것으로 기대되고 있다. 이러한 기대감으로 호치민 거래소는 지난 해 11월 Vietnam Diamond 지수 등 새로운 3가지 지수를 소개하였다. 이런 신규지수를 기초자산으로 베트남 현지 자산

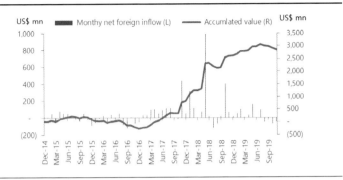

운용사들이 신규 ETF를 출시하고 있다. ETF 시장이 활성화될 경우 외국인 투자유입 강화 등 베트남 증시가 한 단계 더 발전할 수 있을 것으로 기대된다.

그렇다면 2020년 증시 투자전략은 어떻게 수립하는 것이 바람직할 것인가? 장기 투자자라고 한다면, 앞서 언급한 ETF 상품을 주목해야 할 것이다. 베트남 대표 30개 종목으로 구성된 VN30 ETF부터 은행 등 금융업 지수를 추종하는 금융관련 ETF 그리고 외국인 한도 소진

베트남 1인당 GDP

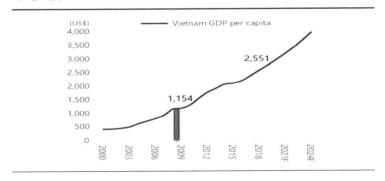

종목으로 구성된 ETF는 외국인 투자자라면 놓칠 수 없는 상품이다.

또한, 앞서 살펴본 바와 같이 베트남 경제성장으로 중산층의 실질소득이 증가하고 있다는 점을 고려한다면 리테일, 항공 그리고 F&B 관련 업종은 당연히 투자대상으로 고려해 볼 수 있다. 또한, 정부 정책으로 지속적으로 자본 건전성이 개선되고 있는 은행도 놓칠 수 없는 업종이다. 10년만에 베트남 1인당 GDP는 2배 이상 상승하였다. 그렇다면 앞으로 10년 후에는 얼마나 성장할 것인가? 베트남 성장의 과실을 자본시장 투자와 함께 향유할 수 있기를 기대한다.

TREND

VIETNAM

2 0 2 0

남권황 슈

트행 및

이

베은현

주요

03

베트남 은행권 현황 및 주요 이슈

신한베트남은행 재무기획부
김태원 부장

1. 총 18개 은행 바젤 II(Circular 41) 이행 완료

베트남 중앙은행(SBV)는 베트남 은행권의 자본건전성 및 리스크 관리의 선진화를 위하여 2020년 1월부터 Circular 41을 시행한다. Circular 41은 각 은행이 바젤 II 표준 방법론에 의거 자본비율을 산정할 것을 규정하고 있으며 이에 은행들은 2019년 12월까지 보유하고 있는 위험가중자산을 새로운 기준에 맞추어 산출할 수 있는 시스템을 갖춘 뒤 중앙은행의 승인을 받아야 한다.

그러나 2019년 12월 현재 총 36개 대상은행 중 18개의 은행만이 바젤 II 이행을 완료하였다. 이렇듯 계획과는 달리 많은 은행들이 기한내 바젤 II 이행을 이행하지 못한 이유는 해당은행들이 새로운 기준의 자본비율을 충족하기 위한 자본확충에 어려움을 겪고 있기 때문이다.

바젤 II가 이행되면 평균적으로 은행들의 자본비율이 3%정도 하락할 것으로 예상되고 있다. 선제적으로 자본비율 관리를 해온 은행들은

은행명	Basel I 기준 - 2018	Basel II 기준 - 2018
Vietcombank	12.14%	
MB Bank	10.00%	
Techcombank	14.30%	
ACB	12.81%	
MSB	12.17%	
VP Bank	12.30%	11.20%
Viet Bank	11.10%	
Viet Capital Bank	10.76%	
SeA Bank	12.60%	
Shinhan Bank	18.16%	
Lienvietpost Bank	10.85%	
Nam A Bank	11.15%	
BIDV	10.34%	
TP Bank	10.24%	

출처 : 신한베트남은행

087

문제가 없겠으나 2019년 12월 현재 바젤 II 이행을 하지 못한 은행 중 일부는 새로운 기준 적용 시 자본비율이 최소규제비율인 8% 이하로 하락할 것으로 우려되고 있다.

특히, 국영은행의 경우 구조적인 이유로 자본관리에 많은 어려움을 겪고 있는 상황이다. 주요 국영은행의 경우 대부분 80% 이상의 지분을 정부가 소유하고 있다. 만성적인 세수 부족에 시달리고 있는 베트남 정부로서는 최근 좋은 실적을 기록하고 있는 4대 국영은행들의 당기순이익을 배당금 형식으로 지급받아 부족한 세수를 충당하고 있다. 그러나 이러한 높은 배당성향은 은행의 당기순이익이 사내 유보되지 못하고 외부로 유출되어 은행의 자본확충을 저해하는 요인으로 지적되어 왔다.

　4대 국영은행 중 BIDV의 경우는 2019년중 한국의 하나금융지주로부터 15% 지분율에 해당하는 자본금을 유치 받아 자본비율을 끌어올리며 2019년 12월 바젤 II 이행에 성공하였다. 그러나 또 다른 주요 국영은행 중 하나인 Vietin 은행의 경우 이미 외국인 주주들의 지분이 외국인 지분한도 30%에 근접하여 있어 추가 외국자본 유치가 불가한 상황이다. Vietin 은행은 바젤 II 최소자본비율 요건 충족을 위하여 결국 정부의 증자를 요청해야 하는 상황이나 재정에 여유가 부족한 베트남 정부가 이를 승인해 주기가 쉽지 않은 상황이다.

　은행의 자본비율은 해당은행의 향후 지속성장 가능성과 깊은 관련이 있다. 자본비율이 낮은 은행은 자산을 증대시킬 수 있는 여력이 부족해 공격적인 영업전략을 취할 수 없다. 또 낮은 자본비율은 해당은행이 자기자본 대비 위험도가 높은 자산을 많이 보유하고 있다는 의미로 위기 발생시 손실발생 가능성이 높다고 할 수 있다. 바젤 II 이행 이후 베트남 은행권은 국영은행이 독과점 하던 구조에서 자본비율 등 건전성 관리 능력을 가진 민영은행이 약진하는 시장으로 개편될 가능성이 크다.

2. 조달비율 관련 규제 강화와 예금 상한금리 인하

　2019년 11월 베트남 중앙은행은 일종의 조달비율 관리지표라 할 수 있는 'Ratio of Short-term Fund used for Mid-term & Long-term loans' 비율을 강화하는 내용의 Circular 22를 발표하였다.

　해당비율의 산정공식은 다음의 표와 같으며 은행이 중장기 대출을

Ratio of Short term Fund used for Mid term & Long term loan

$$\frac{(M.T\ \&\ L.T\ Loans\ -M.T\ \&\ L.T\ fund)}{(S.T\ fund)}$$

하기 위해서 어느 정도 수준의 조달을 하고 있는지를 측정하는 지표이다. 특히 장기조달을 많이 할수록 해당지표가 많이 개선되며 조달능력이 충분하지 못한 은행은 해당 지표가 악화된다(지표 수치가 낮을수록 우수).

베트남 은행들의 중장기 대출은 주로 부동산관련 대출이다. 베트남 중앙은행은 부동산 대출 시장의 과열을 막고 시중은행들의 유동성 관리를 위해 해당 규제비율을 지속하여 강화하여 왔다.

Ratio of Short-term Fund used for Mid-term & Long-term loans 규제비율 변화

2016	2017	2018	2019	20년 1월부터	20년 9월부터	21년 9월부터	22년 10월
≤60%	≤50%	≤ 45%	≤ 40%	≤ 40%	≤ 37%	≤ 34%	≤ 30%

다음의 표처럼 일부 은행들이 2018년 기준 30% 후반 수준의 비율을 보이고 있는 상황에서 해당 규제강화에 대응하기 위하여 은행들은 예금을 지속적으로 늘려야 한다. 이에 2018년부터 중소형 은행들을 위주로 예금조달 경쟁이 심화되면서 일부 은행들이 과도하게 높은 수신금리를 제시하는 모습을 보이기도 하였다.

이처럼 조달비율 규제 강화 및 바젤 II 시행 등으로 일부 은행들의 과도한 수신금리 제시가 문제가 되자 2019년 11월 베트남 중앙은행은

Short-term Fund used for Medium and Long term loans

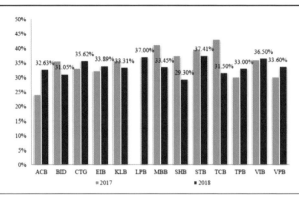

Source: SBV, commercial banks, VCBS summaries

Note:

ACB: Asia Commercail Bank
CTG: Vietinbank
KLB: Kien Long Bank
MBB: Military Bank
STB: Sacombank
TPB: Tien Phong Bank

BID: BIDV
EIB: Eximbank
LPB: Lien Viet bank
SHB: Saigon Hanoi Bank
TCB: Techcombank
VIB: Vietnam Intl Bank   VPB: VP Bank

고객이 시중은행에 동화를 예금할 때의 상한 금리를 인하하였다. 동화 유동성 예금과 1개월 이내 동화 정기예금의 경우 기존 1% 상한

베트남 대고객 동화예금 상한금리

		기존	2019년 11월 이후
	유동성예금	1.0%	0.8%
정기 예금	1개월 이내	1.0%	0.8%
	1개월~6개월	5.5%	5.0%
	6개월 초과	제한 없음	제한 없음

금리를 0.8%로 인하하였다. 또 1개월부터 6개월 사이의 동화 정기예금의 경우 기존 5.5% 상한금리를 5%로 제한하였다. USD 예금의 경우 현행과 같이 0% 상한금리를 유지하였다.

이는 수신금리 인상이 결국 대출금리 인상으로 이어져 금융시장 혼란을 야기할 것을 우려한 중앙은행의 조치이다. 6개월 초과 예금에 대하여서는 공식적인 제한금리는 없으나 일부 은행의 과도한 수신금리 제시 정보 입수 시 중앙은행이 별도로 해당은행에 경고하고 있는 것으로 알려지고 있다.

3. Moody's 주요 베트남 은행 신용등급 전망 하향

2019년 12월 신용평가사 Moody's는 베트남 주요 은행들의 신용등급 전망을 기존 '긍정적 Positive'에서 '부정적 Negative'로 하향 변경하였다. Moody's는 베트남 국가 신용등급 전망을 부정적으로 하향하였고 이에 따라 국가신용등급의 영향을 많이 받는 은행권의 신용등급 전망을 동시에 하향시켰다.

Moody's는 베트남 정부의 지급보증 등 간접채무 의무이행이 제도 미비, 투명성 부족 등으로 지연될 가능성을 지적하며 국가 신용등급 전망을 'Ba3 Stable'에서 'Ba3 Negative'로 하향하였다. 주요 베트남 은행들은 개별 은행들의 등급변화 요인이 없음에도 불구하고 국가신용등급 전망 하향의 영향으로 동시에 등급전망에 하향되었다.

반면 S&P와 Fitch는 베트남 국가신용등급 전망을 아직 변경하지 않고 있다.

주요 베트남은행 신용등급 현황

은행명	Moody's	Outlook	Date	S&P	Outlook	Date
Vietnam(국가)	Ba3	Negative	18/12/2019	BB	Stable	05/04/2019
Shinhan Vietnam				BB	Stable	15/01/2020
VCB	B1	Negative	19/12/2019	BB-	Stable	23/08/2019
Techcombank	B1	Negative	19/12/2019	BB-	Stable	26/08/2019
AB Bank	B1	Negative	19/12/2019			
ACB	B1	Negative	19/12/2019			
HD bank	B1	Negative	19/12/2019			
BIDV	B1	Negative	19/12/2019			
LienVietpost bank	B1	Negative	19/12/2019			
MBB	B1	Negative	19/12/2019			
VP bank	B1	Negative	19/12/2019			
OCB	B1	Negative	19/12/2019			
SeA Bank	B1	Negative	19/12/2019			
TP bank	B1	Negative	19/12/2019			
Agribank	B1	Negative	19/12/2019			
VIB	B1	Negative	19/12/2019			
Vietin bank	B1	Negative	19/12/2019			
MSB	B2	Stable	27/03/2019			
Nam A bank	B2	Stable	24/01/2019			
SHB	B2	Stable	07/02/2019			
Exim				B+	Stable	23/08/2019

(단위 : 천미불, 환율 23,255.814동 적용)

No	Listed bank	Profit before tax(PBT)			
		2018	2019	Increase	increase(%)
1	VCB	785,577	994,276	208,699	26.57%
2	Vietin	289,407	506,554	217,147	75.03%
3	BIDV	407,318	467,678	60,360	14.82%
4	MB	333,997	431,553	97,556	29.21%
5	TCB	458,424	552,046	93,622	20.42%
6	VPB	395,536	444,356	48,821	12.34%
7	VIB	117,931	175,506	57,575	48.82%
8	Sacom	96,621	138,320	41,699	43.16%
9	SHB	90,036	132,308	42,273	46.95%
10	Exim	35,567	47,096	11,529	32.42%
11	TPbank	97,085	166,332	69,248	71.33%
12	HDbank	172,199	215,792	43,593	25.32%
13	ACB	274,709	323,185	48,477	17.65%
14	NCB	3,777	2,367	(1,410)	-37.33%
15	LPB	52,156	87,669	35,513	68.09%
16	Bac A	36,226	40,256	4,030	11.12%
17	Vietbank	17,243	26,358	9,115	52.86%
18	KienLong	12,474	3,695	(8,779)	-70.38%

No	Listed bank	Total Assets			
		2018	2019	Increase	increase(%)
1	VCB	46,183,142	52,631,185	6,448,043	13.96%
2	Vietin	50,070,694	53,353,945	3,283,251	6.56%
3	BIDV	56,460,620	64,074,504	7,613,884	13.49%
4	MB	15,579,978	17,693,966	2,113,988	13.57%
5	TCB	13,802,524	16,499,077	2,696,552	19.54%
6	VPB	13,901,518	16,220,195	2,318,677	16.68%
7	VIB	5,984,147	7,936,515	1,952,368	32.63%
8	Sacom	17,459,746	19,503,985	2,044,240	11.71%
9	SHB	13,900,868	15,722,655	1,821,786	13.11%
10	Exim	6,564,039	7,204,148	640,109	9.75%
11	TPbank	5,855,714	7,077,528	1,221,813	20.87%
12	HDbank	9,290,468	9,867,522	577,054	6.21%
13	ACB	14,161,329	16,491,121	2,329,792	16.45%
14	NCB	3,114,153	3,456,943	342,790	11.01%
15	LPB	7,529,065	8,688,496	1,159,431	15.40%
16	Bac A	4,172,250	4,639,389	467,140	11.20%
17	Vietbank	2,221,898	2,965,355	743,457	33.46%
18	KienLong	1,819,322	2,197,014	377,692	20.76%

No	Listed bank	Loan to customers			
		2018	2019	Increase	increase(%)
1	VCB	26,727,650	31,144,474	4,416,825	16.53%
2	Vietin	36,632,455	39,660,195	3,027,739	8.27%
3	BIDV	41,982,357	47,407,241	5,424,884	12.92%
4	MB	9,093,423	10,626,578	1,533,155	16.86%
5	TCB	6,774,826	9,799,067	3,024,241	44.64%
6	VPB	9,390,995	10,883,294	1,492,300	15.89%
7	VIB	4,096,222	5,501,508	1,405,286	34.31%
8	Sacom	10,883,305	12,558,525	1,675,220	15.39%
9	SHB	9,201,426	11,269,237	2,067,811	22.47%
10	Exim	4,427,762	4,823,825	396,063	8.94%
11	TPbank	3,280,695	4,060,721	780,026	23.78%
12	HDbank	5,237,044	6,222,084	985,040	18.81%
13	ACB	9,803,271	11,445,089	1,641,818	16.75%
14	NCB	1,517,106	1,611,787	94,682	6.24%
15	LPB	5,061,550	5,968,487	906,938	17.92%
16	Bac A	2,725,587	3,108,057	382,470	14.03%
17	Vietbank	1,513,026	1,744,700	231,674	15.31%
18	KienLong	1,256,321	1,426,897	170,576	13.58%

No	Listed bank	Deposit from customers			
		2018	2019	Increase	increase(%)
1	VCB	34,482,952	39,921,788	5,438,836	15.77%
2	Vietin	35,510,093	38,389,631	2,879,538	8.11%
3	BIDV	42,555,860	47,911,945	5,356,085	12.59%
4	MB	10,318,466	11,726,509	1,408,043	13.65%
5	TCB	8,660,825	9,945,761	1,284,936	14.84%
6	VPB	7,346,587	9,199,831	1,853,244	25.23%
7	VIB	3,649,093	5,261,353	1,612,260	44.18%
8	Sacom	15,023,724	17,236,308	2,212,585	14.73%
9	SHB	9,684,638	11,152,094	1,467,456	15.15%
10	Exim	5,103,836	5,988,974	885,138	17.34%
11	TPbank	3,273,937	3,974,898	700,962	21.41%
12	HDbank	5,506,584	5,418,799	(87,785)	-1.59%
13	ACB	11,609,936	13,249,564	1,639,628	14.12%
14	NCB	2,027,399	2,541,098	513,699	25.34%
15	LPB	5,372,767	5,884,432	511,665	9.52%
16	Bac A	3,118,980	3,275,021	156,041	5.00%
17	Vietbank	1,713,785	2,126,203	412,417	24.06%
18	KienLong	1,255,865	1,415,593	159,728	12.72%

출처 : intellasia.net

960

TREND

VIETNAM

2 0 2 0

| 제4장 |

베트남 투자자를 위한 자본 및 대여금 송금

04

베트남 투자를 위한
자본금 및 대여금 송금

신한베트남은행 기업고객부
이동길 부장

베트남 투자를 원하시는 분들로부터 가장 문의가 많은 자본금/대
여금 송금 관련하여 살펴보자.

먼저 베트남 투자를 위한 자본금 송금은 크게 두 가지로 나눌 수
있다.

- 첫 번째는 신규 FDI 기업(Foreign Direct Investment
  Enterprise, 이하 FDI 기업) 설립을 위한 자본금 송금(Capital
  Contribution Transaction),
- 두 번째는 기 설립된 기업의 주식 인수(Capital Assignment
  Transaction)를 위한 송금이다.

1. 신규 FDI 기업 설립을 위한 자본금 송금
(Capital Contribution Transaction)

FDI 기업 설립 완료 전 자본금 송금 절차는 다음과 같다.

① 베트남 소재 거래은행에 계좌 신규

　　※ 외국인 투자자(Foreign Investor)

　　　　• 기업 : 투자 기업의 역외계좌(Offshore Account) 신규

　　　　• 개인 : 요구불계좌

　　　　　　(Demand Deposit Account, 이하 DDA) 신규

② 한국소재 주거래 외국환은행에 "해외직접투자 신고" 이행 후
자본금 송금

FDI 기업 설립 후 자본금 계좌(DICA) 개설 및 자본금 수취를 위한 필요서류

No.	FDI 기업(Type of FDI)	필요 서류(Required Document)
1	투자법에 따라 투자허가를 득하고	1. Investment Registration Certificate (이하, IRC) 2. Enterprise Registration Certificate (이하, ERC)
2	주식인수에 의해 외국 투자자의 지분이 51% 이상인 경우 (Purchasing shares/stakes)	1. Notification of qualified condition for buying capital 2. New ERC(if any) or other documents for proving foreign investor owns from 51% of charter capital of the FDI Enterprise(such as: Book of Shareholder Registration...)
3	분할/합병 등에 따라 외국 투자자의 지분이 51%이상인 경우	1. New ERC after the consolidation 2. New IRC(if any)
4	관련법에 따라 설립된 FDI 기업	1. Establishment and Operation license. 2. ERC
5	PPP(Public-Private Partnership) 혹은 BCC(Business Co-operation Contract) 프로젝트 수행을 위해 외국 투자자가 설립한 PROJECT ENTERPRISE	1. PPP or BCC Contract 2. ERC 3. IRC
6	PPP 혹은 BCC 계약에 참여 하는 외국 투자자	1. IRC 2. Contract

★ 2019년 09월 개정된 Circular 06/2019/TT-NHNN 내용 반영

★ 이해도를 높이고자 서류 명칭은 영문으로 작성

③ FDI 설립 완료 후 자본금 계좌(Direct Investment Capital Account, 이하 DICA) 개설

2. 주식 인수를 위한 자본금 송금 (Capital Assignment Transaction)

필요서류는 다음과 같다.

① Shares Purchase Agreement(SPA)
② 수정된 IRC & ERC(Amended IRC & Amended ERC) 혹은 Other documents for proving new investor owner such as : book of shareholder registration)
　※ Amended IRC와 Amended ERC를 발급 받을 수 없는 경우에는 Department of Planning and investment(이하, DPI)에서 발급한 "Notification of qualified condition for buying capital" 제출 가능
③ Tax Declaration relating to fund assignment + Tax payment paper(if any)

[업무처리 절차]

1) FDI 기업의 지분인수

Case	Buyer	Seller	Target company's account	Transfer Currency	Buyer account	Seller account	Fund Transfer flow	Required Document
1	비거주자 (Non-resident)	비거주자 (Non-resident)	-	동화	DDA	DDA	Buyer → Seller	①,②
				외화	DDA	DDA	Buyer → Seller	①,②,③
2	거주자 (Resident)	거주자 (Resident)	-	동화	DDA	DDA	Buyer → Seller	①,②
3	비거주자 (Non-resident)	거주자 (Resident)	VND DICA	동화	DDA	DDA	Buyer → Target company → Seller	①,②,③
4	거주자 (Resident)	비거주자 (Non-resident)	VND DICA	동화	DDA	DDA	Buyer → Target company → Seller	①,②,③

★ Case(1)과 (2)의 경우 Buyer, Target company, Seller의 서면 합의가 있는 경우 Target company의 요구불계좌(DDA, Demand Deposit Account)로 송금할 수 있으나, 최종적으로는 Seller의 계좌에 송금되어야 함

★ Case(1)에서 VND, FCY 중 고객이 선택 가능하나, Seller 가 비거주자(Non-Resident)인 경우 매각대금의 해외송금(FCY) 거래를 위해서는 Tax 완납 서류 제출이 필수적임

★ 비거주자(Non-resident) 간 거래의 경우 베트남 이외의 국가에서 송금이 이뤄질 수 있으나, ERC, IRC 수정을 위해 반드시 DPI 에 신고하여야 함

2) Non-FDI 기업의 지분인수

Case	Buyer	Seller	Transfer Currency	Buyer account	Seller account	Fund Transfer flow	Required Document
1	비거주자 (Non-resident)	비거주자 (Non-resident)	동화	IICA	IICA		①,②,③
2	거주자 (Resident)	거주자 (Resident)	동화	DDA	DDA		①,②
3	비거주자 (Non-resident)	거주자 (Resident)	동화	IICA	DDA	Buyer → Seller	①,②
4	거주자 (Resident)	비거주자 (Non-resident)	동화	DDA	IICA		①,②,③

★ IICA : Indirect Investment Capital Account(간접투자계좌)

★ Buyer, Target company, Seller의 서면 합의가 있는 경우 Target company의 Demand account로 송금할 수 있으나, 최종적으로는 Seller 의 계좌에 송금되어야 함

3. 대부투자

대부투자 절차는 다음과 같다.

1) 한국소재 주거래 외국환은행(=해외직접투자 신고 은행)에 "해외 직접 투자-대부투자" 신고 이행 후 대여금 송금

※ 2019년 5월 개정된 외국환 거래규정에 따라 기간에 관계없이 "주거래 외국환은행"에 신고 가능

2) 대여금의 수취계좌는 자본금계좌(DICA) 혹은 FBRA(Foreign Borrowing and Repayment Account) 계좌만 가능

3) 1년 초과 대여금을 수취하기 위해서는 베트남 중앙은행(State Bank of Vietnam) 승인이 필수적이다.

[업무처리 절차]

대부투자 절차

외채의 종류 (Type of Offshore Loan)	외채의 통화 (Foreign loan Currency)	외채의 기간 (Loan Term)	Account		베트남 중앙은행 신고 여부
			FDI 기업	Non-FDI 기업	
Foreign Loan (대여금 및 외채 형태)	DICA 와 동일 한 통화(Same currency to DICA)	Short term (≤1 year from 1st disbursement)	DICA or FBRA	FBRA	NO
		Mid/ Long Term (>1 year from 1st disbursement)	DDA		YES
	DICA 와 상이한 통화 (Different currency to DICA)	Short term (≤1 year from 1st disbursement)	FBRA		NO
		Mid/ Long Term (>1 year from 1st disbursement)			YES

★ FBRA : Foreign Borrowing and Repayment Account(외채 foreign loans)를 수취 상환목적의 특수한 계좌
  <관련 규정: Circular 06/2019/TT-NHNN on guiding the foreign exchange management for the foreign direct investment in Vietnam)>

TREND

VIETNAM

2020

남업
베			트			업황
스		타		트		현
생	태	계		현	황
			및
전				망

05

| 제5장 |
베트남 스타트업
생태계 현황 및 전망

신한퓨처스랩(베트남)
김선일 부장

1. 정부 주도의 생태계 조성

　베트남은 동남아시아에서 세 번째로 창업률이 높은 국가로 베트남 스타트업 생태계는 정부 주도의 국가적인 지원 제도와 지원을 통해 빠르게 성장하고 있으며, 현재 동남아시아에서 3대 핵심 투자처 중 하나로 자리 잡은 동시에 국내 스타트업과 투자 자본의 진출이 급격히 증가하는 매력적인 신흥 시장으로 자리 잡고 있다.

　베트남은 응우웬 쑤언 푹(Nguyen Xuan Phuc) 총리가 2016년을 '국가 창업의 해'로 선언한 이래 지속 가능한 창업 생태계 구축을 위해 '프로젝트 844'로 알려진 '2025 베트남 혁신 스타트업 생태계 지원 제도'("Supporting the National Innovation Initiative to 2025" -Decision 844/QD-TTg)를 시작으로 중소기업지원법을 포함한 여러 스타트업 지원 후속 정책이 추진되어 오고 있으며, 과학기술부 (MOST)를 중심으로 기획투자부(MPI) 등 정부 부처, 산하 기관 및 하노이시, 호치민시, 다낭시 등의 대도시 중심의 생태계 혁신 거점을

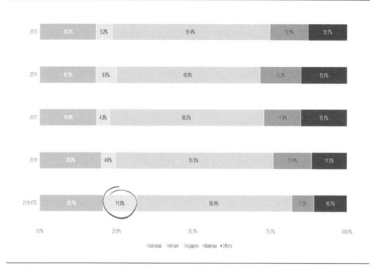

출처 : Vinacapital Ventures

중심으로 다양한 민관 협력 프로젝트가 전개 되고 있다.

과학기술부는 산하 조직인 NATEC(National Agency for Technology Entrepreneur-ship and Commercialization Development) 등을 통해 창업 관련 정책 및 국가 프로젝트를 전방위적으로 실행하는 동시에 대도시 별 자생적 생태계 구축도 병행하고 있는데 스타트업을 포함한 신생 중소기업을 위한 세제 및 금융 제도, 투자 펀드(Speedup 프로그램 등), 베트남-글로벌 스타트업 교류 프로그램(Runway to the World), 스타트업과 기업 간의 상생을 통한 생태계 발전 촉진 프로젝트(Open Innovation Vietnam), 베트남 최대의 연례 글로벌 스타트업 행사인 'TECHFEST'를 비롯한 글로벌 정부, 스타트업, 투자자, 글로벌 기관 등을 연결하는 다양한 행사를 조직, 지원하고 있다.

대도시 중심 생태계 거점 조성은 수도인 하노이시가 국가 스타트업 거점 도시로서 중앙 정부, 거대 기술기반 기업, 주요 금융기관 등이 밀집되어 있어 유관 분야의 스타트업 중심으로 빠르게 성장할 수 있는 환경을 갖추고 있다.

호치민시의 경우, 최대 비즈니스 중심지로서 항상 혁신의 중심에 있었고 고학력 인재 풀과 글로벌 기업 네트워크, 거대 소비시장을 기반으로 상업, 기술 분야 스타트업 본거지가 되었다. 호치민시는 호치민 과학기술국의 산하기관인 SIHUB(Saigon Innovation HUB)가 스타트업 생태계 조성 및 글로벌 협력 기반 조성을 주도하고 있다.

다낭시는 규모면에서 앞서 언급한 두 도시에 비해 작지만, 양 도시 간 지리적 이점, 저렴한 노동력, 일 기술 인프라를 기반으로 IT, 첨단 분야 스타트업 육성에 무게 중심을 두고 있으며 2018년 Techfest를 개최하면서 창업 시장에 대한 지역적 모멘텀을 확보해 나가고 있다.

2. 베트남 스타트업 생태계 주요 기관, 단체

정부 주도의 스타트업 생태계가 급격히 팽창하면서 신생 스타트업, 기업가들을 대상으로 한 다양한 지원 프로그램뿐 아니라 투자, 비즈니스 영역도 성장하고 있다.

성숙한 비즈니스 모델을 가진 상위 스타트업 대상 대형 투자는 로컬 대형 VC와 해외 자본이 주도하고 있으며 초기 스타트업 시장의 특성상 Early Stage 단계의 스타트업을 지원하고 그 중 가능성 있는 기업을 조기에 발굴, 지원하는 선발 대회, 육성 프로그램, 초기 투자 펀드가 주를 이루고 있다.

국내에서 직접 진출, 운영 중인 육성 기관은 신한금융그룹의 신한 퓨처스랩이 2016년 베트남 스타트업 생태계 초기 단계부터 진출, 현지 신한금융그룹 그룹사와 함께 베트남 정부기관, 기업, 투자사, 전문가 집단과 협업하는 '신한 오픈 이노베이션 네트워크' 생태계 구축 및 한-베 스타트업 분야 교류사업을 베트남 정부와 선도적으로 이끌고 있다.

공용사무공간의 경우에도 신생 스타트업의 양적 성장을 잘 반영하고 있는데, 2016년 당시 Dreamplex, Circo 등 시장 개척자 몇몇에 의해 주도되던 시장이 2018년과 2019년을 지나면서 대도시 중심부에 대형 공용사무공간이 집중 오픈 되고 있고 카페, 숙박, 대학 시설과 연계한 다양한 소규모 공간도 급격히 늘어나는 추세이다. 베트남 언론인 Vnexpress에 따르면, 호치민시는 세계에서 가장 빠르게 성장하는 공용 오피스 시장 50개 도시 중 41위이며 47.5일마다 새로운 공간이 오픈되고 있다고 한다.

최근에는 창업자는 물론 프리랜서, 프로젝트 그룹, 로컬 및 글로벌 중소기업의 이용 수요가 넓어지면서 스타트업 창업자들에게는 입지, 가격, 시설 편의성 외에도 사업 성장에 도움이 되는 다양한 프로그램 및 네트워킹 기회 등에 대한 차별점이 중요한 요소로 작용하고 있으며 이는 공급자 측면에서는 생존 경쟁이 심화되는 모습이다. 현지에 진출한 국내 정부, 산하기관 등에서도 국내 스타트업과 중소기업의 베트남 진출을 지원하기 위한 공용사무공간 지원을 확대하고 있으며, 최근에는 현지 진출을 희망하는 국내 스타트업들의 한국계뿐 아니라 로컬 프로그램, 대형 경진대회 및 스타트업 지원 행사에 직접 참여하는 공격적인 활동도 늘고 있다.

VIETNAM STARTUP ECO-SYSTEM

3. 베트남 주요 스타트업 분야

베트남 스타트업은 정부의 강력한 초기 양적 성장 주도 시기를 지나 시장 주도의 질적 성장에 관심을 갖을 시기로 접에 들었다. 리테일, F&B 등 주요 소비 분야 외에도 MoMo, VNPay, Moca 등이 주도하는 30개 기업이 넘는 지불 결제 중심 핀테크와 Tiki, Sendo 등의 Ecommerce 분야는 해외 자본 투자가 집중되고 있다. 블록체인, 의료, 빅데이터, SaaS, AI 등 기술 분야도 빠르게 성장 중이며, 교육, Foodtech, 농업, 여행 분야와 같이 베트남의 독특한 환경과 수요를 반영하는 다양한 분야로 확대되고 있다.

그 중 베트남 정부의 혁신 스타트업에 대한 선호도와 규제 완화 사례를 보여주는 차량 호출 사업 시장 규모는 향후 더욱 확대되어

연 평균 40% 이상의 고성장을 통해 2025년에는 20억 달러 규모로
증가할 것으로 예상되며 해당 시장은 음식 배달, 운송, 결제 분야와
연계된 종합 플랫폼 시장 환경으로 변화하고 있다.

이에, 베트남 정부는 현재 스타트업 붐 이전부터 사업을 시작한 1세
대 기술 기업 VNG가 유일한 유니콘 기업(기업 가치 10억 달러)을
2025년까지 5개, 2030년까지 10개까지 육성하겠다는 야심 찬 계획
을 세웠으며, 4차산업 분야에 대한 연구 개발 예산도 2025년까지
GDP 대비 1.5%로 늘리고 2030년까지 기업의 AI, IoT 도입 비율을
40%로 확대할 계획이다. 4차 산업 영역은 자체 발전 보다 대형 기술
기업의 적극적인 행보, 글로벌 시장과의 협업과 공급 방식에 따라 그
형태가 달라질 전망이다.

또한, 중앙은행의 현금 결제 비중을 억제하고, 금융서비스 이용

기업 가치 상위 스타트업

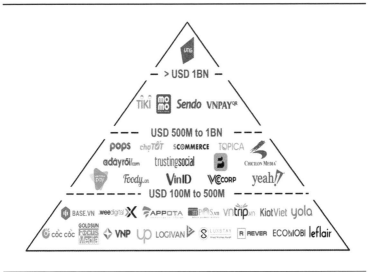

출처 : Vinacapital Ventures

인구 증가를 통해 모바일과 디지털 결제를 촉진하려는 정책도 가시
적인 지표상의 효과가 나타나고 있으며, Allied Market Research
에 따르면, 베트남 모바일 결제 시장은 2025년까지 709억 달러에 이
를 것으로 예상된다. 이는 머지않은 미래에 다양한 리테일, 기술, 금
융 관련 스타트업 시장 폭발에 촉매제가 될 것으로 보인다.

짧은 스타트업 역사에 비해 빠른 양적 성장 및 시장 잠재력은 해외
자본의 투자로 이어지고 있으며, 2019년 베트남 신생기업들은 상반기
에만 2억 4,600만 달러의 투자를 유치 했으며, 2017년부터 2019년까
지 투자 가치와 기술 거래 건수가 6배 증가한 것으로 나타났다. 3대
투자는 Tiki, VNPay, VNG로 자금의 63%를 차지했으며 성장도 높
은 기업에 대한 투자 규모는 매년 20% 이상씩 증가하고 있다. 이에
따라 지난 한해 국내 자본의 베트남 스타트업 대상 투자도 두배 이상
증가했다.

주요 투자 분야

Proceed (US$M)	2013	2014	2015	2016	2017	2018	2019 H1	Total
Retail	$1	$15	$1	$18	$15	$102	$89	$241
Payments and Remittances	$12	$10	$1.1	$29	$10	$100	$50	$212
Education	$0	$3	$6	$1	$5	$53	$9	$77
Advertising and Marketing Technology	$6	$7	$30	$1	$6	$3	$5	$59
Travel	$0	$0.6	$0	$4	$1	$4	$19	$29
Multi-vertical	$0	$0	$0	$0	$0	$0	$29	$29
Financial Services	$0	$0	$0.1	$1	$1	$8	$10	$20
Real estate	$1	$0	$0.1	$0	$6	$4	$7	$18
Logistics	$0	$0	$0.3	$1	$0	$4	$7	$13
Local services	$0	$0	$4	$2	$0	$4	$2	$11
Business Automation	$0	$0	$0	$0	$0	$1	$11	$11
Healthcare	$0	$0	$0.1	$0	$0	$0	$7	$8
Entertainment	$0	$0	$0.1	$0	$3	$0	$0	$3
Others	$0	$0	$0.1	$0	$0	$3	$0	$3
Employment	$0	$0	$0	$0	$0	$1	$0	$2

출처 : Cento Ventures and ESP Capital

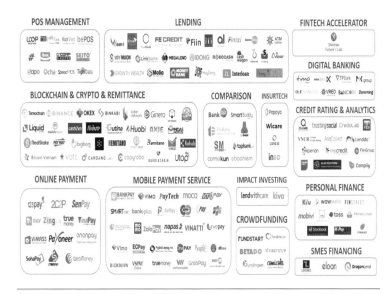

VIETNAM FINTECH OVERVIEW

성장 단계 스타트업 대상 평균 투자 금액 상승 추이

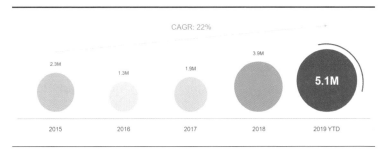

출처 : Vinacapital Ventures

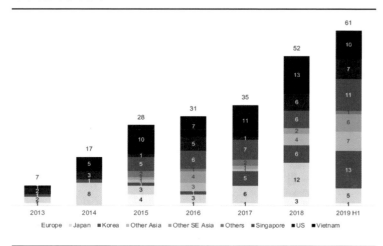

출처 : Cento Ventures and ESP Capital

4. 시사점

정부 주도의 창업 시장 성장, 잠재력 높은 인구 구조와 모바일, 디지털 친화 환경, 교육 인구 풀 및 고성장하는 경제 환경 등 스타트업 분야 역시 베트남의 다른 분야와 마찬가지로 베트남 내 창업, 국내 스타트업 모델의 확장, 투자를 희망하는 국내 기업에게 매력적인 것이 사실이나 베트남 스타트업 분야 진출은 장기적인 관점의 보다 세밀한 접근이 필요하다.

국내에서 성공한 모델, 베트남의 표면적인 시장의 수요나 인지도를 반영한 모델이 무조건적인 성공을 보장하지 않는다. 베트남 정부의 스타트업 및 투자에 대한 분야 별 정책 혹은 관심 포인트, 현지 독특한 문화에 대한 이해, 로컬 시장과 유저 그리고 주요 시장 컨트롤러들이 주도하는 고유한 환경과 이면의 규칙이 현지 진출 전략에 반영 되어야 하며, 타 국가에서 현지 진출한 스타트업, 현지에서 오랜 기간 준비한 창업, 투자자들과의 경쟁 우위 가능성 역시 고려되어야 한다.

무엇보다 이러한 시장에 대한 이해를 바탕으로 로컬 관점에서 함께 문제를 해결하고 사업을 성장시킬 진출 희망기업의 수요에 최적화된 현지 파트너와 멘토 내지는 전문가 집단을 초기부터 확보하고 그들과의 지속 가능한 협업 구조를 만드는 것이 글로벌 진출 역량 못지 않은 핵심 성공 요소이다.

이러한 부분들이 면밀히 검토되고 세밀히 적용된다면 베트남 스타트업 분야는 국내 스타트업 시장의 축적된 경험과 성공 사례를 적용하여 큰 시장 변화를 주도할 수 있는 대한민국 스타트업 해외 진출에 가장 매력적인 신흥 시장 중 하나임은 분명해 보인다.

TREND
VIETNAM
2 0 2 0

베트남
MA
시장 동향

06

베트남 M&A 시장 동향

EY Vietnam & Indochina(M&A거래 & 경영 자문 서비스)
최필균 이사

1. 개요

2017년은 베트남 M&A 역사상 최대금액인 총 102억 달러 규모를 기록하였다. 이 중, 베트남 M&A 역사상, 최대규모인 Thai Beverage 의 사이공 맥주 SABECO에 대한 48억 4,000만 달러 투자가 큰 비중을 차지한 것은 사실이나, 이를 통해서 베트남 M&A시장이 급격하게 달아오르는 계기가 되었다고 볼 수 있다. 2017년 베트남 M&A역사상, 최대 규모의 거래 건수 및 거래금액, 그리고 역사상 최대규모의 거래가 성공하면서 2018년 이후 거래 건수와 금액이 지속적으로 증가하게 된 계기가 되었다.

2018년 총 M&A 거래 건수는 566건, 총 거래 금액은 76억 4,000만 달러 규모로서 2017년 대비 75% 수준이나, 2017년 매우 예외적인 대형 거래 SABECO건을 제외하면, 전년 대비 41% 성장한 규모로 베트남 M&A시장이 안정적으로 성장하고 있다고 볼 수 있다. 부동산, 산업재, 금융업과 기타 다양한 산업에서 고르게 투자가 이루어졌음을 알 수 있다.

2019년 상반기에는 전년 동일기간 대비 18% 성장한 총 45억 달러 M&A 거래들이 이루어졌으나, 하반기에는 8억7,500만 달러 규모의 KEB하나은행의 BIDV 투자 딜에도 불구하고, 하반기 총 거래 금액이 22억 달러에 불과하여, 2019년 M&A 총 거래 금액은 67억 달러로 마감되었다. 이 금액은 2018년 대비, 약 12% 감소한 규모이다.

2016년 이후부터 시작된 베트남 M&A시장은 지속적으로 성장하고 있으며, 2015년까지 최대 50억 달러 수준의 시장에서 2016년 60억 달러를 돌파한 후, 대형 거래에 따라서 등락은 있으나, 70억 달러에서 100억 달러 규모의 시장으로 동남아시아의 주요 M&A 시장으로 성장 중에 있다.

베트남 M&A거래 건수 및 금액 증가 추이, 2006~2018

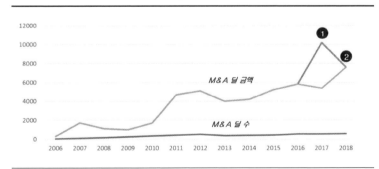

(Source : M&A Forum Vietnam)

(1) Thai Beverage의 SABECO 투자를 포함하면 102억 달러, 제외할 경우, 52억 달러
(2) 2018년 총 거래 금액은 76억4,000만 달러 규모로 2017년 대비, 75% 수준이나 2017년 매우 예외적인 대형 거래 SABECO건을 제외하면, 전년 대비 41% 성장한 규모

베트남 M&A산업별 현황 2017

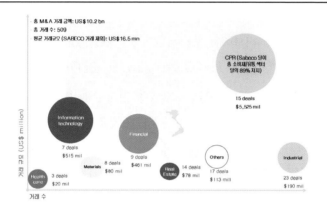

(Source : Capital IQ, EY analysis)

베트남 M&A산업별 현황 2018

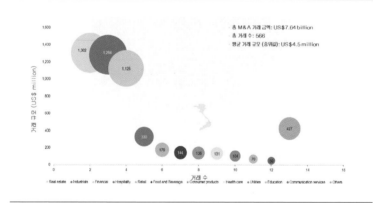

(Source : Capital IQ, EY analysis)

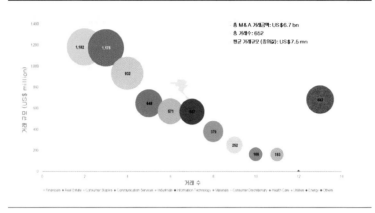

(Source : Capital IQ, EY analysis)

2. 베트남 주요 M&A(2018~2019 지분투자 딜)

2016~2017년, 베트남 M&A 시장은 주로 유통소비재 섹터에서 태국 투자자가 주도하였다고 볼 수 있다. 태국 TCC Group(BJC)의 독일계 Metro Cash & Carry 창고형 할인점 인수, 태국 Central Group의 프랑스계 Big C 할인점 인수, Nguyen Kim 전자양판점 인수, 그리고 베트남 M&A 역사상 최대규모 거래인 Thai Beverage 의 베트남 맥주기업 SABECO 인수 등 대형 거래를 포함한 다양한 중소규모의 M&A거래가 태국 투자자들에 의해서 이루어졌다.

2018~2019년, 베트남 M&A시장은 한국 대기업들, 즉, SK, 한화, KEB하나은행 등의 대규모 지분인수 딜이 주도하였다고 볼 수 있다.

베트남 주요 M&A. 2018~2019 지분투자 딜

No.	투자자(buyer)	매각기업(Seller)	산업	투자금액 (million USD)	인수지분 비율
1	SK	Vingroup	Multisector	1,000	6.10%
2	KEB하나은행	BIDV	금융	875	15%
3	SK	Masan Group	소비재	470	9.50%
4	한화	Vingroup	Multisector	400	2.00%
5	THACO	Hoang Anh Gia Lai	농업, 부동산	305	35.00%
6	Mitsui	Minh Phu	해산물	155	35.00%
7	Group of investment funds	Son Kim Land	부동산	121	10.00%
8	GELEX	Viglacera	건설	64	25.00%
9	Northstar Group	Topica	교육	50	10.00%
10	STIC Capital	Viet-Uc Seafood	해산물	30	35.00%
11	삼성SDS	CMC	정보기술 서비스	38	25.00%
12	Sojitz	PAN	농업	35	10.00%
13	현대해상	Vietinbank Insurance	손해보험	26	25.00%

(Source : M&A forum Vietnam, EY analysis)

2018~2019년 베트남 주요 지분투자 딜에 대한 내용 및 시사점은 위와 같다.

2.1. SK그룹, 베트남 1위 빈그룹에 10억 달러 투자

SK는 2019년 5월 16일 베트남 하노이시에서 빈그룹의 지주회사(빈 그룹 JSC)의 지분 6.1%를 10억 달러에 매입하는 계약을 체결하고 전 략적 제휴를 맺기로 했다. 매입 주체는 지주사인 SK㈜와 SK이노베이 션, SK텔레콤, SK E&S, SK하이닉스 등 5개사가 공동 출자해 설립한

SK동남아투자법인이다.

빈그룹은 베트남 주식시장의 시가총액의 23%를 차지하는 베트남 최대 민간기업으로 부동산 투자를 통한 초기성공을 바탕으로 유통, 전자, 호텔 및 리조트 등 전방위로 사업영역을 넓히며 90여 개 계열사를 거느리게 되었으며, 최근에는 자동차와 스마트폰 제조업도 시작하였다. 대부분 내수시장 위주인 다른 동남아 기업과 달리 '수출 제조업' 위주로 사업을 확장하고 있어 한국의 대기업들과 비슷한 성장전략을 취하고 있는 것이 더 높은 성장잠재성을 기대할 수 있다고 볼 수 있다.

SK그룹은 2018년에도 마산그룹의 지분 9.5%를 매입하였다. 빈그룹과 마산그룹 등 베트남 재계 1, 2위 그룹의 주요 주주가 된 것으로, 이는 기존 한국 기업의 해외 투자에서 흔치 않은 새로운 시도로 평가받고 있다. 1조원이 넘는 대규모 자금을 투자하면서도 경영권 확보를 노리지도 않고 단순 재무적 투자도 아니기 때문이다.

SK에 의하면, "그동안 SK의 동남아 사업은 생산 기지 구축 등 국내

사업의 수평적 확장이나 투자 기업의 경영권 확보 위주였다"며 "빈그룹과 마산그룹에 대한 투자는 이러한 방식에서 벗어나 현지 기업과의 '파트너링'을 통한 시너지를 높이는 데 있다"고 하였으며, 향후 빈그룹과 함께 현지 시장의 신규투자와 전략적 인수합병, 국영기업 민영화 프로젝트 등에 적극 참여할 계획이라고 밝혔다.

2.2. KEB하나은행, 베트남 자산규모 1위,
BIDV 지분 15% 인수

KEB하나은행이 2019년 7월 베트남 자산규모 1위 은행인 베트남투자개발은행(BIDV)의 지분 15%를 인수하였다. 이 거래는 2019년 이루어진 M&A에서 가장 큰 딜 중의 하나이고 베트남 은행업에서는 역대 최대 규모 M&A로 꼽히고 있다.

BIDV는 1957년 설립돼 베트남 중앙은행(SBV)이 지분 95.3%를 보유한 국영 상업은행으로 증권사, 리스사, 보험사, 자산관리회사

등을 거느린 2018년 연결기준 총자산 66조 3,000억원, 3,809억원의 순익을 시현한 베트남 최대 규모의 우량 은행 중 하나이다. KEB하나 은행 입장에 서는 성장세 높은 베트남 은행시장 진입을 BIDV는 재무 개선을 통한 건전성 강화 효과를 각각 기대하고 이루어진 거래라고 볼 수 있다.

2.3. 한화, 빈그룹에 4억 달러 투자

2018년 8월, 한화그룹이 베트남의 미래 성장 가능성을 보고 현지 증시 시가총액 1위 기업인 빈그룹에 4억 달러(약 9조 3,000억 동)를 투자하고 주식전환 시, 총 발행 주식의 2%에 달하는 전환우선주를 발급받았다. 한화자산운용이 모집, 운용하는 사모펀드 형태로 딜이 성사되었으며 수익자들은 주로 국내 기관투자가들로 이루어져 있다.

한화자산운용 관계자는 "베트남의 미래 가능성을 본 투자였다"며 "향후에도 베트남 내 성장성이 높고 우수한 시장점유율을 보유하고

있는 선두 기업의 지분, 대출, 실물자산 등을 꾸준히 발굴해 투자를
지속해 나갈 예정"이라고 밝혔다.

2.4. 토종 자동차 메이커 THACO가 Hoang Anh Gia Lai 투자

THACO는 2018년 8월 황안자라이(Hoang Anh Gia Lai)사와 전
략적 파트너십을 맺은 후 농업회사인 HAGL(Hoang Anh Gia Lai)
Agrico 지분 35%와 부동산개발회사인 HAGL Land 지분 51%를
인수하는 계약을 맺었다. HAGL Agrico는 용과, 바나나, 고추 등을
재배 및 생산 후 중국과 태국 등지로 수출하는 베트남 농업 주요 기
업 중 하나이다.

2.5. 일본 미쓰이(Mitsui)의 베트남 최대 새우 양식 기업 Minh Phu에 1억 5,000만 달러 투자

일본 미쓰이는 베트남 최대이자 세계최대 새우 양식기업(World's
biggest shrimp integrator from farming to processing and
sales)에 1억 5,000만 달러를 투자하고 지분 35%를 획득하였다.

Minh Phu는 베트남 남부의 900헥타르에 2개의 가공 공장과 새
우 양식장을 소유하고 있으며 새우 양식에서부터 가공 및 판매에 이
르는 단계에 대한 수직적 통합을 이루고 있는 회사이다.

미쓰이는 글로벌 네트워크를 활용하여 Minh Phu의 글로벌 매출
을 확대하는 데 기여할 뿐만 아니라, AI를 포함한 디지털기술을 적용
하여 새우 양식부터 마케팅에 이르기까지 새우 공급망의 효율성을
극대화하여 Minh Phu가 더 성장할 수 있도록 돕는 전략적 투자자

역할을 하여 현재 5% 수준인 글로벌 시장점유율을 향후 15년 안에 25%로 끌어올리겠다는 계획을 가지고 있다.

2.6. 최대 전력기업 GELEX의 최대 건설자재 및 부동산 공기업 Viglacera 지분 25% 인수

2019 년 5 월, 베트남 최대 전력 기업(전력변압기, 전선, 전기모터 등 전력장비 주력)인 GELEX가 베트남 최대 건설자재 및 부동산 기업 중 하나인 Viglacera지분 25%를 정부(Ministry of Construction)로부터 인수하였다. GELEX는 기존 주력 사업인 전력장비사업에서 건설 및 부동산 회사로 다각화하기 위한 전략의 일환으로 Viglacera에 투자를 단행한 것으로 알려졌다.

2.7. 최대 에듀테크 기업 Topica, 싱가폴계 사모펀드 Northstar로부터 5,000만 달러 투자 유치

2018년 베트남 최대 에듀테크 기업 Topica가 싱가폴 사모펀드인 Northstar Group으로부터 투자유치를 성공시켰다.

토피카(Topica)는 베트남의 대표적 에듀테크 기업 중 하나로 대학에 콘텐츠 서비스를 하는 것으로 시작해서 영어, IT 콘텐츠를 서비스하는 B2C 시장에서도 꽤 큰 성과를 거두고 있다. 지금은 베트남뿐만 아니라, 싱가폴, 태국, 인도네시아, 필리핀에도 진출 하는 등, 거대 교육 그룹 으로 성장하고 있다.

토피카는 에듀테크 기업을 넘어서서 "TOPICA Founder Institute"라는 일종의 스타트업 엑셀러레이터를 별도로 운영하면서 이미 많은 스타트업 기업들을 육성하고 투자 유치 지원 등 활동을 펼치고 있다. 이러한 행보는 토피카의 사업 아이디어와 다시 결합되어 새로운 생태계를 만들어 내고 있을 뿐 아니라, 기존 사업과도 시너지를 일으키고 있다. 실제로 투자받은 5,000만 달러를 바탕으로 기존 에듀 플랫폼의 고도화뿐만 아니라, 교육을 기반으로 인력계발 및 창업으로 이어지는 생태계에 적극적으로 투자하고 있다.

2.8. 스틱 인베스트먼트의 베트남 새우 양식 회사 Viet-UC Seafood 투자

대한민국의 스틱인베스트먼트가 베트남 새끼 새우 공급회사인 Viet UC Seafood JSC에 팬아시아펀드를 통해 투자하여 2대 주주가 되었다. 스틱 인베스트먼트의 팬아시아 펀드는 아시아 지역에서 성장하는 유망한 기업에 대한 성장자본 투자를 주요 전략으로 하고 있다. Viet UC는 베트남 새끼 새우 시장 점유율이 23%에 달하는 최대 업체이다.

스틱의 Viet-UC Seafood에 대한 투자는 대한민국 토종 사모펀드가 베트남 투자를 개시하게 된 신호탄이 된 투자라고 볼 수 있다.

2.9. 삼성SDS, 베트남 IT기업 CMC 지분 25% 획득으로 최대주주 등극

삼성SDS는 2019년 7월, 베트남 주요 IT서비스 기업 중 하나인 CMC에 3,800만 달러를 투자하여 지분 25%를 획득하여 최대주주로 이사회에 참여하게 되었다. 이 투자는 베트남 IT기업에 대한 투자 중 역대 최대 규모이다. CMC는 임직원 약 3,000여명 규모의 베트남

IT서비스 기업으로 시스템 통합, SW개발, 클라우드, IT인프라 운영을 주요 사업으로 영위하고 있다. 삼성SDS의 베트남 IT서비스기업 투자를 전후로 한국 SI, IT서비스 기업의 베트남 IT, 핀테크 기업 M&A를 위한 시도가 지속적으로 진행 중인 상황이다.

2.10. 현대해상, 베트남 13위 손해보험사 지분 25% 인수

2018년 12월 현대해상은 VietinBank Insurance Joint Stock Corporation, 이하 VBI)의 지분 25%를 인수하는 계약을 체결하였다. VBI는 베트남 은행업계 2위인 비엣틴 은행의 자회사로 현지 손보사 업계 13위 업체이다. 현대해상은 1997년 호치민 현지사무소, 2016년 하노이 현지사무소를 개설하였으며 VBI투자를 통해서 베트남 시장확대를 위한 교두보를 마련했다는 평가를 받았다. 향후 VBI의 성장 잠재력과 현대해상의 보험 노하우를 전략적 협력관계를 통해서 시너지 극대화를 목표로 하고 있다.

3. 베트남 주요 M&A(2018~2019 인수 딜)

2018~2019년, 주요 인수 M&A 거래는 다음과 같다.

베트남 주요 M&A . 2018~2019 인수 딜

No.	투자자(buyer)	매각기업(Seller)	산업	투자금액 (million USD)	인수지분 비율
1	An Quy Hung	Vinaconex	건설, 부동산	320	57.71%
2	Saigon Coop	Auchan	유통	150	100.00%
3	Taisho	Hau Giang Pharmaceutical JSC	제약	106	62.00%
4	Navis Capital	TTC Education Company	교육	100	100.00%
5	Vingroup	Telecommunications & Archos	기술	82	65.00%
6	BRG	Intercontinental	부동산	53	100.00%
7	VinCommerce	Fivimart & Shop n Go	유통	33	100.00%
8	Kido	GoldenHope Nha Be	식품가공	20	51.00%

(Source : M&A forum Vietnam, EY analysis)

3.1. An Quy Hung의 Vinaconex 인수

베트남 국가자본투자공사(SCIC, State Capital Investment Corporation)가 소유하고 있었던 베트남 주요 부동산 및 건설공기업인 Vinaconex 지분 57.71%를 약 3억2,000만 달러에 An Quy Hung이 인수하였다. An Quy Hung은 SCIC가 시작했던 경매가보다 2조 동(8,600만 달러) 이상을 제시하고 Vinacoex를 인수할 수 있었다.

인수 후, An Quy Hung측이 대표이사를 임명하였고 인수 후 합병을 추진하였으나, 기존 주주 등의 반발 및 조직통합 등의 이슈로 인수 후 합병 작업이 순탄치는 않은 것으로 알려지고 있으며, 최근 외국인투자자들의 주요 관심사였던 베트남 공기업 인수의 현실적인 어려움을 보여주는 사례로 볼 수 있다.

3.2. 베트남 최대 토종 유통기업 Saigon Co.op의 Auchan Retail 100% 인수

2019년 6월, 베트남 최대 유통기업 중 하나인 Saigon Co.op이 프랑스계 Auchan체인의 18개 매장 및 온라인몰 사업을 100% 인수하였다.

2015년 하노이, 호치민, 떠이닌 지점을 시작으로 베트남 Food Retail(식료품 위주 슈퍼마켓) 시장에 진출했던 Auchan 마트는 시장 진출 이래 지속적인 적자를 기록하고 있던 것으로 알려져 있다.

최근 베트남 유통업에서 M&A는 주로 초기에 진출했던 유럽계 대형유통체인을 태국계 대기업들이 인수했던 경우(태국 TCC

Group(BJC)의 독일계 Metro Cash & Carry 창고형 할인점 인수, 태국 Central Group의 프랑스계 Big C 할인점 인수) 혹은 빈그룹의 유통자회사 빈커머스(VinCommerce, 빈마트 운영기업)가 현지유통기업(Fivi마트 인수, 퀸랜드 마트 인수)을 인수하는 두 가지 경우가 주를 이루었다.

Saigon Co.op의 Auchan마트 체인 인수는 베트남 대형 유통기업이 해외진출기업을 인수한 최초, 최대의 거래라고 볼 수 있다. 2000년대 후반 한국에 진출했던 글로벌 유통업체, 즉 월마트, 까르푸 등이 한국시장에서 성공하지 못하고 최종적으로 이마트, 등 한국의 유통대기업에게 인수된 상황과 유사한 상황으로, 현지 시장에서 성공적으로 정착하지 못한 외국계 유통 기업들이 로컬기업에게 사업을 넘기고 철수하는 상황이라고 볼 수 있다.

베트남 유통시장의 밝은 전망에도 불구하고 치열한 경쟁상황으로 어려움을 겪어왔던 베트남계 및 외국계 유통업체의 산업 구조 조정이 본격적으로 시작되는 신호탄이라고도 볼 수 있는 거래이다.

베트남 유통시장에서 매각설이 끊임없이 제기되었던 빈그룹의 빈커머스(빈마트)에 대해서 글로벌 유통업체들이 지속적으로 관심을 가져왔으나, 2019년 12월, 최종적으로 베트남 최대 소비재 기업 Masan그룹으로 합병이 결정되면서 당분간 베트남 유통업계에서 대형 M&A가 성사될 가능성은 낮을 것으로 전망된다.

3.3. 일본 제약사 Taisho가 베트남 최대 상장 제약사 Hau Giang Pharmaceutical(DHG) 인수

2019년 4월, 일본 최대 제약사 중 하나인 Taisho Group이 베트남 최대 상장 제약회사인 Hau Giang Pharmaceutical JSC(DHG) 지분 62%를 인수하였다.

Taisho는 DHG지분 24.5%를 기 보유하고 있었으며, DHG가 2018년부터 외국인 소유제한(Foreign Ownership Limit)을 100%로 높이면서 추가 지분 인수기회를 기다리다가 베트남 투자청(SCIC : State Capital Investment Corporation)이 보유하고 있던 국영 지분을 인수하면서 최대 주주가 되었다.

최근 베트남 1~3위 제약사가 모두 외국인 지분한도를 철폐한 바가 있으며 우리나라의 대웅제약도 베트남 제약사 트라파코 지분 15% 매입 및 전략적 제휴를 통해서, 전략적 투자자 로서 본격적인 기술이전, 제품생산, 의약품 유통, 연구개발 등의 분야에서 협력을 강화하고 있다.

3.4. Navis Capital이 교육기업 TTC Education 인수

말레이지아계 사모펀드 Navis Capital이 베트남 남부에서 17여개의 사립학교와 영어교육센터를 운영하고 있으며, 2021년까지 추가로 4개를 개설할 예정인 TTC Education 지분 100%를 인수하였다.

양질의 교육을 제공하는 공립학교는 제한되어 있고 프리미엄 국제학교는 너무 비싼 고가로 베트남 상류층만 접근이 가능한 상황에서 TTC Education은 양질의 프리미엄 교육을 적정 학비로 제공하는 것으로 목적으로 하고 있다.

베트남 부모는 수입의 약 47%를 자녀 교육에 지출하는 것으로 알려져 있고 현지교육시스템에 대한 신뢰를 하지 못하여 매년 해외유학에 연간 3조 달러를 지출하고 있다. 따라서, 국제적 수준의 교육을 제공하기 위한 투자가 지속되고 있으며, 다양한 한국 교육기업들도 현지 교육 기업에 지분투자 혹은 인수를 통해서 투자기회를 탐색하고 있다.

3.5. Vingroup의 Archos 인수

베트남 최대 민간기업인 Vingroup이 프랑스 소비자 가전 업체 Archos지분 65%를 자회사인 VinSmart를 통해서 인수하였다.

VinSmart는 Vingroup의 스마트폰 제조회사이다. Archos는 MP3플레이어, PMP, 안드로이드 기반 태블릿 및 게임 기기를 제조 유통하는 회사이며 유럽 전역에 진출 가능한 유통망을 가지고 있는 것으로 알려져 있다. VinSmart는 자사 제조 스마트폰인 VinSmart 및 각종 태블릿을 프랑스 및 유럽 지역에 유통하기 위한 목적으로 이번 투자를 단행하였다.

베트남 M&A시장이 해외투자자들의 베트남 기업 투자가 90% 이상을 차지하고 있는 상황에서 베트남 최대 민간기업 Vingroup을 시작으로 베트남 사업의 포트폴리오 확장, 지역 확장 등의 목적으로 Outbound M&A가 본격적으로 활성화되는 계기가 되는 거래라고 볼 수 있다.

Vingroup은 2019년 3월, 대한민국 대구에 약 100억원을 투자하여 빈테크코리아 R&D 센터를 설립하기도 하였다. 이는 Vingroup의 자동차 제조사 VinFast에 탑재할 부품개발을 위한 목적으로 알려져 있다.

Vingroup을 중심으로 베트남기업들의 사업확대 및 글로벌화에 따른 해외 Outbound M&A도 점차 늘어가고 있는 추세가 향후 지속될 것으로 예측된다.

3.6. 빈그룹 & 마산그룹 유통부문 합병

2019년 12월, 베트남 최대 민간기업인 빈그룹과 마산그룹이, 베트남 최대 유통업체 중 하나인 빈그룹의 빈커머스(VinMart, VinMart+ 운영)를 마산그룹으로 합병하는 계획을 발표하였다.

두 그룹이 주식 맞교환 방식으로 유통사업 부문을 합병하여 규모의 경제를 실현하는 것을 목표로 한 빅딜로 합병금액은 약 20억 달러, 우리 돈으로 약 2조 4,000억원 수준의 거래로 알려 지고 있다.

빈커머스는 대형 할인점, 소형 슈퍼, 편의점 등 베트남 50개 성에 약 2,500여개 매장을 가지고 있으며, 빈에코는 대규모 농장을 운영하는 빈그룹 계열사이다. 최근 급속한 성장을 이루어 왔으나, 만성적인 적자에 시달려 온 것으로 알려져 있다. 2018년 빈커머스의 매출은 약 9억 2,000만 달러, 한화 1조 1,000억원 수준의 매출을 달성하였으나, 순손실 약 2억 2,000만 달러, 한화 2,600억원을 기록하였다.

마산그룹은 조미료, 편의식품, 음료 부문에서 압도적인 베트남 1위 기업이다.

두 회사의 합병은 마산과 빈그룹이 서로 주식을 주고받은 후 마산그룹이 주도적으로 운영하고 빈그룹은 일부 지분만 보유하는 형태가 될 것으로 알려져 있다.

이번 빅딜은 양 회사가 잘 하는 분야능력을 최적화하기 위한 전략적 필요가 정확히 일치하여 이루진 것으로 분석된다.

빈그룹은 부동산, 호텔리조트, 제약, 자동차 제조(빈패스트), 스마트기기 제조(빈스마트) 등 사업 영역을 확장하면서 '선택과 집중'이 필요한 상황이었고, 마산그룹은 베트남 최대 소비재 기업으로서 탄탄한 자사 유통망 확보가 절실한 상황이었다.

중장기적으로는 양사 모두에게 긍정적인 영향을 미칠 수 있는 전략적 결정이었다는 의견이 지배적인 거래로 2019년 마지막을 장식한 최대의 베트남 M&A뉴스라고 볼 수 있다.

4. 베트남 M&A 투자자 국적

베트남 M&A는 해외 투자자들이 베트남 기업에 대한 인수 혹은 지분투자를 하는 Inbound M&A가 90%가 넘는 추세가 지속되어 왔다. 이러한 추세가 2018년 이후에는 다소 새로운 트렌드를 보여주고 있다. 즉, 베트남 대기업들이 약진하면서 M&A시장에서 매수자로 적극 나서고 있는 것이다. 베트남 대기업들이 베트남에 진출한 외국계 기업을 인수하거나, 혹은 사업 확장에 따라서 해외 기업에 대한 전략적 투자를 통한 해외시장 진출 또는 베트남 국내에는 없는 핵심역량을 단기간에 끌어올리려는 목적으로 M&A에 적극 나서고 있다.

Saigon Co.op의 Auchan 마트 인수는 베트남 유통시장에 진출하였으나, MM Mega Market, Big C 등 오랜 진출 역사를 가진 다국적기업과의 경쟁에서도 이기지 못하고 Saigon Co.op, 빈마트 등 경쟁력을 점차 갖추어 나가고 있는 현지 유통기업에 대한 비교우위도 가지지 못한 해외기업이 베트남 현지기업에 인수된 대표적인 경우라고 볼 수 있다.

Vingroup(VinSmart)의 Archos투자로 자사 제조 스마트폰의 유럽 유통을 확대하려는 전략, Vingroup(VinSmart)의 대한민국 대구의 R&D센터 설립투자 등은 베트남 대기업이 한정된 자국시장을 넘어서서 글로벌화 하려는 전략을 보여주는 좋은 사례이다.

베트남 M&A투자자 국적

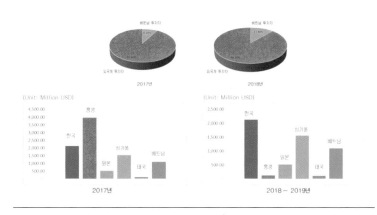

(Source : M&A Forum Vietnam, EY analysis)

5. 2018~2019, 베트남 M&A 주요 특징

5.1. 1억 인구와 함께 성장할 수 있는 업종에 대한 M&A 활발

현재 베트남의 인구는 1억을 곧 돌파하는 상황을 맞고 있으며, 경제 인구 구조상 젊은층과 중산층의 비율이 증가함에 따라 전 세계 투자자들에게 매우 매력적인 시장으로 각광받고 있다. 따라서, 최근 M&A는 1억 인구와 함께 미래성장이 예측되는 분야에 집중되었다고 볼 수 있다.

예를 들어, 2016년 소매유통업은 전체 M&A 거래 중에서 가장 두드러지는 부문이었으며, 전체 M&A 거래액의 약 37%를 차지했다. 이 중 주목할 만한 점은 태국기업의 M&A를 통한 베트남 진출 및 확장이라고 볼 수 있다. 2016년 5월 초, 태국 Central Group은 10억 5,000만 달러를 지불하고 프랑스 Casino Group이 보유하고 있던 베트남 최대 할인점 체인인 Big C를 인수하였다.

2017년부터 2019년까지, 소비재 부문에서도 크고 작은 M&A거래가 있었다. 이 중, 가장 주목할 만한 거래는 태국의 ThaiBev가 48억 달러를 Sabeco에 투자한 거래라고 볼 수 있다. 태국 ThaiBev는 베트남 시장 진출을 위해서 Sabeco가 보유한 지배적인 시장 유통망을 확보하기 위해서 일반적인 기업가치보다 훨씬 더 높은 프리미엄을 주고 지배주주 지위를 획득한 경우이다.

기타 세계 최대 사모펀드 중 하나인 Warburg Pincus의 베트남 주요 소매은행 중 하나인 TECHOMBANK, 최대 핀테크 기업인 MoMO에 대한 투자, 싱가폴 국부펀드 GIC의 TECHOM BANK, 그리고 우리나라 신한은행의 ANZ 소매금융 부분 인수 및 신한카드의

푸르덴셜 파이낸스 인수 등이 모두 베트남 1억 인구에 대한 미래에 투자한 거래라고 볼 수 있다.

2018년 이후부터는 최근 급격히 규모를 키우고 있는 베트남 대기업들이 M&A시장에 적극 뛰어들고 있는 추세가 뚜렷하다. M&A를 통한 성장에 적극적인 베트남 기업은 Vingroup, Kido, Masan, Pan Group 등을 예시로 들 수 있다. 최근 소매유통 부문에서는 베트남 최대 소매유통 기업 중 하나인 Saigon Coop의 프랑스 Auchan Mart 베트남인수, Vingroup과 Masan Group 간 규모의 경제 달성 및 각 기업들의 선택과 집중을 목적으로 성사된 VinCommerce와 Masan Consumer 간의 합병을 예로 들 수 있다.

5.2. 공기업 민영화 부문에서 다양한 M&A기회가 나올 것으로 예상되었으나 계획만큼 활발하지 못한 공기업 민영화

정부의 적극적인 계획으로 2018년 이후 공기업의 주식회사화 및 민영화가 활발할 것으로 전망되었으나 실제로는 큰 성과를 거두지 못하였다.

베트남 정부에서 공기업 민영화에 대한 강력한 의지를 보이는 배경은 다음과 같다.

첫째, 기존에 정부가 지배하고 있던 산업에 민간 투자자, 외국계 투자자의 유입을 촉진함으로써 공기업의 투명성, 효율성을 증진하여 산업전체의 경쟁력을 국제적 수준으로 끌어올리고자 한다.

둘째, 국가가 보유하는 것이 타당한 공공서비스, 국방, 전력 및 에너지 등을 제외하고 민간투자자에게 개방하여 그동안 방만하게 운영되어왔던 공공 영역을 구조조정하기 위함이다.

셋째, 국가가 보유했을 때 잇점이 명확하지 않고 효율성이 보장되지 않은 산업부문에서 정부지분을 철수하고 대신 국가 전체 입장에서 정부가 관여하는 것이 보다 타당한 산업에 투자자원을 재분배하려는 목적이다.

넷째, 베트남 경제 성장에 따른 막대한 사회 인프라 투자가 소요될 예정인데 반하여 베트남 세수는 충분치 못한 상황이어서 국가 재원을 확보하는 차원이다. 해외직접투자가 지속적으로 유입되고 베트남이 매력적인 투자처로 떠오르는 최근 시점이 국가지분을 해외투자자에게 높은 가치로 매각하기에 매우 좋은 시점이라고 판단함에 따라서 정부에서 공기업 지분 매각을 서두르는 이유이다.

베트남 정부는 공기업 민영화에 대한 계획을 매 4년마다 발표하고 있다. 현재 계획은 2016~2020 계획으로 민영화 대상이 되는 기업들의 목록과 정부지분 매각 비중을 구체적으로 담고 있다. 특정 공기업에 대한 매각 절차에 대해서는 개별 건별로 별도의 협의 및 승인절차를

베트남 공기업 민영화 동기

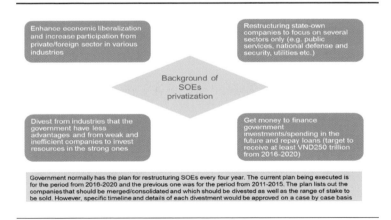

(Source : EY)

2017년 민영화 대상 공기업

Sectors	Number of SOEs divestment	Key divestment
Consumer products and services	8	
Construction and real estate	26	
Healthcare and pharmaceutical	3	
Agriculture	7	
Industrial manufacturing	12	
Natural resources	2	
Utilities (Electricity, water)	51	
Other sectors	26	
Total	**135**	

(Source : Decision No. 1232/QD-TTg)

2018년 민영화 대상 공기업

Sectors	Number of SOEs divestment	Key divestments
Consumer products and services	30	
Construction and real estate	27	
Healthcare and pharmaceutical	5	
Agriculture	9	
Industrial manufacturing	15	
Natural resources	2	
Utilities (Electricity, water)	72	
Other sectors	21	
Total	**181**	

(Source : Decision No. 1232/QD-TTg)

2019년 민영화 대상 공기업

Sectors	Number of SOEs divestment	Key divestments
Consumer products and services	5	VUNGTAU TOURIST VINATRANS
Construction and real estate	2	VINAINCON For the best quality of works
Healthcare and pharmaceutical	1	Bidiphar
Agriculture	1	
Industrial manufacturing	4	TRC LILAMA MIE ISO 9001:2008 VIGLACERA
Natural resources	-	
Utilities (Electricity, water)	43	CCT CÔNG TRÌNH GIAO THÔNG
Other sectors	6	VIET NAM SONADEZI
Total	62	

2020년 민영화 대상 공기업

Sectors	Number of SOEs divestment	Key divestments
Consumer products and services	2	SONA SEPON GROUP
Industrial manufacturing	2	VNSTEEL TỔNG CÔNG TY THÉP VIỆT NAM - CTCP
Utilities (Electricity, water)	19	CANTHOWASSCO BWACO BẮC GIANG
Other sectors	5	ACV AIRPORTS CORPORATION OF VIETNAM TỔNG CÔNG TY CẢNG HÀNG KHÔNG VIỆT NAM SOVILACO EMICORP
Total	28	

거치도록 하고 있다.

2017~2020 공기업 민영화 계획(Decision No. 1232/QD-TTg)은 진행이 매우 더디게 진행이 되고 있다. 이에 베트남 공기업들의 지주회사 역할을 하고 있는 베트남 투자청(SCIC：State Capital Investment Corporation)은 지속적으로 민영화의 빠른 실행을 촉구하는 계획을 발표 하였으나, 여전히 속도가 지지부진한 상황인 것으로 알려지고 있다.

공기업 민영화 속도가 정부가 원하는 만큼 나오지 않는 요인으로, 전반적인 프로세스의 투명성이 아직 미흡하고 기존 주주들의 이해관계에 따른 반발, 인수 실사 및 가치평가 과정에서의 비협조 등이 주요한 어려움으로 알려지고 있다.

정부에서 강력한 의지를 가지고 지속적으로 압박을 하고 있는 만큼 2020년 이후에도 공기업 민영화는 베트남 자본시장에서 가장 주요한 성장동인이 될 것으로 예측된다.

5.3. 한국 투자자의 주요 베트남 M&A 참여

2018~2019년 베트남 최대 투자 거래의 약 50%를 한국계 기업이 차지할 정도로 2018년 이후 베트남 M&A시장에서 한국계 투자자의 참여는 약진하였다. 대표적인 한국계 투자자의 참여 거래로 SK그룹의 베트남 최대 민간기업인 Vingroup 및 Masan Group 지분투자, 한화 그룹의 Vingroup 지분투자, KEB하나은행의 베트남 자산규모 1위 은행 BIDV 지분 투자, 기타 삼성SDS, 현대해상, 스틱인베스트먼트 등의 투자가 있다. 최근에는 SK그룹은 베트남시장 투자 확대를 위해서 국민연금과 1조원 규모의 펀드를 결성하는 등 베트남 투자를

더욱 더 가속화하는 추세이다.

언론에 알려진 대형 투자 거래 외에도 중견, 중소기업들도 M&A를 통한 베트남 투자를 검토 하는 등 이러한 추세는 당분간 지속될 것으로 전망된다.

5.4. 한국계 사모펀드, 벤처캐피탈의 베트남 투자 가속화

기존에 베트남 기업에 대한 M&A 혹은 지분투자를 주로 하였던 한국계 투자자는 한국 대기업이 주도하였다면, 2018년 이후 본격적으로 한국계 사모펀드 및 벤처캐피탈이 베트남 투자를 시작하고 있다.

대표적인 투자사례로, 한국 주요 사모펀드 중 하나인 IMM이 SK의 Vingroup 및 Masan Group 투자 시, 재무적 투자자로 각각 30%, 18.86%의 지분으로 참여한 사례가 있다. 또한 스틱 인베스트먼트는 2009년부터 베트남 호치민에 사무소를 열고, 2018년 9월 베트남 새끼 새우 생산업체 비엣UC씨푸드 투자, 한국 전자부품기업의 베트남 현지법인인 캠시스 비나에 투자, 베트남 다낭국제공항 최대주주인 TASECO홀딩스의 자회사 TASECO Airs에 투자 등 베트남 투자, 베트남 최대전자상거래 업체 Tiki에 투자하는 등 베트남 투자를 지속적으로 늘려나가고 있다.

한국계 자본의 베트남 스타트업 투자도 지속적으로 확대되고 있는 추세이다. GS홈쇼핑의 숙박공유업체 럭스테이에 120만 달러 투자, 이커머스 스타트업인 르플레어에 300만 달러 투자, 그리고 세마트 랜스링크, 미래에셋벤처투자, IMM 등 다양한 벤처캐피털이 베트남 스타트업을 검토하고 투자 포트폴리오를 확대하는 것으로 알려지고 있다.

5.5. 스타트업 투자

2017년에는 베트남 스타트업 92개에 총 2억 9,100만 달러의 투자가 이루어졌다. 2018년에 스타트업에 이루어진 투자 총 규모는 8억 9,000만 달러로 전년 대비 3배 이상 성장하였다. 이 중, 7억 3,000만 달러, 즉 총 투자액의 83%가 Top 10 스타트업으로 투자가 이루어졌다(Sendo, Topica 등).

베트남 스타트업 투자딜 개수, 금액

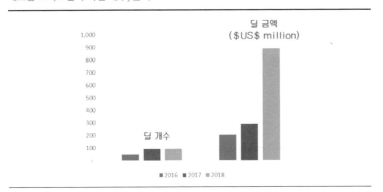

(Source : EY)

베트남 스타트업 투자딜 개수, 금액

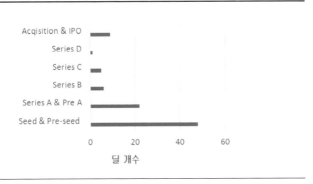

(Source : EY)

2018년 분야별 투자금액을 보면, 핀테크 분야는 총 8건으로 1억 2,000만 달러, 전자상거래 분야는 총 5건으로 1억 달러, 트래블테크 분야 8건, 6,400만 달러, 물류분야, 에듀테크에 각각 총 5,000만 달러씩의 투자가 이루어졌다.

단계별 투자 트랜드를 보면, 아직 대부분의 베트남 스타트업 투자가 Seed 단계 혹은 Series A단계에 머물러 있어서 향후 성장가능한 스타트업을 가려내서 투자할 경우 큰 투자회수도 기대할 수 있을 것으로 판단된다.

6. 베트남 M&A 애로 사항

6.1. 투자 타겟 발굴의 어려움

2017년 이후 베트남 M&A시장에 규모면에서도 급성장을 해 왔고 질적인 측면에서도 다양한 분야로 다양한 투자자들에 의해서 M&A 거래가 확대되고 있으나, 투자자들은 사전정보공개 미비로 투자 타겟 발굴에 어려움이 있는 것이 현실이다.

기업전략 측면에서 전체적으로 베트남 사업에 대한 큰 그림을 그린 후, 이에 맞는 타겟을 물색 하는 Top-down 방식, 즉 산업을 이해하고 산업 내에 있는 모든 업체를 매핑해보는 Long-listing 후, 현실적으로 투자 가능 여부 등을 확인 후 Short-listing하고 전략적인 시너지 등을 고려하여 투자타겟에게 전략적 지분 매각, 합작, 제휴 등을 제시하는 방식의 구조적이고 체계 적인 방법을 취하기보다 베트남에서는 M&A에이전트들이 소개하는 매물 위주로 Bottom-up으로 투자기회가 생길 경우 투자를 검토하는 경우가 일반적인 경우이다.

많은 기업들이 지속 가능한 성장을 위하여 M&A와 같은 In-organic 방식을 추구하고 있으나, 'M&A 성공' 자체에 집착하여 기존 사업과 시너지 등 적합성을 충분히 검증하지 않아서 원래 의도한 목적을 달성하지 못하는 경우가 많다. 지속가능한 기업가치 달성을 위하여 Deal 자체 성공도 중요하지만, 사전(Pre-deal) 단계의 업무도 매우 중요하다. Pre-deal 단계에서는 막연하게 느껴질 수 있는 신규 사업 추진 과정에 있어 회사의 핵심역량을 구체화하고 이와 연관된 사업 영역의 Dynamics에 대한 통찰력을 바탕으로 신사업 추진에 대한 방향을 정립하고, 특히, M&A를 통한 신규사업 Target을 구체화해야 한다.

위와 같은 체계적인 방식으로 M&A전략을 수립하고 실행하기에 베트남은 아직 개별 기업정보에 접근이 어려워서 정보가 불투명한 점, 많은 산업들이 아직 다수의 기업들이 Fragmented 되어 있는 상황 등으로 인해서 어려움이 있는 것이 현실이다.

또한, 투자 규모에 있어서도 외국계 투자자는 대형딜에 관심이 많으나, 현실적으로, 상장사의 자본금이 200만~400만 달러, 시가총액도 500만~1,000만 달러 정도 수준의 기업이 아직도 많고, 실제 종결된 M&A거래들의 평균, 중위값이 370만~450만 달러 수준으로 규모와 역량을 갖춘 투자 대상이 제한적이라는 어려움이 있다.

6.2. 가치평가의 어려움

M&A에서 타겟 가치평가를 위해서 일반적으로 사용되는 방법에는 두 가지가 있다.

첫째는, 시장 접근방법으로 가치평가 대상이 창출하는 이익, 장부가격, 등 공동 변수를 기준으로 비교 대상 기업의 가치를 살펴봄으로써, 내가 보는 타겟의 가치를 보는 방법이다. 대표적인 방법으로 EV/EBITDA 배수가 있다.

둘째는, 이익접근법으로 일반적으로 기업 가치평가 시 가장 많이 활용하는 미래현금흐름 할인법(DCF : Discounted Cash Flow)이다.

첫 번째 방법 EV/EBITDA 등 시장접근방법은 현실적으로 내가 검토하는 타겟 사업과 유사한 상장기업 수도 제한적이고 유사한 M&A 거래도 제한적이어서 비교대상 기업을 식별하는 것 자체가 어려울 수 있어서 적용이 현실적으로 어려운 경우가 많다.

두 번째 방법 DCF(미래현금흐름 할인)의 경우에도 실무적으로 타겟 기업이 작성한 사업계획에서부터 분석을 시작하게 되는데, 타겟 기업의 재무예측 능력에 의문이 있을 수 있다. 실무적으로는 회사 내 예산수립, 통제 등의 재무관리 체계가 잘 수립되어 있는 기업이 아닌 중견, 중소규모의 기업들의 경우 평소에 사업계획 수립도 하지 않다가 투자유치 시점에 투자자에게 제공할 목적으로 만드는 경우가 많아서 미래 5년의 사업계획에 대한 근거가 희박하거나 매우 낙관적인(Over-optimistic) 현금흐름에 근거해서 가치평가 후 투자자에게 제시하는 경우가 빈번해서 신뢰성이 떨어지는 경우가 많다.

기타 베트남 경제성장, 베트남 투자 분위기를 감안한 지나치게 높은 프리미엄 가격을 요구한다거나, 상장사의 경우 딜을 앞둔 시점에서 비정상적으로 보이는 주가상승 정황이 나타나는 경우가 있다.

6.3. 실사(Due Diligence)의 어려움

타겟 선정 후, 실사 단계에서 회사 규모를 떠나서 선진국 투자자들이 많이 느끼는 이슈가 재무, 세무 정보의 불투명성이다. 과거 재무 정보의 품질 취약, 회계가 실제 사업성과를 나타내지 못하는 경우가 존재, 이중 장부 문제(관리장부 vs. 세무장부), 재무회계 관련 프로세스, 시스템, 기타 업무담당자 문제, 세법준수를 하기보다 뒷돈으로 해결하는 문화가 광범위하게 퍼져 있는 점 등으로 외국계 투자자가 투자 타겟에 대한 실사가 어렵다고 느끼는 것이 현실이다.

특히, 공기업의 재무정보는 상장회사라 하더라도 불투명, 불명확한 부분이 많다고 느끼는 투자자들이 많은 것이 현실이다.

6.4. 인수후합병(Post M&A Integration)의 어려움

많은 기업들이 지속 가능한 성장을 위하여 M&A와 같은 In-organic 방식을 추구하고 있으나, 'M&A 성공' 자체에 집착하여 M&A 실행 이후 통합 업무에 소홀히하여 원래 의도한 목적을 달성하지 못하는 경우가 많다.

Post-deal 단계에서는 인수 또는 합병 이후에 필요한 제반 성장/육성 전략 방향을 구체화하고 실무적으로 필요한 각종 프로세스, 인사 조직, 시스템 상의 통합 및 Alignment 과제를 도출하여 '원래 의도 했던 Deal 가치를 달성'할 수 있도록 노력해야 하는데, 인수후합병 이슈는 비단 베트남뿐만 아니라 선진국에서도 어려움을 겪는 이슈이 긴 하지만, 외국계 투자자들에게는 문화 차이 등으로 더 큰 현실적인 어려움인 것으로 생각된다.

인수후 합병 과정에서 나타나는 이슈는 다음과 같다.

• 문화 차이, 베트남 경영진과 외국경영진과 업무방식 차이
• 전략, 사업계획 불일치 이슈
• 각종 법규제 준수 및 내부통제 관련 외국계 투자자와
  베트남 기업과의 눈높이 차이
• 시너지 획득
• 변화관리
• 고객 유지
• 직원 유지

6.5. Majority Share(다수 지분) vs. Minority Share(소수 지분)

외국계 투자자 입장에서는 회사를 통제할 수 있는 최소 51% 이상 등 다수 지분획득을 원하는 경우가 많으나, 현실적으로는 배트남 공기업 및 사기업 등 대부분의 기업이 다수 지분을 매각하는 경우는 흔치 않은 예외적인 경우이다. 따라서, 외국 투자자 입장에서는 전략적 시너지가 나는 기업의 취득 가능한 지분부터 획득하고 향후 시너지 실현 및 타겟 회사의 상황에 따라서 추가 지분을 매입하는 등 현실적인 접근방법이 필요하다고 판단된다.

6.6. M&A거래 실행 시간 지연

타겟 발굴에서부터 최종 M&A거래 종결 시까지 선진국에서 비해서 시간이 상대적으로 길고 특히, 공기업 지분매각에 참여하는 경우,

불확실한 절차, 응답속도 지연 등으로 애로사항이 많다고 투자자들이 느끼고 있다.

6.7. 공기업 M&A의 어려움

많은 공기업이 아직도 이중장부를 활용하고 있고 재무정보의 품질이 낮고 공시가 불확실하고 부정확하는 등 이슈가 있는 것으로 알려져 있다. 심지어 상장사의 경우에도 재무정보의 투명성이 보장되어 있지 않은 점이 많은 이슈가 되고 있다.

또한, 내부적으로는 인력은 지나치게 많고 생산성은 낮고 전문인력은 부족하고 설비는 노후화되어 있는 등의 이슈가 많은 것이 공기업의 일반적인 현재 상황인 것으로 알려지고 있다.

7. 베트남 M&A 향후 전망

향후에도 베트남의 소비인구의 증가, 중산층 증가, 가처분 소득 증가에 따라서 지속적이고 안정적 성장이 예상되는 소비재, 유통, 부동산 분야가 주요 M&A를 견인할 것으로 판단되고, 또한, 통신, 에너지, 인프라, 제약, 교육 부문에서도 상당한 투자가 이루어질 것으로 예측된다.

7.1. 유통

한국계 투자자를 포함한 글로벌 대형유통업체들이 지속적으로 관심을 가지고 있는 섹터이지만, 투자 가능 매물은 제한적일 것으로 판단된다. 특히, 지속적으로 매각설이 흘러나왔던 Vingroup의 빈커머스가 Masan Group의 Masan Consumer와 합병이 최근 완료되었고 지속적인 손실로 시장에 매물로 나왔던 Auchan Mart가 Saigon Co.op이 인수를 완료하는 등 유통 업계 대형 매물이 당분간 나올 가능성은 낮아 보이나, 각 지역의 중소형 슈퍼마켓, 식료품점 체인 등은 유통산업 구조조정에 따라서 매물로 나올 수 있을 것으로 판단된다. 다만, 대형 매물에 비해서 투자자 관점에서 전략적 시너지 등 매력도는 매우 낮아서 실제 딜 성사 가능성도 많지 않을 것으로 보인다.

7.2. 식음료

견고한 성장으로 시장 확장 혹은 Value Chain 통합을 달성하기 위한 투자자의 지속적 관심이 있는 분야이다. VinaMilk 정부 지분 36%, Habeco 81% 지분 인수에 관심을 가지는 투자자가 있을 것으로 전망된다.

7.3. 부동산

주로 일본, 한국, 싱가폴 투자자가 주거, 상업용, 호텔, 산업단지 등에 대한 투자검토를 지속적으로 진행 중에 있다. 호치민시, 하노이시 주요 지역은 공급 대비 수요가 높아서 Valuation 이슈가 있을 것으로 보인다.

7.4. 금융

소비자금융, 신용카드, 핀테크 분야는 지속적으로 성장할 것으로 전망된다. KEB하나은행의 BIDV 투자 외에도 중소규모 은행에 한국/일본투자자의 지속적인 투자가 있을 것으로 전망되고 있다.

7.5. 인프라스트럭쳐, 에너지

지속적으로 외국계 투자자가 유입될 전망이고, 특히, 최근 태양광 발전에 과다한 투자가 몰리면서 진행 중인 태양광 프로젝트에 대한 매각 기회가 다수 나오고 있는 상황이다.

7.6. 통신

최대 국영통신기업 VNPT와 모비폰의 민영화가 큰 투자기회가 될 전망이다.

7.7. 제약/Health Care

Hau Giang, DOMESCO(35%, SCIC), 전자양판점 체인(Mobile World, FPT Retail)의 약국체인 진출 등 1억 인구 성장에 따라서 지속적인 성장이 전망되는 분야로 지속적인 투자가 일어날 것으로 예측된다.

7.8. 교육

K12, 영어교육, 성인 전문교육 등 다양한 분야에서 성장이 예상되지만, 어느 정도 규모가 되고 신뢰할 만할 매물은 많지는 않은 것으로 알려져 있다. 많은 소형 기업들이 산재해 있는 대표적인 Fragmented 산업으로 판단된다.

투자자 국적으로 한국, 일본, 태국, 싱가폴이 다양한 섹터의 딜에 참여해 왔으며, 최근에는 홍콩, 중국이 새로운 주요 해외 투자자로 부상하고 있다.

공기업 민영화는 많은 어려움에도 불구하고 정부 주도로 지속적으로 실행될 것이고 그 중 몇 개의 대형 딜은 조만간 성사될 것으로 전망되고 있다(VNPT, 모비폰 등).

TREND

VIETNAM

2 0 2 0

토지사용권(LURC)의
기 본 이 해
및
유 의 사 항

07

토지사용권(LURC)의
기본 이해 및 유의사항

법무법인 JP 베트남 사무소
김지현 변호사(법인장)

한국인들이 베트남에서 투자 및 사업을 하면서, 크고 작은 이슈들로 항상 문제가 되고 있는 것이 부동산에 대한 내용이며, 해당 분야에 대한 질문을 매우 빈번하게 받게 된다. 그런데 이상한 것 중에 하나는, 이런 부동산과 관련하여 가장 중요하고 핵심적인 문서 중의 하나가 LURC(Land Use Right Certificate)임에도 불구하고, 많은 사람들이 이 LURC를 확인도 하지 않고 계약 등을 진행하는 경우가 많고, 이로 인해 안타까운 일이 많이 발생하고 있다.

따라서, 이하에서는 LURC를 보면서, 사전에 어떤 내용들을 확인하여야 하는지, 그리고 어떤 점을 특히 유의해야 하는지를 살펴보고자 한다.

LURC의 모양을 예시로 들어, 각각의 항목에 대해 기본적인 설명을 하자면, 다음과 같다.

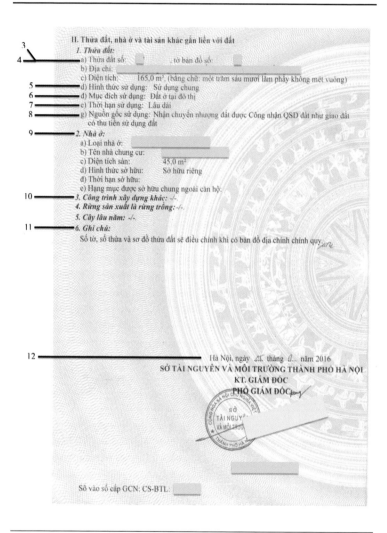

II. Thửa đất, nhà ở và tài sản khác gắn liền với đất

1. Thửa đất:

a) Thửa đất số: , tờ bản đồ số:

b) Địa chỉ:

c) Diện tích: 165,0 m², (bằng chữ: một trăm sáu mươi lăm phẩy không mét vuông)

d) Hình thức sử dụng: Sử dụng chung

đ) Mục đích sử dụng: Đất ở tại đô thị

e) Thời hạn sử dụng: Lâu dài

g) Nguồn gốc sử dụng: Nhận chuyển nhượng đất được Công nhận QSD đất như giao đất có thu tiền sử dụng đất

2. Nhà ở:

a) Loại nhà ở:

b) Tên nhà chung cư:

c) Diện tích sàn: 45,0 m²

d) Hình thức sở hữu: Sở hữu riêng

đ) Thời hạn sở hữu:

e) Hạng mục được sở hữu chung ngoài căn hộ:

3. Công trình xây dựng khác: -/-.

4. Rừng sản xuất là rừng trồng: -/-.

5. Cây lâu năm: -/-.

6. Ghi chú:

Số tờ, số thửa và sơ đồ thửa đất sẽ điều chỉnh khi có bản đồ địa chính chính quy.

Hà Nội, ngày ... tháng ... năm 2016

SỞ TÀI NGUYÊN VÀ MÔI TRƯỜNG THÀNH PHỐ HÀ NỘI

KT. GIÁM ĐỐC

PHÓ GIÁM ĐỐC

Số vào sổ cấp GCN: CS-BTL:

162

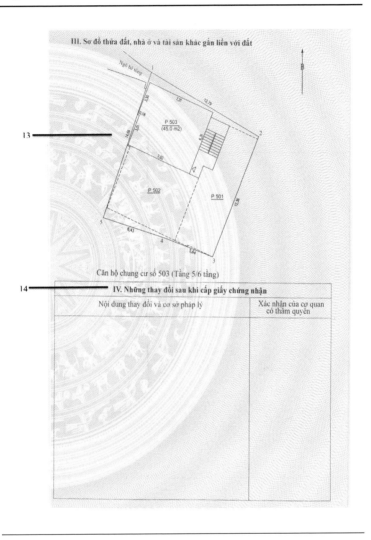

III. Sơ đồ thửa đất, nhà ở và tài sản khác gắn liền với đất

P 503
(45,0 m2)

P 502

P 501

Căn hộ chung cư số 503 (Tầng 5/6 tầng)

IV. Những thay đổi sau khi cấp giấy chứng nhận	
Nội dung thay đổi và cơ sở pháp lý	Xác nhận của cơ quan có thẩm quyền

13

14

163

164

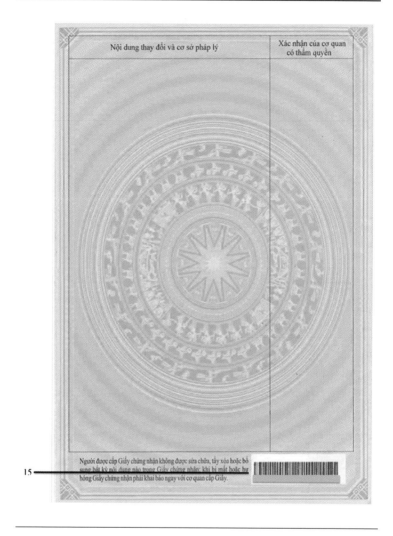

1. 토지 소유권 증서와 관련한 토지 사용권, 주택 및 기타 자산에 대한 내용

No.	기준	내용
1	토지 사용자, 토지 소유자의 주택 및 기타 자산	토지 사용자 및 또는 주택 및 기타 토지 부착 자산 소유자에 대한 정보 기록 ; - 국내 개인 : Mr.(Ms.), 성명, 생년월일, 개인 서류의 이름과 번호, 영구 거주 주소 - 국내 조직 : 조직 이름 ; 법적 서류(법률 규정에 따른 조직의 설립 및 인정 또는 증명서 또는 투자/사업 허가 관련)의 이름, 번호, 발행일, 발행 기관 ; 본사 주소 - 해외 베트남인 또는 외국인 : Mr.(Ms.), 성명, 생년월일, 국적, 개인 서류의 이름, 번호, 발행일, 영구 거주 주소(있을 시) - 베트남에 투자 사업을 하는 해외 기업 : 투자 사업을 시행하는 독립체인 경제 조직의 이름 ; 법적 서류(법률 규정에 따른 조직의 설립 및 인정 또는 증명서 또는 투자/사업 허가 관련)의 이름, 번호, 발행일, 발행 기관 ; 베트남 내 본사 주소
2	일련번호 (2개 문자, 6개 숫자 포함)	LURC 번호
3	토지 번호	당국이 관리하는 지적도 상의 LURC 대상물인 토지 번호
4	토지 지도 번호	LURC의 토지를 포함하고 있는 지적도상 번호
5	사용 형태	토지 사용의 두 가지 형태 : 개별 사용, 공동 사용 - 개별 사용 : 토지의 전체 부지는 한 명의 토지 사용자(개인, 가구, 배우자, 주거 지역, 조직, 종교시설 등)의 사용 권한에 따른다 ; - 공동 사용 : 토지의 전체 부지는 다수 토지 사용자의 사용 권한에 따른다 ; - 토지가 개별 및 공동 사용 모두에 포함될 경우 각 사용 유형 및 해당 영역이 기록된다.
6	토지 사용 목적	토지 사용 목적은 다음 토지의 유형에 따라 특정 이름으로 균일하게 작성한다 : - 농업용 토지 : " 쌀 재배 전용 토지", " 쌀 재배를 목적으로 하는 토지", "밭벼 재배용 토지", "기타 한해살이용 토지", "다년생 식물용 토지", "생산림을 위한 토지", "보호림을 위한 토지", "특수용도의 삼림을 위한 토지", "수경재배용 토지", "기타 농업용 토지" ;

No.	기준	내용
		- 비농업용 토지 : "농촌 주거지", "도심 지역 주거지", "사무실용 토지", "방위용 토지", " 안보용 토지", "비영리 조직의 건설을 위한 토지", "문화 시설 건설용 토지", "사회복지시설 건설용 토지", "의료기관 건설용 토지", "교육 및 훈련시설 건설용 토지", "스포츠 및 피트니스 시설 건설용 토지", "과학 기술 시설 건설용 토지", " 외교시설 건설용 토지", "기타 비업무용 건설을 위한 토지", "산업단지용 토지", "산업 집적 단지용 토지", "수출 가공 공단용 토지", "상업 및 서비스용 토지", "비농업 생산시설용 토지", "광물 활동용 토지", "건축자재 및 세라믹 생산용 토지", "교통용 토지", "관개용 토지", "역사 및 문화 유적지", "유명 경관을 보존한 토지", "요양원용 토지", "공공 오락용 토지", "에너지 작업용 토지", "우편 및 통신 작업용 토지", "시장용 토지", "폐기물 및 폐기물처리용 토지", "기타 공공사업용 토지", "종교 시설용 토지", "종교 활동용 토지", "묘지용 토지", or "묘지 및 화장터 건설용 토지", "화장터 건설용 토지", "장례식장 건설용 토지", "특수 용도의 수면이 있는 토지", "기타 비농업용 토지" ;
7	토지 사용 기간	토지 사용권의 2가지 기간 : - 장기적 기간 - 한정적 기간 자세한 내용은 Section 2 참조
8	토지 사용 근거	토지 사용 근거는 토지 사용자가 토지 사용 권리를 받는 방법에 따라 특정 이름으로 균일하게 작성된다 : - 토지 사용료와 함께 국가가 할당한 토지 ; - 토지 사용료 없이 국가가 할당한 토지 ; - 일회성 사용료로 국가로부터 임차한 토지 ; - 연간 사용료로 국가로부터 임차한 토지 ; - 토지 사용권은 토지 사용료와 함께 국가가 할당한 토지로 인식한다. - 토지 사용권은 토지 사용료 없이 국가가 할당한 토지로 인식한다. - 일회성 사용료를 지불하고 산업 인프라(또는 산업 집적지, 수출 가공 공단)에 투자하는 기업이 임차한 토지 ; - 연간 사용료를 지불하고 산업 인프라(또는 산업 집적지, 수출 가공 공단)에 투자하는 기업이 임차한 토지 ; - 토지 사용권의 양도하고 수취인에게 LURC를 발행해야 하는 경우, 양도의 형태는 토지 사용의 근거에 따른다.(예 : 전환, 할당, 상속, 기부, 자본 기부, 경매 낙찰, 모기지 부채 처리, 분쟁 해결, 불만 또는 비난 해결, 법원의 결정 이행(또는 판결) ; 판결 집행 결정) 예시 : 토지 사용료와 함께 국가가 할당한 토지 상속

No.	기준	내용
9	주택	토지("자산")에 부착된 주택/건축 작업에 대한 정보 기록은 다음과 같다 :
10	기타 건설 작업	- 자산 유형 : "단독 주택", "빌라", "아파트", "창고" 등 - 건설 면적(m^2) - 바닥 면적(m^2) - 소유권 유형 : "개별 소유권" 자산이 한 개인에 의해 소유될 경우 ; "공동 소유권" 자산이 한 명 이상의 사람에게 소유될 경우 ; 소유권이 개별 및 공동 소유권 모두에 포함될 경우 각 소유권 유형 및 해당 영역이 기록된다. - 자산의 등급 : 건설 작업 분류에 관한 법률 및 건설에 관한 법률의 규정에 따라 정의되고 기록된다. - 소유 기간 LURC의 소유권 등록 및 건설 정보 기록을 위해 다음 서류들을 준비하여 관할 당국에 제출해야 한다 : - 신청서 - 건설 허가증 - 건설 공사 완료 증명서 - 건설 소유권을 증명하는 서류 중 하나 : 　+ 권한이 있는 인민위원회에 의해 이미 공증되거나 인증된 주택의 구매, 판매, 기부, 교환 또는 상속에 관한 서류(계약서, 합의서 등) ; 　+ 인민 법원의 법적 효력이 있는 판단이나 결정 또는 주택 소유권을 허용할 권한이 있는 주정부 기관의 서류 ; 　+ 사례에 따른 기타 서류 - 재정적 의무 완료를 입증하는 서류 ; 토지 및 자산에 대한 재정적 의무 면제 및 삭감과 관련된 서류(필요시) ; - 주택 또는 건설 관련 도해 ; - LURC 원본(자산 소유자가 토지 사용자가 아닌 경우, 작업의 건설과 공증된 LURC 사본에 동의하는 토지 사용자의 서면 승인이 있어야 한다.) ; - 상업용 목적으로 주택을 건설하는 경우, 상업용 주택 개발 프로젝트에 대한 서류(프로젝트 승인 결정, 투자 결정, 투자 증명서) 중 하나가 필요하다.
11	주의사항	- 당국의 결정에 근거한 토지 사용권 제한의 내용 및 토지에 부착된 자산의 소유권 기록(필요시) ; - 토지 및 토지에 부착된 자산을 공동으로 소유하는 다수의 조직, 가구 및 개인이 있는 경우 토지 이용자 및 토지에 부착된 자산 소유자에 대한 모든 정보 기록 ; - 토지에 부착된 자산 소유자가 토지 사용자가 아닌 경우 기록 ; - 채무, 재정적 의무의 감면에 대한 내용 기록(필요시) ; - 사례에 따른 기타 사항 ;
12	날짜, 서명과 도장	- LURC의 장소 및 발행일 ; - 발행 기관의 서명과 도장

No.	기준	내용
13	도해	토지 구획의 모양, 측면의 길이, 토지 구획 번호 또는 인접 작업의 이름, 남-북 방향 지시 등과 같은 토지 구획에 관한 일부 정보 표시
14	LURC가 발행된 후 변경사항	LURC가 발행된 후 다양한 경우에 따른 변경 사항 기록 방법은 다음과 같다 : - 토지 전부/일부 부분에 대해 사용권을 받는 것, 전환, 양도, 상속, 기부, 출자, 관련 인민위원회에 의해 인정된 토지 분쟁에 대한 성공적인 조정의 경우에 증명서가 발급된 토지와 관련된 모든/일부 재산의 소유권을 받는 것 ; 부채 상환을 위한 모기지 계약 ; 토지와 관련한 분쟁, 민원 또는 판결에 관한 관할 당국의 관리적 결정, 인민 법원의 결정 또는 판단, 집행 기관의 유효한 판결 집행 결정; 법률 규정에 따라 토지 사용권의 경매 낙찰 결과를 서면으로 인정 ; - 저당권 등록 및 저당권 등록 해제, 토지 사용권 또는 이미 형성되었거나 미래에 형성될 수 있는 토지와 관련된 재산에 의한 저당권 내용 변경 등록 ; - 산업 단지, 산업 집적지, 수출 가공 공단, 경제 구역, 하이테크파크의 인프라에 투자하기 위해 국가로부터 토지를 임차 또는 할당받은 투자자는 토지 임대차, 전대차 및 토지 임대차 내지 전대차의 등록 취소 등을 기재한다 ; - 토지 사용자 또는 토지에 부착된 자산의 소유자의 정보 변경 ; - LURC에 기록된 다른 기준에서의 변화 ; - 국가가 연간 사용료가 있는 토지를 임대하는 형태에서 전체 임대 기간 동안 일회성 지불로 임대하는 형태로 변경; 국가가 토지 사용료 없이 토지를 할당하는 형태에서 토지 임대의 형태로 변경; 국가가 토지 임대 형태에서 토지법 법률에 따라 토지 사용료와 함께 할당하는 형태로 변경 ; - 인접 토지의 제한된 사용권의 확인, 변경 또는 종료 ; - 국가는 LURC가 발행된 일부 토지를 철회 ; - 작성 또는 인쇄 과정의 실수로 인해 발행된 인증서의 내용 수정 ; 일부 사례의 경우, 현재 LURC의 변경 사항을 기록하는 것 대신 새로운 LURC를 취득할 수도 있다.
15	바코드	바코드는 국가의 정보 시스템에 저장된 인증서 및 관련 등록 서류의 정보를 관리하고 조회하기 위해 사용한다.

2. 기한이 한정적인 토지 사용과 기한이 장기적인 토지 사용

2.1. 기한이 한정적인 토지와 장기적인 토지 사용의 차이

- 기한이 한정적인 토지 사용 : 기한이 만료되었을 때, 토지 사용자들은 당국이 사용 기한의 연장을 승인하지 않는 한 토지를 반납해야 한다.
- 기한이 장기적인 토지 사용 : 토지를 사용하는 권리에 있어 특정한 기한의 제한이 없다. 그러나 이것은 해당 토지사용권자가 해당 토지를 영원히 사용할 수 있다는 것을 의미하지는 않는다.

그 어떠한 경우에도 다음과 같은 이유로 당국이 토지를 회수하고자 한다면, 토지 사용자들은 토지를 반납하여야 한다.
- 국가의 방위 및 안보 목적 ; 국가 또는 공익에 의해 사회 경제적인 발전을 위한 경우
- 토지법에 위반되는 경우 ;
- 토지법 규정에 따라, 자발적인 토지 반납이나 인명을 위협하는 경우 토지 사용은 중단될 수 있다.

2.2. 토지 사용자들은 다음과 같은 경우 장기적으로 토지를 사용할 수 있다.

- 가구 또는 개인의 거주 목적
- 공동체의 농업용 토지

- 보호림용, 특수 용도림 또는 자연산림용 토지
- 가구나 개인의 비농업 생산 시설로부터 일정하게 이루어지는 거래, 용역을 위한 토지 ; 해당 토지는 국가로부터 임대되거나 제한된 사용 기한이 있어서는 안된다.
- 정부가 사용할 건물, 또는 비영리단체나 공익시설을 건설하는 데에 사용되는 토지
- 국가의 방위 및 안보 목적에 사용되는 토지
- 종교집단으로부터 사용되는 토지
- 종교적 관습을 위해 사용되는 토지
- 교통 및 관개를 위해 사용되는 토지, 역사적 문화적인 유적이나 경관을 보존하는 토지, 비상업을 목적으로 한 기타 공공시설의 건설에 사용되는 토지

2.3. 각 경우에 따른 한정적인 기한의 토지의 최대 기한

- 국가로부터 지정된 농업 직군에 종사하는 가구 및 개인의 농업용 토지 : 50년 ;
- 국가로부터 임대를 받은 가구 및 개인의 농업용 토지 : 50년 ;
- (i) 농업, 임업, 수산업 또는 염전을 운영하는 조직, (ii) 비농업 생산 시설에서 거래 또는 용역 제공을 목적으로 하는 조직, 가구 또는 개인, (iii) 투자 프로젝트를 수행하는 조직, (iv) 베트남 교포나 베트남에서 투자 프로젝트를 수행하는 FDI 기업에 배정되거나 임대되는 토지 : 50년

자본 회수율이 늦은 큰 규모의 프로젝트나 복잡한 사회 경제적인 환경의 장기 프로젝트에 배정, 임대되는 토지들은 그 사용 기한이

70년을 초과해서는 안된다. 매매용 주택, 매매 및 임대 조합용 주택 건설의 경우, 토지 사용 기한은 프로젝트 기간에 따라 정해져야 한다. 토지 사용 권리를 가진 주택 구매자들은 장기간 토지를 사용할 수 있다.

- 외교적 기능 수행을 위한 해외 기관의 건설을 목적으로 정부로부터 임대되는 토지 : 99년
- 공공 목적을 위해 농지 기금으로 임대되는 토지 : 5년 ;
- 비영리시설 또는 비영리단체의 건설 목적, 또는 공익 시설의 상업적인 목적으로 사용되는 토지 : 70년

3. 토지 이용 기간이 만료되면 투자자는 어떻게 해야 하는가?

토지법 2014 제126.3조에 따르면, 외국 투자 기업의 투자 프로젝트를 수행하기 위한 토지 할당 또는 임대의 기간은 투자 프로젝트 또는 토지 할당 내지 임대의 요청 신청에 근거하지만, 50년을 넘지 않아야 하고, 예외적인 몇몇 프로젝트의 경우에도 70년을 넘지 않아야 한다 (예 : 사회 경제적으로 복잡하거나 자본 회수가 느린 큰 규모의 프로젝트). 따라서 토지 사용권의 기간은 일반적으로 프로젝트의 기간과 일치한다. 해당 토지 인수인계가 지연된 경우, 지연된 기간만큼은 프로젝트 기간에 포함되지 않는다.

프로젝트 기한이 만료되기 전 수행 기간을 연장하고자 한다면, 투자자는 투자법에 의거하여 프로젝트의 수행 기간을 연장하기 위해 투자 허가서(IRC)를 수정하는 절차를 수행해야 한다.

투자자는 프로젝트 기간이 수정된 투자 허가서를 수령한 후 토지 사용 기한이 만료되기 최소 6개월 전에 서류를 제출하여야 한다.

최종적으로 기간 연장이 승인된 경우, 투자자는 토지 사용료 또는 토지 임대료를 포함해 연장된 기간만큼 추가적으로 재정적인 의무를 이행해야 한다.

토지 기간 연장 규정에 부적격할 경우, 정부는 토지 사용자에게 통지한 후 규정에 따라 해당 토지에 대한 회수 절차를 수행할 수 있다.

이의 경우 투자자는 법에 따라 프로젝트를 종결한 후, 프로젝트와 자산을 청산해야 한다. 프로젝트를 종결하는 것이 FDI 기업의 운영에 영향을 미칠 경우, 투자자는 기업법2014에 따라 회사의 모든 채무를 청산하고 해산 절차를 따라야 한다.

4. 외국 기관 또는 외국인이 베트남에서 주택을 소유할 수 있는 기간은 얼마인가? 주택에 대한 소유권이 만료되었을 경우, 외국 기관 또는 외국인이 할 수 있는 것은 무엇인가?

4.1. 아파트 건물에 대한 소유 기간

• 외국기관의 주택 소유 기간

주택법 제161.2(d)조에 따르면, 외국기관은 연장 기간을 포함하여 *IRC에 명시된 기간을 초과하지 않는 범위 내에서* 주택을 소유할 수 있다. 소유 기간은 LURC의 발행일부터이고 LURC에 명확하게 언급된다.

시행령 99/2015/ND-CP 제77.2조에 따르면, 주택 소유자가 그 소유권을 연장하고자 할 때, 만료 전 3개월 이내에 LURC 및 연장된 IRC가 첨부된 서류를 인민위원회에 제출해야 한다. 갱신된 기간은 IRC에서 명시하는 기간을 초과하지 않아야 한다.

주택 소유권이 만료되기 이전에, 소유자는 베트남에서 주택을 소유할 권리가 있는 제3자에게 주택을 매매할 수 있으며, 그렇지 않을 경우에는 주택이 국가의 소유로 전환된다.

• 외국인의 주택 소유 기간

외국인은 *LURC의 날짜에 기재된 대로, 주택 소유권이 50년을 초과할 수 없다.* 소유자는 소유 기간을 법률에 따라 연장할 수 있다. 외국인이 베트남 시민과 결혼한 경우, 소유자는 베트남 시민과 동일한 기간만큼 주택을 소유할 권리를 얻게 된다.

외국기관과 마찬가지로 외국인 또한 소유 기간을 연장하기 위해서는 시행령 99/2015/ND-CP 제77.1조에 의해 소유권 만료 전 3개월 이내에 LURC를 첨부한 신청서를 인민위원회에 제출해야 한다. 제출 후 30일 이내에 인민위원회는 한번 더 소유 기간을 연장하는 것에 대해 승인을 고려할 수 있다. 이 때 연장 기간은 이전 기한의 만료일 이후로부터 50년을 초과할 수 없다. 다만 베트남에서 추방되는 경우는 예외로 한다.

주택 소유권이 만료되기 이전에, 소유자는 베트남에서 주택을 소유할 권리가 있는 제3자에게 주택을 매매할 수 있으며, 그렇지 않을 경우에는 주택이 국가의 소유로 전환된다.

4.2. 참조

외국 기관 또는 외국인은 정부 규정에 의거하여 국가 방위 및 안보를 목적으로 관리되는 지역을 제외하고 주택 건설 프로젝트 내에서 아파트 및 단독 주택을 포함한 상업용 주택을 구매, 임대, 수령 또는 상속할 수 있다[1].

그러므로, 외국 기관 또는 외국인은 건설업자 또는 기존에 주택을 미리 소유하고 있는 다른 외국 기관 또는 외국인으로부터 주택을 구매할 수 있다[2]. 다른 외국 기관이나 개인으로부터 주택을 구매하는 경우, 구매자는 남은 기간만큼 소유권을 행사할 수 있다[3].

그러므로, 구매를 결정하기 전에 반드시 해당 주택의 법적인 상태에 대해 면밀한 검토가 이루어져야 함을 유의해야 한다고 볼 수 있다.

1) 시행령 99/2015, 제75.1조
2) 시행령 99/2015, 제76.2조
3) 시행령 99/2015, 제7.4(b)조

TREND

VIETNAM

2020

베트남의
유통채널

08

베트남의 유통 채널

베트남 경제연구소
김석운 소장

1. 개요

베트남 2019년 소매시장 규모는 1,420억 달러이며, 유통기업들이 선도적인 시장 지배력을 얻으려고 치열한 경쟁을 하면서 유통시장 점유율 1위 기업이고 베트남 제1의 민간기업인 Vingroup의 유통사업 계열사가 시장에서 철수를 하는 등 많은 기업들이 도태되었다.

한편, 일본 및 태국의 유통 대기업이 유통시장에 신규 진입 및 꾸준하게 시설 확장을 꾀하면서 시장은 더욱 확장되는 추세에 있다.

온라인 쇼핑에서는 Tiki, Shopee, Lazada, Sendo 등 Big 4가 모회사의 대형 자본 또는 대규모 투자를 받으며 시장에서 선두를 차지하기 위한 치킨게임을 지속적으로 계속하고 있다. 특히, 코로나19로 인해 오프라인 시장보다는 비대면 유통 채널의 이용이 늘어나며 시장이 대폭 확장되고 있다.

최근 전자상거래 플랫폼이 치열하게 경쟁하고 있으나, 아직 플랫폼에 등록되어 있는 판매업체의 매출은 기대보다 작은 편이다. Tiki는 정품위주의 판매정책을 도입하여 시행하고 있으므로 프리미엄 상품을 판매하는 한국상품의 경우, 주요 플랫폼으로 우선 등록할 필요가 있다.

온라인에서 검색하고 오프라인에서 상품을 꼼꼼하게 살피는 베트남 소비자의 특성을 감안하면, 온라인에서만 상품을 등록하여 판매하기보다 오프라인에서도 판매를 겸하는 옴니채널(Omnichannel)을 활용할 필요가 있다.

편의점 및 전문점의 증가로 인해 미니점포의 수가 급속하게 늘어나는 추세이다. 특히, 도시화 및 중산층이 점차 증가함에 따라 프리미엄 상품의 수요도 비례하여 증가하는 추세에 있다. 특히 한국산 상품은 프리미엄 상품의 카테고리에 속하므로 전문점에 주목할 필요가 있다.

2. 빠르게 성장하는 소비시장 및 유통 채널

2.1. 베트남 소매업체, 빠른 변화에 적응이 필요한 시기

베트남 소매시장은 2019년도에 많은 변화가 있었다. 매년 유통시장은 10% 이상 성장하며 빠르게 변화하고 있다. 학교에서 공부를 마친 젊은이들이 직장을 따라 연간 100만명씩 대도시 및 인근의 공업단지가 있는 도시로 이동하는 도시화가 빠르게 진행되면서 잠재력이 매우 높은 아시아의 소매 및 유통 시장 중 하나로 평가되고 있다. 그로 인해 글로벌 기업을 비롯한 대형 현지 그룹까지 가세하여 치열한 경쟁을 전개해 왔다. 오프라인은 대형 할인점, 편의점의 급속한 증가와 함께 전문점이 지속적으로 점포를 확장하고 있다.

또한, 온라인은 계속되는 적자를 감수하면서 선두를 확보하려는 치킨게임 양상으로 변하면서 대형기업이 아닌 다소 자본이 작은 플랫폼 사업자들이 경쟁에서 밀리며 시장에서 퇴출되었다. 그로 인해 도심의 임대료는 전년대비 30% 이상 인상되면서 저렴한 인건비의 매력을 상쇄하고 유지하기가 어려운 사업으로 변해가고 있다. 또한, 온라인에서는 과도한 이벤트가 지속적으로 전개되면서 소비자들은 더욱 저렴한 상품을 선택하며 시장이 왜곡되는 현상도 발생하고 있다. Tiki는 이러한 풍토 속에서 정품 위주의 상품만을 판매하는 바람직한 마케팅을 시도하고 있다.

치열한 경쟁으로 변화를 이겨내지 못하고 시장에서 퇴출된 기업들의 퇴출된 원인 및 진행과정을 살펴본다.

• 치열한 경쟁으로 대형 유통기업 철수

2019년 12월 초순, 베트남 제1의 민간 대기업인 Vingroup은 유통 계열사인 VinCommerce(VinMart 슈퍼마켓, VinMart+ 편의점 및 전자상거래 사이트 Adayroi를 소유) 및 VinEco(Vingroup의 농업회사)가 참여하여 Masan의 소비재 생산업체인 Masan Consumer Corporation과 새로운 소매회사를 설립하기로 합의했다고 발표했다.

후속조치로 2,600개의 Vinmart 및 Vinmart+ 편의점 네트워크를 Masan Group에 의해 운영하는 합병 법인으로 통합할 것이며 Vingroup은 합병 법인의 주주로 남을 것이라고 밝혔다. Vingroup은 핵심 부문인 기술 및 생산(전기자동차, 스마트폰, 전자제품 제조)에 총력을 집중하기로 했다고 발표했다.

베트남의 1,420억 달러 규모의 소매시장에서 치열한 경쟁을 하면서 시장 지배력을 얻으려면 상당한 투자가 필요했고, 베트남 최대의 다각화된 대기업인 Vingroup은 지난 수년 동안 가장 손실이 많은 비즈니스 활동 중의 하나로 소매업을 보고했다. 2014년 Vingroup의 소매업 매출은 4,540억 VND(1,961만 달러)였지만, 세전 손실은 2,790억 VND(1,050만 달러)로 계산되었다. 2018년 매출은 부동산 부문에서 가장 높은 매출인 21조 2,600억 VND(9억 1,820만 달러)로 급증했지만, 세전 손실도 5조 1,000억 VND(2억 2,026만 달러)로 확대되었다.

Masan Food, Techombank 및 Masan Resources를 자회사로 둔 베트남의 3대 민간 대기업 중 하나인 Masan 그룹은 항상 소매를 핵심 비즈니스 영역 중 하나로 간주했다. 2018년 Masan Consumer Corporation의 세전이익은 3조 8,000억 VND(1억 6,409만 달러)인 반면 VinCommerce는 5조 1,000억 VND(2억 2,023만 달러)의 손실을 기록했다.

새로운 합병이 2019년 12월 3일 발표되었을 때, 호치민 증권거래소에서 Masan Group의 MSN 주식은 7% 추락하여 거래일에 가장 낮게 거래되어 주식 시가총액에서 5조 6,000억 VND을 잃었다. 다음 날 오전 11시 10분 현재 주가도 4.2% 추가로 하락했다.

베트남의 소매업은 매년 두 자릿수 성장을 유지하는 베트남의 새로운 산업 중 하나이다. MB증권(MBS)의 최신 통계에 따르면, 2017년 말 시장규모는 약 1,420억 달러(GDP의 59%)로, 연평균 성장률(CAGR)은 13%로 2017년 GDP 성장률의 거의 2배에 달한다.

아시아 태평양 지역에서 가장 빠르게 성장하는 중산층, 노동 인구의 50% 이상, 24세 미만이 40% 이상으로 베트남 소매시장은 향후 수년 동안 폭발적인 성장을 유지할 것으로 예상되며, Deloitte 보고서에 따르면, 2020년까지 연평균 성장률(CAGR)은 27% 증가에 도달할 수 있다고 한다.

최대 민간 대기업 Vingroup은 유통사업뿐만 아니라, 공식적으로 항공운송사업에서 철수한다고 발표했다. Vinpearl Air 관련 문서에 따르면, 이 항공사는 노이바이 국제공항을 기반으로 하여 총 투자액은 4조 7,000억 VND(2억 230만 달러)이었다. 총리의 승인을 받으면 2020년 7월에 가동될 예정이었으며, 첫 해의 항공기 수는 150~220석의 소형항공기였다. 평균적으로 연평균 6대의 항공기가 추가 가동될 예정이었다. 이 항공사는 2024년까지 항공기가 30대에 이를 것으로 예상했다. Vinpearl Air는 2025년까지 62개의 국내선과 93개의 국제선을 운항할 것으로 예상되었다.

Vingroup은 주력업종 중의 하나인 관광업에서도 일부 철수했다. 2020년 3월에는 코로나19로 인해 관광업종 및 리조트 일부를 폐쇄한다고 발표했다. Vinpearl은 7개의 리조트와 골프장을 폐쇄할 것이며 일부는 "유지 보수"를 위한 것이고 다른 일부는 코로나19로 수요가 감소하여 무기한 폐쇄할 것이라고 발표했다. 베트남 최대 상장회사 Vingroup의 계열사인 Vinpearl Luxury Phu Quoc, Vinpearl Resort & Golf Phu Quoc, Vinpearl Discovery 3 Phu Quoc, Vinpearl Resort & Spa Hoi An 및 Vinpearl Resort & Spa Da Nang은 무기한 폐쇄될 것이라고 말했다. Vinpearl은 베트남에서 35개의 리조트와 호텔, 5개의 엔터테인먼트 단지 및 4개의 골프 코스를 운영하고 있다. Vinpearl 브랜드를 중심으로 한 접객 및 엔터테인먼트 부문에서 발생한 Vingroup의 매출은 2019년에 18% 증가한 8조 8,000억 VND(3억 7,880만 달러)를 기록했다.

• 유망한 유통시장에 새로운 사업자 진입

베트남으로 신규 진출하는 업체도 증가하고 있다. 일본의 대형 소매업체 Sumitomo는 2018년 12월 베트남에서 중산층 소비자를 대상으로 하는 슈퍼마켓을 개설했다. Sumitomo와 베트남 BRG그룹의 합작법인 Fujimart Vietnam Retail은 베트남에서 마트를 운영하기로 결정했다. 슈퍼마켓은 준비된 식품이 매장에서 만들어지는 일본 모델을 따르고 온도 조절을 통해 음식을 신선하게 유지시킬 것이라고 한다.

100년된 일본의 무역, 투자, 부동산 회사 Sumitomo는 1995년부터 베트남에서 비즈니스를 시작했다. 또한, 동사는 소매업을 50년 동안 운영해 왔다. 베트남에서는 자회사인 ACA Investment를 통해 엄마와 아기를 위한 소매 브랜드인 Bibomart의 지분을 보유하고 있다. 이 프로젝트 이전에 Sumitomo는 BRG 그룹을 포함한 4명의 베트남 투자자와 협력하여 하노이의 Dong Anh지구에 40억 달러의 스마트시티 투자 프로젝트를 시행했다.

베트남 내에서 태국의 투자자들은 유명한 소매유통 브랜드인 Big C, MM Mega Market, Robins, Nguyen Kim, B's Mart, Lan Chi Mart 및 C-Express를 통해 쇼핑 몰, 가전제품 판매센터, 편의점, 슈퍼마켓에서 가정에 이르는 베트남의 다양한 현대 소매 유형을 보유하고 있다.

태국의 Central Group Vietnam(CGV)은 베트남에 진출한지 4년만인 2015년 전자제품판매센터 Nguyen Kim의 지분 49%를 인수했다. 2016년 한 해에만 CGV는 Big C Vietnam과 Lan Chi Mart라는 2개의 큰 브랜드를 인수했다. Bic C 베트남은 기존 슈퍼마켓을 고급 쇼핑센터로 업그레이드할 계획이다. 2021년 까지 34개의 Big C

슈퍼마켓 중 13개를 3,000만 달러의 비용을 투자하여 더 크게 현대화할 계획으로 더 많은 쇼핑몰을 건설하면서 기존 슈퍼마켓을 고급소매센터로 업그레이드할 계획이다.

Aeon Vietnam의 Iwamura Yasutsugu 대표이사는 일본 소매업체인 Aeon은 2025년까지 베트남 전역에 25개의 쇼핑몰을 보유할 계획이며 총 투자액은 20억 달러에 달한다고 밝혔다.

또한, Aeon은 베트남의 상품을 해외로 수출하는 2020년 목표를 5억 달러로 책정했지만 수출에 적합한 많은 제품을 발굴해 냄에 따라 2025년까지 베트남 수출액을 10억 달러로 증가시킬 것이라고 덧붙였다.

Nguyen Xuan Phuc 총리는 2020년 2월 28일 Aeon의 Yasutsugu와의 회의에서 베트남 정부는 일본의 투자를 포함한 외국인 투자자에게 유리한 조건을 만들기 위해 국가의 투자 환경 개선을 위한 강력한 조치를 지속적으로 채택할 것임을 확인했다.

총리는 또한 Yasutsugu 그룹에게 베트남에 대한 투자를 계속 확대하고 다른 지역에 더 많은 Aeon 시설을 개설하고 지역 사업체가 그룹의 공급망에 참여할 수 있도록 지원해달라고 요청했다. 한편, 총리는 Aeon 그룹의 품질 요구사항을 충족시키기 위해 농산물, 식품 및 섬유 의류 제품 생산을 증가시킬 것이라고 밝혔다.

- 2019년 내수시장 활성화가 코로나19 출현으로 소비패턴 변화 예상

아시아개발은행(ADB)은 2020년 초부터 진행중인 코로나19의 발생으로 인해 급격한 내수 감소, 관광 및 비즈니스 여행 감소, 무역 및 생산 연계 공급 네트워크의 불안정, 이로 인한 유통 채널의 붕괴

우려 및 건강 영향 등 다양한 방향에서 베트남을 포함한 개발도상국의 경제에 영향을 미치고 있다고 발표했다.

가장 영향을 많이 받는 분야는 관광산업으로 항공, 호텔, 외식업 등에서 매출이 60% 이상 감소하고 있으며, 특히, 항공사는 대규모 손실을 보고 있다고 밝혔다. 사람들이 모이는 장소를 기피함에 따라 외식이 줄어들면서 식음료(F&B) 분야도 고통을 받고 있다.

시장조사 기업인 닐슨(Nielsen Vietnam)이 사람들의 생활에 코로나19가 어떤 영향을 주고 있는지 조사한 바에 따르면, 소비자들은 여가생활에서 가장 많은 의미를 부여하는 여행에 대해서도 자제하는 분위기이며 엔터테인먼트 활동에 대해서는 60%가 재검토할 것이라고 밝혔다.

코로나19로 인해 소비자들의 소비패턴에 변화가 있을 것으로 예상되고 있다. 특히, 소득의 감소로 인한 외식이나 소비재 상품의 구매가 줄어들고 생필품 이외의 생활용품도 수요가 감소할 것으로 추정된다. 일자리가 줄어들고 소비자의 소득 감소로 인해 여행 및 엔터테인먼트에 대한 매출의 회복이 더딜 것으로 예상되며, 의류, 구두 등 패션 상품의 매출은 큰 폭으로 하락할 것이다. 화장품은 프리미엄 상품에서 비교적 가성비가 높은 품목으로 구매 단가가 낮아질 것으로 예상된다. 맥주 등 식음료(F&B) 부문의 매출도 평균보다 낮아질 것으로 보인다.

2.2. 프리미엄 전문점의 점포 확장 경쟁

베트남에서 지속적인 경제성장으로 중산층이 늘어나고 도시화가 빠르게 진행되면서 프리미엄 상품의 수요가 지속적으로 늘어나고 있다.

대형 할인점 Mart 및 쇼핑센터가 늘어나고 있지만, 구비된 상품이 좀더 다양하고 성능이나 품질이 우수한 프리미엄 상품으로 구성된 전문점이 지속적으로 늘어나는 추세이다.

특히, Mart는 자신의 주택에서 원거리에 위치하여 주말 등에 가족들과 함께 나들이하는 쇼핑형태이고 전문점은 미니점포로 주택 주변에 위치하여 편하게 이용할 수 있는 장점이 있다. 베트남 사람들의 이동 수단이 오토바이이며 필요한 상품만 조금씩 여러 번에 나누어 구매하는 특성으로 인해 미니점포의 인기가 높아지고 있다. 처음에는 식료품 위주의 편의점 형태에서 점차 소형 점포가 늘어나는 추세이다.

• 정품 위주의 글로벌 화장품 전문점 베트남에 진출

홍콩의 의료 및 미용 소매업체인 Watsons이 2019년 1월 17일 호치민시에서 첫 매장을 열었다. 1호 매장은 호치민시 최고 상권 중의 하나인 Bitexco Tower의 G층에 자리잡고 있다. 마케팅의 초점을 제품보다는 점포브랜드에 두면서 Flagship Store 형태로 출발하게 되었다. 베트남에서 수입인증을 필하고 정식 통관을 거친 최초의 글로벌 정품 매장인 셈이다.

Watsons은 홍콩, 인도네시아, 마카오, 중국 본토, 말레이시아, 필리핀, 싱가포르, 대만, 태국, 터키, 우크라이나, 러시아 등 아시아 및 유럽의 12개 시장에 약 6,800개의 매장을 보유한 세계에서 가장 크고 빠르게 성장하는 화장품 및 제약 소매 체인 중 하나이다. A.S Watson Group은 또한 Drogas, Superdrug 및 Watsons 'Wine과 같은 다른 주요 소매 브랜드를 소유하고 있다. 24억 명 이상의 회원 고객과 전 세계적으로 14만명 이상의 직원이 있다.

베트남은 화장품 판매가 매년 약 30% 증가함에 따라 Watsons에 의해 잠재적으로 수익성이 있는 시장으로 간주되고 있다. 베트남은 수요가 엄청나지만 공급은 아직 소비자의 요구를 충족시키지 못한다. 외국 화장품의 주요 유통 및 거래 채널은 온라인 상점, 해외로부터 사람들에 의해 운반되어 판매되거나 작은 상점이다. 영국의 시장 조사 회사인 Euromonitor International은 2017년 베트남 미용제품의 90%가 수입되었다고 보고했다.

일본의 Matsumoto Kiyoshi Holding Company는 베트남에 'MatsuKiyo'제약 및 화장품 매장 체인을 개발하고 운영하기 위해 베트남에 합작회사 설립을 승인했다 일본 Matsumoto는 2019년 7월 베트남 Lotus Food Group과 Matsumoto Kiyoshi Vietnam Joint Venture Company 설립을 위한 예비 계약을 체결했다. 이에 따라 합작투자는 2020년 2월에 자본금 315억 VND(135만 달러)로 공식 설립될 것이며, 그 중에서 Matsumoto Kiyoshi는 51%의 지분을 보유하고 Lotus는 48.87%, 나머지는 Lotus의 Lê Vân Mây 회장이 0.13%를 보유하고 있다. Matsumoto Kiyoshi Vietnam의 사장은 Lotus의 Lê Vân Mây 회장이 주관한다. 합작회사의 전무이사는 Matsumoto Kiyoshi의 임원이 맡게 된다.

설문조사 자료에 따르면, 베트남의 화장품 시장은 2018년 말 기준으로 약 23억 달러의 가치가 있지만, 시장운영은 구식이었다. 베트남 소비자는 화장품 제품과 일본의 기능성 식품을 좋아한다.

베트남에서 소비자들이 점점 건강과 미용을 중요시하면서 H&B 점포가 증가하고 있다. 베트남의 TOP 3 프랜차이즈는 가디언(Guardian), 메디케어(Medicare) 및 파마시티(Pharmacity)이며 최근에 기장 공격적으로 점포를 확장하는 기업은 Pharmacity이다. 파마시티는 최근 300호 점포를 개점한 이후 메콩캐피털(Mekong Capital)로부터 투자를 받았으며, 2021년까지 1,000개 점포의 네트워크를 계획하고 있다. 기존의 제약 중심에서 화장품, 건강식품 등으로 취급상품을 다양화하고 있다.

런던에 본사를 둔 글로벌 시장 시장조사회사 민텔(Mintel)은 베트남 화장품 시장의 규모가 23억 달러에 달하며 향후 10년 동안 15~20%의 성장률을 기록할 것으로 예상했다. 아직은 기초화장품의 시장 규모가 색조화장품 시장 규모의 3배에 달하지만, 색조 시장은 5년간 연평균 15.4%로 높은 성장률을 구가하고 있다.

• 어린이용품 전문점 프랜차이즈 대규모 확장 추세

베트남의 출생률은 2.09로 매우 높고 결혼을 하면 최소 2명의 자녀를 갖는 것을 미덕으로 여기는 결혼관으로 인해 가구당 평균 자녀의 수가 3.78명에 이른다. 건강한 출산과 육아를 위해 산모용품에 대한 관심도가 증가하는 추세에 있으며, 건강에 나쁜 영향을 주는 재료가 첨가되지 않았는지 꼼꼼하게 챙기는 추세이다.

따라서, 소비자는 할인점인 Mart보다는 상품의 종류가 다양하고 아기에게는 프리미엄 상품을 주려는 엄마의 마음에 유아용품 전문점은 성황을 이루고 있다.

2006년에 첫 매장을 연 비보마트는 베트남 최대 출산·유아용품 (Mother & Baby Product) 프랜차이즈로서 베트남 북부지역에서 강세를 보이고 있으며, 2018년 말 200개의 매장을 돌파했다. 2017년 5월, 일본의 스미토모 그룹 산하 투자기업 아시아 캐피털 얼라이언스 인베스트먼트(Asian Capital Alliance Investment)에게 지분 20%를 매각했다.

베트남의 최대 유아용품 체인을 소유하고 있는 꼰꿍(Con Cung)의 2019년 상반기 순 매출은 전년 동기 대비 37% 증가한 1조 200억 동(4,400만 달러)을 기록했다. 매출의 약 25%에 달하는 상품 판매 비용 및 금융 비용의 급증으로 회사의 세후 이익은 전년 동기 대비 84% 감소했다.

일본 다이와증권이 베트남 투자기업 SSI어셋매니지먼트와 투자 파트너십을 체결해 2017년 2월 꼰꿍에 투자한 이후 공격적으로 점포를 확장하고 있다. 3년 전 70개였던 점포를 400개로 빠르게 확장 중이며, 향후 3년 이내에 점포를 1,000개로 늘려서 시장을 선도하려는 방침이다.

• 글로벌 의류전문점 진출로 패션시장 활성화

지오다노(Giordano), 망고(Mango), Topshop(탑샵), 갭(Gap), 올드 네이비(Old Navy)를 비롯해 최근에는 자라(Zara), 에이치앤엠(H&M)이 베트남에 진출했고 2019년 12월 초에는 유니클로(Uniqlo)가 호치민시 1군 중심가 동커이(Dong Khoi) 거리에서 3,000㎡ 면적의 대규모 매장으로 1호점을 개점했으며, 2020년 초에는 하노이에 2호점을 개설했다.

베트남 소매업체협회(VRA)에 의하면, 2017년 말까지 200개의 외국 브랜드가 있었으며, 이는 전체 시장의 약 60%를 점유하고 있다고 추정한다. 베트남 소매그룹 시드컴(Seedcom)에 의하면, 패션산업의 시장규모는 2018년에 50억 달러이고 2023년까지 70억 달러에 이를 것으로 추정한다. 닐슨은 2017~2022년 기간에 연평균 15~20%의 성장을 예측했다.

베트남의 패스트패션에 대한 관심이 증가하면서 2018년 자라의 베트남 매출은 태국 판매량의 4배인 1조 7,000억 동(7,327만 달러)으로 전년 대비 2배 증가했다. 2018년 H&M은 베트남에서 1개 매장만으로 7,630억 동(3,289만 달러)의 매출을 발표했다. 자라는 전 세계적으로 1,600개 이상의 점포를, H&M은 3,500개가량의 점포를 운영하고 있다.

이러한 글로벌 패션업체의 진출로 인해 시장이 확장되는 추세로서 토종업체들이 해외 유명업체에 흡수 합병되는 추세에 있다. Stripe International이 NEM을 인수한 후 다른 일본 투자자 Advantage Partners는 베트남 여성의류 회사인 Elise Fashion을 인수했다.

dealstreetasia.com에 따르면, Advantage Partners는 Asia Fund를 통해 Elise Fashion을 인수했다. 이 거래는 Advantage Partners의 자금과 베트남 기업 간의 첫 번째 인수로 기록됐다. Advantage Partners는 이번 거래가 여성패션 부문에서의 경험을 활용하여 Elise의 성장을 가속화할 것이라고 말했다. 사모투자 회사는 일본의 안경 소매회사인 Meganesuper와 아웃도어 의류 체인 ISG Ishii-sports와 같은 패션회사에 투자했다.

Elise Fashion은 2011년에 20~45세의 여성을 겨냥한 브랜드 체인으로 설립되었다. 이 회사의 운영은 디자인 및 제조에서 소매점 영업에 이르기까지 수직적으로 통합되었다. Elise는 현재 베트남 전역에 95개의 매장을 운영하고 있다.

2019년 9월 일본 패션 회사인 스트라이프 인터내셔널(Stripe International)은 여성 신발 브랜드 바스카라(Vascara)를 소유한 베트남의 글로벌 패션(Global Fashion)사를 비공개로 인수했다. 2007년에 시작된 바스카라는 전국에 134개의 매장을 보유하고 있다. 스트라이프는 2017년 베트남에 처음 왔으며, 이전에 90개의 매장을 보유한 다른 패션 브랜드 넴(NEM)을 인수했다.

이러한 글로벌기업의 베트남 진출 및 토종기업의 글로벌에 합류하는 추세는 베트남 패션시장에서 품질 및 가격의 격차가 줄어드는 추세이다. 토종업체의 판매가격이 상승하고 있으며 글로벌 업체의 소비자가격은 하락하는 추세로 특히 코로나19 사태로 하락폭은 더욱 늘어나고 있다.

2.3. 전자상거래 기업의 치열한 선두 경쟁

베트남 전자상거래 협회가 작성한 E-Business Index 2019 보고서에 따르면, 2018년 베트남 전자상거래 시장규모는 90억 달러였다. 보고서는 또한 2015~2018년 기간 복합평균성장률(CAGR)이 25%였으며 시장은 2025년에 330억 달러에 이를 것으로 예상했다.

Google 동남아시아 및 인도의 채널 판매 담당 Matthew Heller 이사는 Novaon Internet Corporation과 Google이 주최한 2019년 전자상거래의 날 세미나에서 베트남의 전자상거래가 연간 43% 이상의 매우 빠른 성장을 하고 있다고 말했다. 전자상거래 매출과 전체 소매판매의 비율은 2018년 3%에서 2025년 10% 이상으로 증가할 것이라고 그는 말했다.

베트남은 인도네시아에 이어 2025년까지 동남아시아에서 3번째로 큰 전자상거래 시장을 가질 것으로 예상하고 있다. 그러나, 분석가들은 비즈니스 붐이 일었음에도 불구하고 사이트 디자인 및 구축, 광고 기술 및 정책, 판매 채널 확장 및 영업 관리 전략 개요와 같은 어려움에 여전히 직면하고 있다.

베트남 2019년 3분기 전자상거래 접속건수는 중국 기술회사 텐센트(Tencent)의 지원을 받는 Shopee는 3분기 연속 감소했지만, 월평균 3,457만건 방문으로 1위를 유지했다. Sendo는 Tiki와 Lazada를 추월하는 성장 추진력을 유지하여 월평균 3,090만건 방문으로 2위를 차지했다. Mobile World(MWG, The Gioi Di Dong)는 월평균 2,930만건 방문으로 2분기에 5위에서 3분기 3위로 올라 섰다. MWG는 주로 아동통신기기가 주력인 플랫폼이다.

베트남 전자상거래 협회가 작성한 E-Business Index 2019 보고서에 따르면, 2018년 베트남 전자상거래 시장규모는 90억 달러였다. 보고서는 또한 2015~2018년 기간의 복합 평균 성장률(CAGR)이 25%였으며 시장은 2025년에 330억 달러에 이를 것으로 예상했다. 베트남은 인도네시아에 이어 2025년까지 동남아시아에서 3번째로 큰 전자상거래 시장을 가질 것으로 예상되고 있다.

그러나 분석가들은 비즈니스 붐이 일었음에도 불구하고 웹 사이트 디자인 및 구축, 광고기술 및 정책, 판매 채널 확장 및 영업 관리 전략 개요와 같은 어려움에 직면하고 있다. 또한, 베트남 전자상거래 회사의 평균 규모는 하루에 약 10건의 주문과 20만 VND(8.60달러)의 평균 주문 매출로 매우 작다. 결과적으로 기업별 월 평균 매출은 4,000만~6,000만 VND으로 매우 작다. 그들은 여전히 규모가 작기 때문에 성장의 어려움을 극복하고 시장의 큰 잠재력을 활용하는 데 도움이 되는 솔루션이 필요하다고 말했다. 실제로 Beyeu.com, Deca, Foodpanda, Lingo, Robins 및 Adayroi와 같은 많은 유명 브랜드가 시장에서 철수해야 했다. Beyeu는 Project Lana가 후원하는 유아 및 가족 제품을 위한 전자상거래 웹 사이트였다. 2015년

192

11월, Beyeu의 관리자들은 지혜로운 말과 경고의 말로 비문을 썼다. "전자상거래에는 많은 돈이 필요합니다. 많은 회사들이 돈 버는 것을 중단하기로 결정할 것입니다. 여전히 노력하고 있는 다른 사람들에게 행운을 빕니다."

이 말은 Luanch라는 베트남 스타트업 포럼에서 일부 사업이 실패한 이유에 대한 격렬한 논쟁을 촉발했다. 실패의 원인을 분석하면,

첫 번째 이유는 전자상거래 소매업체가 실제로 긍정적인 징후를 보이기 전에 돈이 부족하게 되는 깊은 주머니가 부족한 것이다.

두 번째는 경쟁이 치열한 시장이다. 베트남의 전자상거래 시장은 Lazada, Shopee, Sendo 및 Tiki와 같은 수많은 강력한 외국 및 국내 브랜드로 혼잡해지고 있다.

세 번째는 베트남 기업은 전자상거래 경험 부족과 물류 부문의 비효율성으로 높은 운영비용과 수익성이 낮다는 것을 의미한다.

네 번째는 전자 상거래 플랫폼이 대규모 분야에 대한 적절한 준비를 하지 못한 것이다.

시장이 클수록 보상은 커지지만 리스크는 높아진다.

따라서 대부분의 성공적인 웹 사이트는 지속적으로 자금을 투입해야 한다.

Sen Đỏ가 전형적인 예이다. Tran Hai Linh CEO는 이 회사가 현재까지 가장 큰 자금 조달 시리즈 C에서 6,600만 달러를 모금했다고 말했다. 2018년 8월에 시리즈 B로 5,100만 달러를 모금했다. KrAsia에 따르면, Sen Đỏ가 이번에는 인도네시아의 EV Growth와 태국의 Kasikornbank라는 2명의 새로운 사업자를 확보했으며, SBI Group, Beenos, SoftBank Ventures Asia 및 Daiwa PI Partners와 같은 기존 투자자도 명단에 합류했다.

티키(Tiki)는 VNG, 중국의 JD.com, 한국의 STIC에 의해 수천억 동의 자금을 지원 받고있다. 1억 달러에 이를 것으로 예상되는 시리즈 D를 준비하고 있다.

알리바바는 베트남을 포함한 동남아시아 전자상거래 시장을 장악하려는 야심으로 이미 라자다(Lazada)에 40억 달러를 투입했다.

Shopee는 두 번째 투자를 망설이지 않는다. 2019년 3월 모회사인 싱가포르의 Sea는 15억 달러를 투자할 주식을 발행할 계획이라고 발표했다.

• 규모가 작은 전자상거래 플랫폼은 시장에서 철수

2019년 12월 17일 Vingroup은 전자상거래 플랫폼인 Adayroi.com의 사업에서 철수했다. 시장가치에서 베트남 최대의 민간기업이지만 기술 및 산업 분야에 더욱 집중하기를 원했기 때문에 온라인 쇼핑의 소매점을 폐쇄했다고 밝혔다. 2014년 8월에 운영을 시작한 Adayroi.com은 기술 app 기업인 VinID에 합병되었으며, 전자제품 소매업체 VinPro는 청산되었다. Vinday는 Adayroi와 VinID의 합병으로 소비자 행동을 디지털화하고 최고 품질에 대한 수요를 예측하고 충족시키는 고객 중심 플랫폼을 만들 수 있을 것이라고 말했다.

Vingroup이 베트남 전자상거래 시장에서 철수하기 이전에도 치열한 전자상거래 플랫폼의 선두경쟁으로 사업에서 철수한 기업이 있었다. 2019년 3월 태국의 센트럴 그룹(Central Group)은 Rocket Internet의 Zorora.vn과 합병한 후에 2017년부터 시작한 Robins Vietnam 온라인 패션 스토어를 폐쇄했다.

소매업체 Thế Giới Di Động(Mobile World Group, MWG)의 전자상거래 웹 사이트 Vui Vui(vuivui.com)는 지난 2년 동안 운영한

후에 2018년 11월에 중단했다.

MWG의 Nguyen Duc Tai 회장은 2년 전 Web Site를 시작한 행사에서 vuivui.com이 자매체인 thegioididong.com 및 dienmayxanh.com보다 높은 매출을 올릴 것으로 예상했다. 그러나, 매출은 기대에 미치지 못했다. 2017년에는 MWG 매출의 0.1%인 730억 VND(310만 달러)에 불과했다.

2019년 베트남 스타트업(Start-up) 기업으로 투자 TOP 10 리스트에서 5위에 올랐던 베트남 기반 전자상거래 플랫폼인 Leflair는 2019년 1월 한국 GS샵으로부터 300만 달러 및 캄보디아 기반의 Belt Road Capital Management가 이끄는 시리즈 B 자금까지 포함하여 700만 달러를 모금했다. 이 투자로 회사의 총 자금은 1,200만 달러에 이른다.

그러나, 플래시 세일(Flash Sale, 제한된 시간 동안 한정된 수량을 선착순으로 할인 판매하고 품절되면 자동으로 종료되는 판매 형태) 및 브랜드 상품을 전문으로 하는 전자상거래 플랫폼인 Leflair는 공식적으로 베트남에서의 운영을 2020년 2월 중단한다고 발표하여 대규모의 Big 4 전자상거래 플랫폼의 자본 및 비용 압력에 굴복했다.

쇼핑 웹 사이트 lotte.vn이 오프라인으로 전환하면서 회사는 다른 온라인 쇼핑 포털 speedl.vn과 전자상거래 플랫폼을 2019년 12월 29일 통합을 선언하고 철수했다. 2016년 10월에 2,500만 달러를 투자하여 자회사 Lotte E-commerce를 설립한 한국 롯데그룹이 시장 점유율 20% 확보를 확신하며 베트남 전자상거래 시장 진출을 선언했다. 롯데가 오픈한 온라인 쇼핑몰 www.lotte.vn에서는 롯데마트에서 판매되고 있는 식품, 가정용품은 물론, 롯데백화점에서 판매하는 의류 및 패션용품과 화장품이 판매됐다. 롯데는 웹사이트 외에도

iOS와 Android를 기반으로 한 온라인 쇼핑 애플리케이션도 출시했다.

- 온라인쇼핑을 효과적으로 운영하는 방안

베트남은 인구의 53%가 인터넷을 사용하고 있다. 2020년까지 베트남 인구의 약 30%가 온라인쇼핑을 할 것으로 예상되며, 1인당 연간 평균 구매 예상금액은 350달러이다.

호치민시의 광고회사인 Adsota는 전체 온라인광고에서 지출된 12억 6,000만 달러 중에서 소매분야가 23.9%를 차지했다고 주장했다. 이어 12.9%의 빠른 소비재(FMCG)와 6.7%의 자동차가 뒤를 이었다. "이 지출은 전자상거래 비즈니스가 최근 수년간 Shopee, Lazada, Sendo 및 Tiki의 '돈 잔치' 경쟁과 연계된 디지털 광고에 기꺼이 투자한 자원입니다."라고 보고서는 밝혔다.

증가하는 광고비 지출은 베트남의 인터넷 사용자 시장이 성장함에 따라 증가한다. 2019년 스마트폰 사용자 수는 세계에서 14위(4,370만 명)로 전체 인구의 44.9%를 기록했다. 영국에 본부를 둔 We Are Social에 따르면, 베트남인은 소셜 네트워크에서 2시간 33분 동안 시간을 보내며 이는 세계 평균보다 17분 더 많은 시간을 사용한다.

베트남에서 상품을 알리는 방법으로 가장 좋은 방법은 온라인쇼핑 플랫폼에 등록하는 것이다. 그러나, Big 4 사업자들의 공격적인 마케팅이 전개됨에도 등록된 업체들의 평균 판매금액이 작은 편이다. 여러 가지 이유가 있으나, 대체적으로 온라인에서 검색하고 오프라인에서 구매하는 소비자가 많은 것이 주요 원인이다. 유료광고나 이벤트 행사에 참여해도 소비자는 저렴한 가격의 상품만 선택하는 경향이 있다. 또한, 아직도 가짜 상품이나 품질이 낮은 것을 판매하게 됨에 따라 고액 구매자가 많지 않기 때문이다.

Tiki는 판매업체로부터 정품임을 증명하는 서류를 받고 있으며, 수입인증 및 정식통관 스티커 등을 부착한 상품만을 판매하며 최근에는 전체 유통기한 중 60% 이상 남은 상품 또는 6개월 이상 남은 상품 등으로 까다롭게 소비자를 보호하는 정책을 사용함에 따라 프리미엄 상품의 등록이 늘어나고 소비자로부터 호응을 받고 있다. 한국산의 경우 대부분 프리미엄 상품이므로 Tiki 등록을 적극 권장한다.

소비자가 온라인에서 검색하고 오프라인에서 구매하려는 이유는 온라인에서 판매되는 상품을 믿지 못하여 직접 상품을 보고 구매하려고 하기 때문이다. 따라서, 온라인에서 판매하는 상품을 오프라인에서도 판매를 겸하는 옴니채널(Omnichannel)를 활용할 필요가 있다.

- 베트남 2019년 전자상거래 월평균 접속건수 TOP 8 Web site
  Shopee 3,359만, Mobile World 2,928만, Sendo 2,690만, Tiki 2,443만, Lazada 2,382만, Dien May Xanh 1,056만, FPT Shop 839만, CellphoneS 535만

2.4. 안전한 식품 선호도 증가로 현대식 소형점포 인기

베트남에서 최근 소비자의 안전한 식품의 구매를 원하는 수요가 급증함에 따라 식품전문점이 급속하게 증가하고 있다. 베트남의 편의점 및 미니마트를 이용하는 인구가 2016년부터 대폭 늘어나기 시작했으며, 2017년에는 편의점의 증가와 함께 미니 점포의 급속히 증가했다. 슈퍼마켓은 경제적환경평가(ENT)를 받아야 하지만, 편의점은

500m² 이하의 소형 점포이기 때문에 라이선스를 받기가 훨씬 쉽게 규정이 변경된 것이 주요 요인이다.

초기 식품전문점의 모델은 국영기업인 사이공 무역그룹(Satra)이었다. 점포의 확장 필요성에 따라 2017년 기업공개를 추진했으며 2016년 Satra의 총 매출은 55조 2,000억 동(2,420만 달러) 규모였다. 이는 2015년 대비 12.3% 상승한 것이다. 또한, 이익은 약 11조 1,000억 동(486만 달러) 규모였으며 26.2% 상승했다. 자본을 보강한 Satra는 70개의 점포를 200개가 넘도록 확충했다. 대도시 중심상가를 포함한 주요 거점에 점포가 자리잡고 있다.

베트남 Mobile World Group(MWG)이 2018년에 운영중인 이동통신 매장인 Thegioididong 매장을 Dien May Xanh로 옮겨 가전제품 사업(냉장고, 세탁기, 에어컨)을 확대했다고 발표했다. 휴대전화 소매체인의 수요 감소로 인해 MWG는 전자제품 전문점 Dien May Xanh 체인과 식품 전문점 Bach Hoa Xanh의 개발에 집중했다.

사업초기에는 Bach Hoa Xanh의 사업이 치명적인 실수가 될 수 있다는 우려 속에서 출발했다. 2018년 4월 7,500억 VND, 11월 1조 2,500억 VND으로 Bach Hoa Xanh에 자금을 계속 투입했다. 추가로 1조 VND을 투자하며 식품전문점에 투자한 총액은 3조 VND으로 늘어났다.

Bach Hoa Xanh을 포함한 스마트폰 및 전자제품의 주요 소매업체인 Mobile World Investment Joint Stock Company(MWG)는 2019년에 세후이익이 33% 증가한 3조 8,300억 VND(1억 6,500만 달러)를 기록했다. 2019년 재무보고서에 따르면, 이윤은 MWG의 목표보다 7% 높다. MWG의 매출은 103조 5,000억 VND(44억 6,000만 달러)을 기록하여 목표보다 5% 낮았지만 전년 대비 18% 증가했다.

Viet Dragon 증권은 MWG의 식료품 사업은 장기적인 미래를 보여 주었고, 이는 스마트폰 및 전자제품 부문이 직면한 수요 감소의 어려움을 극복할 수 있다고 말했다. 호치민시와 남부지방에서 식료품 체인인 Bach Hoa Xanh를 빠르게 확장했다고 증권사는 지적했다. 2020년에 800개의 식료품점을 개점할 것이라는 가정하에 각각 33% 성장할 것으로 예상했다. 2021년까지 1,000개 이상의 점포를 운영하는 것으로 목표를 설정했다.

Bach Hoa Xanh과 함께 편의점에서 식료품을 판매하는 VinMart+는 공격적으로 점포를 늘려 2,600개까지 늘려갔으나, 하노이를 중심으로 하는 북부지방에서는 높은 수익을 올렸음에도 전반적으로 적자의 폭이 늘어남에 따라 신선한 고기 판매를 목표로 하는 Masan Group에 유통사업을 넘겨주었다.

2.5. 유통채널에 도입되는 ICT를 활용한 고객관리

베트남 경제가 지속적으로 성장함에 따라 정부는 사람들이 현금 없는 결제를 장려하고 있다. 최근 Visa가 발표한 보고서에 따르면, 베트남 소비자들은 현금 사용을 줄이며 신용카드 및 직불카드의 사용을 늘리고 있다. 2018년 국내 소비자의 신용카드 및 직불카드의 구매 총액은 37% 증가한 반면, 거래 건수는 전년 대비 25% 증가했다. 응답자의 44%는 디지털 응용프로그램(App)을 통해 지불했으며 32%는 비접촉 지불 기술을 사용했으며 19%는 QR 지불 방식을 사용하고 있었다.

특히, 최근에는 코로나19 사태로 인해 직접 사람과의 접촉 없이 비대면 서비스로 결제를 하거나 상품을 구매하려는 소비자가 급격하게 증가하고 있다. 이에 따라 신속하게 결제하고 결과를 저장하여 효과적으로 고객관리를 하려는 시도가 늘어나고 있다.

• POS 서비스의 고도화

베트남 핀테크(Fintech) 스타트업(Start-up) 모바일 전자지갑(Mobile Wallet) 사업자인 Vimo Technology JSC와 POS 플랫폼 사업자인 mPOS Technology JSC가 합병되어 NextPay Holdings로 새로운 법인을 2019년 7월 설립했다.

하노이 기반의 스타트업 2개를 설립한 Nguyễn Hòa Bình은 2019년 6월 11일 베트남뉴스와의 인터뷰에서 NextPay가 원스톱(One-stop) 기술 서비스를 제공하고 판매상인은 POS(Point-of-sale) 시스템을 활용하여 고객으로부터 결제를 받을 수 있게 할 예정이라고 밝혔다. 통합된 회사는 베트남의 11개 도시에 35,000개의 결제 포인트를 보유하게 된다.

• 전자지갑 사업자의 가입자 유치 경쟁 과열

2027년까지 현금거래 없는 경제라는 베트남의 계획을 활용하고자 하는 전자지갑은 많은 사용자들이 이익을 내도록 돕고 있으며, 동남아시아 전역에서 이것의 시장점유율을 놓고 치열하게 경쟁하고 있다.

Grab은 베트남 사업에 5억 달러를 투자할 계획이며, 그 중심은 지불 분야이다. DealStreetAsia 뉴스에 따르면, 소프트뱅크의 Vision Fund와 싱가포르 국부펀드 GIC는 2019년 7월에 전자지갑 VNPAY의 모회사에 3억 달러를 투자했으며, 1월에 전자지갑 Momo는 미국의 사모펀드 Warburg Pincus에서 1억 달러를 모금했다고 밝혔다.

Nomura가 추정한 2025년까지 7배 증가한 1,090억 달러 규모로 추정하는 모바일 결제 시장에서 우위를 점하기 위해 일부 사업자는 투자 받은 금액으로 가입자 모집을 위해 모집에 응하는 가입자에게 현금을 지급하며 공격적으로 사업자 규모를 늘리며 경쟁하고 있다.

가입자수는 사업자에게는 티핑 포인트(Tipping Point) 효과가 나타나기 때문에 사용자 유치는 필수적이다.

사업자들은 전자지갑을 기존 비즈니스의 부가기능으로 사용하려고 했다. AirAsia BigPay 전자지갑 사용자는 지갑을 사용하여 AirAsia 여행 보상을 받을 수 있으며, 이는 지불 방법의 주력이 되기를 희망한다. Tencent와 Alibaba 및 그 계열사는 주로 동남아시아의 중국 관광객들에게 초점을 맞추고 있으며, 각 지역의 거의 모든 시장의 전자지갑에 투자했다.

베트남에는 28개의 라이선스 전자지갑이 있지만, 시장 점유율의 70~90%가 6개의 대형 사업자가 주도하고 있다. 베트남중앙은행(SBV) 지불 부서(DoP)의 데이터에 따르면, 2019년 8월 현재 Payoo, MoMo, SenPay, Moca 및 Airpay는 모든 전자지갑 예금의 80% 이상을 차지했다. 같은 기간에 Airpay, MoMo, Senpay, Moca 및 VTC Pay는 시장에 등록된 이용자에서 전체 전자지갑의 74% 이상을 차지했다. 시장에서 전체 거래금액의 약 95%가 Payoo, MoMo, Senpay, Airpay 및 Zalopay를 통해 이루어졌다.

미국의 다국적 투자은행인 JP Morgan의 보고서에 따르면, 2019년까지 전자지갑을 통한 지불은 베트남 전자상거래 웹 사이트의 전체 거래 금액의 19%를 차지했는데, 이는 현금으로 거래한 금액과 비슷했다. 카드 결제는 거래 금액의 34%에 이르렀고 22%는 은행 송금으로 이루어졌으며, 다른 결제는 나머지 6%를 차지했다.

전자상거래 시장의 규모가 62억 달러이며 2021년까지 매년 19%씩 성장할 것으로 예상되면서 베트남 전자지갑은 가장 빠르게 성장하는 전자상거래 결제방법으로 설정되어 연간 28%씩 증가하고 있다. 2021년까지 카드 다음으로 가장 많이 사용되는 지불방법이 될 것이라고 보고서는 밝혔다.

2.6. 유통채널의 최신 이용변화

코로나바이러스19로 인해 베트남 소비자들이 유통채널을 이용하는 소비패턴에 변화가 일어나고 있다. 소비자는 혼잡한 곳으로 가는 것을 두려워하여 일부 비즈니스는 전자상거래 매출이 20~30% 증가했다. 생필품에 대한 수요가 증가함에 따라 재래시장(Wet Markets)에서의 구매보다 슈퍼마켓에서 쇼핑하는 고객의 수는 전년 동기 대비 증가했다. 소비자들은 주로 가축 및 가금류 고기, 계란, 인스턴트 국수 및 야채와 같은 필수식품을 쇼핑했다. 전염병 예방 및 관리를 위해 구입한 상품의 양이 30~40% 증가했다.

슈퍼마켓에서 음력 설(Tet) 이후의 식료품 가격은 재래시장(Wet Markets)보다 안정적이고 저렴하기 때문에, 재래시장에서 판매되는 상품은 코로나19 이전에 비해 매출이 50~80% 감소하고 거래량도 50~70% 감소했다.

SSI 증권회사의 보고서는 코로나19로 인해 9개의 산업이 단기적으로 부정적인 영향을 받을 수 있다고 발표했다. 보고서에서 의류 및 섬유, 소매, 수산물, 맥주, 석유 및 가스, 증권, 항구 운송, 공항 서비스 및 항공사업을 가장 취약한 것으로 지적했다.

아시아개발은행(ADB)은 최근 진행 중인 코로나19의 발생이 급격한 내수 감소, 관광 및 비즈니스 여행 감소, 무역 및 생산 연계 공급 네트워크의 불안정, 이로 인한 유통 채널의 붕괴 우려 및 건강 영향 등 다양한 방향에서 베트남을 포함한 개발도상국의 경제에 영향을 미칠 것이라고 발표했다.

시장조사 기업인 닐슨(Nielsen Vietnam)이 사람들의 생활에 코로나19가 어떤 영향을 주고 있는지 조사한 바에 따르면, 응답자 10명 중 4명은 전염병으로 인해 자신의 소득에 지장을 초래할 것으로 보고 있으며 이로 인해 소비의 패턴에 영향을 줄 것이라고 응답했다. 절반의 응답자는 전통적인 시장이나 슈퍼마켓과 같은 유통채널보다는 온라인쇼핑과 같은 비대면 채널의 이용을 늘렸다고 응답했다.

소득의 감소로 인해 여행 및 엔터테인먼트에 대한 매출의 회복이 더딜 것으로 예상되며, 의류, 구두 등 패션 상품의 매출은 큰 폭으로 하락할 것이다. 화장품은 프리미엄 상품에서 비교적 가성비가 높은 품목으로 구매 단가가 낮아질 것으로 예상된다. 맥주 등 식음료(F&B) 부문의 매출도 평균보다 낮아질 것으로 보인다.

코로나19는 처음에 소비자에게 두려움으로 다가왔지만 이를 극복하면서 점차 건강하고 바른 생활로 패턴이 변화할 것으로 보인다. 전염병을 퇴치하더라도 소득이 감소한 소비자는 구매에 소극적이며 만일에 대비하는 보험, 저축 등에 관심을 보일 것으로 예상된다. 또한, 비대면 서비스에 대한 필요성이 증가하면서 4차 산업혁명에 의한 디지털전환을 앞당기는 계기를 만들어 줄 것으로 보인다.

2.7. 효과적인 온라인 광고 SNS

한국무역협회 호치민지부가 최근 베트남 내 한국상품 이미지 조사결과 분석 자료에 따르면, 베트남 소비자 대상 한국상품 인지도는 높은 것으로 나타났으며, 응답자 중 73% 이상이 한국상품을 매우 잘 인지하고 있으며 주로 인터넷/SNS을 통해 한국상품 정보를 습득하고 있는 것으로 나타났다.

특히, 베트남 기업들은 공식 홈페이지 개설보다는 개설 및 관리, 접근이 용이한 SNS를 선호하며 대부분의 기업이 홈페이지는 없어도 SNS는 갖추고 있을 만큼 SNS의 활용도가 매우 높았다. 한국상품에 대한 정보 습득 경로는 인터넷/SNS(35.3%), TV(34.8%), 친구/주변인(16.9%), 신문/잡지, 라디오 순으로 나타났다.

베트남 내에서 TOP 3 SNS 순위는 Facebook, Google, Youtube 순으로 나타났다. 한국상품을 구매하는 온라인 경로는 4대 플랫폼(Shopee, Lazada, Tiki, Sendo) 및 yes24.com인 것으로 조사됐다.

2019년 Facebook을 이용하는 베트남인 수는 5,000만명을 상회하는 것으로 조사되고 있으며, 베트남의 인터넷 사용 인구 대부분이 Facebook을 사용한 경험이 있거나 또는 해당 플랫폼에 대해 인지하고 있다. 홈페이지는 없어도 Facebook으로 상품의 정보를 알리고 이벤트를 하는 기업들이 늘어나고 있다.

최근에는 문자에서 영상으로 광고를 하는 기업이 증가하고 있다. 이는 문자보다 영상이 짧은 시간에 몰입도가 높은 광고효과를 보여주기 때문이다. 특히, 채널을 개설하여 광고를 하며 채널의 지속성은 Blog 아닌 Vlog로 효과를 입증하고 있다. Youtube 베트남은 서비스를 사용하는 베트남인이 대부분 스마트폰을 통해 해당 플랫폼에 접속했으며, Youtube 사용자 중에서 30%는 정보 습득을 위해, 70%는 휴식과 여가 시간을 위해 해당 플랫폼을 이용하고 있다고 분석했다.

2.8. 마케팅 최대의 효과는 브랜드 구축

Nielsen의 보고서에 따르면, 베트남 소비자는 온라인으로부터 취득한 것보다 친구로부터 제품 및 서비스에 대해 얻은 정보를 더 신뢰한다고 말했다. 소비자의 93%가 브랜드 경험을 공유하거나 추천을 구할 때 인터넷(89%)보다는 주변에서 말해주는 정보를 더 선호한다.

영향력 있는 기고자이며 M&A 전문가인 브라이언 스펜스(Brian Spence)는 베트남 언론과의 최근 인터뷰에서 베트남은 이제 가격보다는 브랜드를 중시하는 추세로 변화하고 있다고 언급했다. 지속적인 경제성장으로 생활이 여유로워지면서 고급제품이 붐을 이룰 것으로 전망했다.

브랜드 가치는 소비자가 상품의 품질을 믿고 다시 반복하여 구매하는 척도로 삼는다. 브랜드에 의한 반복 구매는 기업에 있어서 마케팅 비용을 절감하여 이윤을 극대화하는 매우 효율적인 도구다.

특히, 브랜드를 기반으로 소비자는 이러한 상품을 프리미엄 상품이라고 평가한다. 따라서 프리미엄 상품은 가격이 다소 높아도 소비자는 기꺼이 지갑을 열고 상품을 구매한다. 한편으로는 프리미엄 상품을 이용하는 소비자는 쇼핑에서 만족감까지 느끼며 쇼핑 자체를 즐기기도 한다.

베트남의 소비자는 가격이 높으면 반드시 고급상품이라고 느끼는 것이 아니다. 아직은 사치스럽다는 표현을 사용하기도 한다. 베트남 소비자들이 프리미엄 한국상품으로 우수한 성능의 스마트폰, 실용적인 전자제품, 고장이 적은 자동차 및 산업재 등을 연상하며 한국상품은 고품질이라는 인식을 하고 있다.

특히, 먹거리에서는 안전을 중요시하여 HACCP, GMP, GAP, FDA, ISO 등 품질인증이 있는 제품인지 꼼꼼하게 살피고 있다. 화장품의 경우에는 베트남에서 팔리는 제품이 한국에서도 유통이 되는 제품인지, 한국에서 얼마에 유통되고 있는지 등을 포함하여 수입 스티커는 부착이 된 정품인지를 확인하고 있다.

베트남에 진출하는 한국상품의 경우 베트남 소비자들이 프리미엄 상품에 대한 이해를 도울 수 있도록 베트남어 상세 홈페이지 운영, 페이스북 및 유튜브 채널 등을 통해 상품의 우수성을 알려야 한다. 유통패널의 다변화를 기하여 다양한 구매처를 확보해야 한다. 베트남으로 수출이 시작되는 것보다 더욱 중요한 것은 프리미엄 브랜드로 안착할 수 있도록 꾸준한 노력이 진행되어야 성공할 수 있다.

2.9. 베트남 유통시장 진출 착안사항

베트남 산업통상부의 호치민시 시장감시기관은 호치민시에서 유아용품을 판매하는 프랜차이즈 소매점인 꼰꿍(Con Cưng Co Ltd)의 매장 세 곳을 사기 혐의로 수사하기 위해 검사를 진행하고 있다고 발표했다.

베트남 시장에 진출할 경우, 신뢰있는 시장조사기관을 통해 상품의 진출 가능성을 타진하고 유통채널을 확보하며 정상적인 통관절차 및 관세 납부 등 제반 절차를 이행해야 한다.

정상적으로 수입인증을 거치지 않은 상품은 현대식 유통채널에 진입하지 못하게 되며 여러 유통 단계를 거치게 되고 재래시장으로 유입되어 저가상품으로 판매되면서 사실상 브랜드를 포기하게 된다.

베트남에 진출하려는 경우, 수입업체가 어떠한 경로로 어떤 마케팅을

할 것인지, 바이어의 성향을 검토하여야 하며 수입인증을 확보했는지 등을 꼼꼼하게 살펴야 한다. 한 번의 거래 후에 지속 가능한 수출이 어렵게 되는 경우를 방지해야 한다.

수입인증을 진행하면 진출 시일이 오래 걸리고, 관세 등을 납부할 경우 판매가가 상승할 것이라는 어려움보다, 이를 이행하지 않으면 브랜드를 구축할 수 없다는 두려움을 먼저 고려해야 한다.

베트남 소비자는 한번 선택한 상품을 좀처럼 바꾸지 않는다. 체험을 통해 확인한 상품이나 주위의 권유 등으로 선택한 상품을 계속 사용한다. 사실상 브랜드를 인지하고 있는 셈이다.

브랜드는 신뢰를 기반으로 한다. 소비자의 신뢰는 가격에도 영향을 주며 반복구매를 유발하게 된다. 신규고객을 확보하는 경우 마케팅 비용이 과다하게 소요되지만, 이미 브랜드의 충성도가 높은 단골 마니아에게는 적은 비용으로 판매하기도 쉽다. 수익성이 높은 브랜드 마케팅에 관심을 가지고 중장기적인 수출전략을 추진해야 할 것으로 보인다.

3. 시사점 및 진출 전략

3.1. 고객의 신뢰확보는 브랜드 구축

세계적인 온라인쇼핑 사업자로서 최대의 기업인 아마존은 프라임이라는 서비스를 운영한다. 대부분의 상품을 2일 이내로 배송 받을 수 있는 서비스로서, 연간 이용료를 납부해야 한다. 단, 처음 프라임 사용을 신청하면, 1개월간 프라임을 무료로 이용할 수 있고 무료

기간이 지나면 연간 이용료가 자동으로 결제되므로 반드시 확인해야 한다. 아마존은 2005년 미국에서 이 서비스를 시작했으며, 일본, 영국, 독일, 프랑스(아마존 프리미엄), 이탈리아, 캐나다 등으로 확대했다.

아마존이 프라임 서비스를 자신 있게 선보이고 글로벌로 확장할 수 있었던 배경에는 고객을 배려하는 시스템과 고객으로부터 아마존의 소비자를 보호하는 서비스에 대한 신뢰가 있었기 대문이다. 아마존의 브랜드는 소비자의 신뢰를 바탕으로 성장하고 글로벌 1위에 오를 수 있었다.

• 고객으로부터 신뢰 받는 방법은 무엇일까?

소비자는 값싼 상품을 찾지만 먼저 품질이 담보된 상품이어야 한다는 전제가 되었을 때 구매하게 된다. 값싼 상품이라고 하더라도 믿을 수 없는 경우에는 구매를 망설이게 된다. 고객은 합리적인 가격의 상품을 원한다.

만일, 소비자가 품질이 확보되지 않거나 가짜 상품 또는 유통기한이 경과한 상품을 구매한 경험을 하게 되면 다시 구매를 하지 않으며 고객이 이탈하게 된다. 이는 베트남에서 홈쇼핑이 초기에 정착하지 못한 이유이다.

또한, 상품을 구매하고 나서 다른 구매자와 가격을 비교하였을 때 품질이 동일함에도 구매가격이 너무 높다면, 한번 구매한 유통채널에서 이탈하게 되며 이를 경험한 소비자는 고객으로 유치할 수 없게 된다.

품질이 좋은 상품을 합리적인 가격에 구매하고 지속적으로 품질을 확보하는 과정에서 상품에 대한 신뢰가 축적이 되었을 때 소비자는 그러한 상품을 명품이라고 부르게 되며 한번 명품의 반열에 오르게 되면 고객은 다소 높은 가격을 지불하더라도 신뢰를 바탕으로 다시 반복 구매하게 된다. 이러한 반복 구매와 단골 고객의 충성도가 높을수록 지명도가 높아질 수 있다.

• 품질도 우수한 상품을
값싸게 판매할 수 있는 방법은 무엇일까?

경영자는 유통과정을 면밀하게 검토하여 비용절감을 해야 한다. 대부분의 관리자들이 수익 확보를 먼저 생각하고 소비자가격을 책정하게 되면 어려움을 봉착하게 된다.

상품 구매 과정에서 생산자와의 협상을 통해 적정한 가격에 구매하여야 하며 품질이 담보되지 않은 상품은 과감하게 판매를 중단해야 한다. 수입품의 경우 HS Code가 제대로 적용되었는지 확인하고 원산지증명 등을 제출하여 절세해야 한다.

물류 체계도 검토하여 공급 시간을 단축하고 유통단계도 축소하여야 한다. 경비를 절감하여 소비자에게 저렴하게 판매함으로써 지속 가능한 유통체계를 갖추게 되고 그로 인해 다량판매를 통해 매입가를 더욱 낮춤으로써 수익을 창출해야 한다.

3.2. 베트남 진출 필수 사항

말레이시아 시장조사기관인 iPrice의 보고서에 따르면, 베트남의 전자상거래 Web 사이트 및 App에 대한 직접 접속 비율은 2019년 45%에 달해 전세계 평균 27%보다 매우 높은 수치를 기록했다. 이는 전자상거래 서비스가 가장 인기 있는 인터넷 접속이며, 검색 후 접속은

37%, 소셜 미디어를 통한 접속 7%보다 높은 접속률이다.

베트남에 진출하는 기업에게 온라인쇼핑 등록은 필수적이다. 한국처럼 활성화되어 있지 않아 지금은 판매사업자당 매출액이 낮지만 성장 속도가 높아 미래가치에 투자해야 한다. 점차 인터넷 플랫폼에 직접 접속하는 소비자가 늘어가고 있기 때문이다.

베트남에서 온라인쇼핑을 하는 방식은 여러 가지가 있으나, 유통시장에 진출하는 경우에 가장 효과가 빠른 것은 전자상거래 Big 4에 등록하는 것이다. 별도로 광고, 결제 도구 및 배달 등이 불필요하기 때문이다. 또한, 플랫폼 간의 치열한 경쟁으로 판매수수료가 저렴하다. 플랫폼 등록 후에 매출이 오르지 않더라도 지속적으로 시장분석을 통해 판매 방안을 찾아야 한다. 전자상거래 플랫폼에 등록이 되었어도 많은 사람들에게 우수한 품질을 알리는 활동이 필요하다. 베트남어 홈페이지를 구축하고 베트남어 Facebook으로 알리며 정기적으로 이벤트 행사를 통해 프로모션을 실시해야 한다.

한국산 상품은 프리미엄 상품이므로 베트남으로 수입하기 전에 판매가능성 등 시장조사를 해야 하며 수입인증을 필히 득해야 한다. Tiki와 같은 정품만을 판매하는 플랫폼에 등록하려면 필수 조건에 해당한다. 또한, 정식통관으로 수입스티커를 부착하여 유통해야 한다. 베트남 소비자는 꼼꼼하여 상품에 대한 검색을 한국 Site 등에서도 실시한다. 한국의 소비자 가격보다 비싸게 판매하는 경우 유통 마진이 높은 것으로 인식하여 구매를 기피한다.

베트남 소비자들이 온라인에서 검색하고 오프라인에서 구매하는 비율이 높은 것은 상품에 대한 품질이 동일한지 직접 확인하기 위함이다. 따라서 온라인에서 판매하는 상품을 오프라인 매장에서도 함께 판매하는 옴니채널(Omni-channel) 전략이 필요하다.

온라인에서 판매하는 경우 어떤 경로로 판매되는지 판매성향 분석을 할 수 있는 장점이 있다. Web-log 분석을 통해 수시로 홈페이지의 Landing Page를 수정해 주어야 한다.

3.3. 충성고객 확보

지속적으로 상품을 구매하는 단골의 충성고객 매출이 차지하는 비중이 높을수록 적은 마케팅 비용으로 판매가 가능하게 된다. 충성고객 프로그램인 멤버십 프로그램을 운영할 필요가 있다.

회원제 Member Ship 관리는 매우 중요한 고객관리 방법이다. 또한 정기적으로 고객에게 신상품 정보 제공 및 사은품 증정 등으로 고객의 이탈 방지 및 충성도 향상 등을 게을리하지 않는 것이 중요하다. 영업사원 매뉴얼을 작성하여 지속적으로 교육을 실시할 때도 단골고객의 유지 및 창출에 중점을 둘 필요가 있다.

멤버십 프로그램은 공개적으로 운영하여야 효과를 볼 수 있다. 특히, 이벤트 행사에도 멤버십 회원은 특별한 서비스가 있다는 사실을 노출시킬 필요가 있다.

멤버십 회원에게도 최소한 2~3단계의 등급제가 필요하다. 우수 회원일수록 특별하게 대우받고 있다는 것을 느끼게 해 주어야 한다.

마일리지 또는 포인트는 동일한 조건이면 잔여 포인트가 남아 있어서 저렴하게 구매할 수 있다는 조건을 충족하여 재구매를 유발하는 도구이다. 멤버십과 포인트 제도는 고객관리에서 중요한 요소이다.

충성고객은 회사의 매출을 올려주는 고귀한 자원이며 회사를 대리 광고해주는 광고 매체이기도 하다. 충성고객과의 커뮤니케이션이 정기적으로 진행될 수 있는 프로그램이 필요하다.

T R E N D

V I E T N A M

2 0 2 0

베스트 트 시 남장드
소트 비렌

09

베트남 소비시장 트렌드

베트남 경제연구소
김석운 소장

1. 개요

2019년 베트남 소비시장은 경제성장률이 7.02%라는 높은 성장을 기록하면서 내수가 팽창하고 모든 분야에서 발전하는 한 해가 되었다. 연간 100만명에 달하는 젊은이들이 학교를 졸업하고 도시로 이동하는 급속한 도시화와 소득이 증가하면서 늘어난 중산층으로 인해 소비시장은 확대되었다.

젊은 소비자는 1인 또는 2인의 핵가족으로 부모님 세대와는 다른 소비성향을 보여주고 있다. 가격도 중요하지만 편리함도 중요하게 생각한다. 깨끗하고 쾌적한 생활을 영위하기를 원하며 안전도 중요하게 생각한다. 현대식 유통채널을 선호하며 합리적 소비를 근간으로 편리함도 추구한다.

도시화는 생활의 패턴에 변화를 주고 정부는 좀더 현대화된 도시 개발을 추진하려고 한다. 도시철도를 근간으로 하는 대중교통, 녹색 공간의 확보, 그린빌딩의 추진, 스마트시티 건설 등이 주요 목표이다.

중산층의 증가는 안전, 건강을 추구하는 수요의 촉진을 가져오고 있다. 특히, 자녀들은 밀레니얼 세대로서 새로운 소비계층을 형성하고 있다. 이러한 소비시장에 진출하는 한국상품은 Made in Korea 라는 프리미엄 상품의 카테고리에 속한다.

프리미엄 상품의 특성은 우수한 브랜드, 고객의 신뢰를 바탕으로 하는 고급제품으로 친환경, 안전하고 건강한 재료로 생산되는 상품이므로 이에 적합한 유통채널을 선택해야 하며 상세하게 상품에 대한 설명을 필요로 한다.

늘어나는 외식업에서는 지속적으로 인상되는 임대료로 인해 수익성이 악화되고 있으며 소비자의 요구는 건강, 우수한 재료 사용 등 눈높이가 점차 높아지고 있다.

그러나, 2020년 초 전 세계적으로 전염된 코로나19는 베트남에도 소비자의 소득은 낮아지고, 기업의 매출은 감소하는 불황의 그림자가 다가오고 있다. 이러한 위기를 기회로 반전해야 하는 숙제가 유통시장에도 최대 숙제이다.

2020년은 비대면 서비스의 필요에 따라 디지털전환의 요구에 직면하여 현금 없는 지불, 모바일 머니, 온라인 학습 인증, 낙후된 기술 수입금지, 저렴한 스마트폰 생산 촉진 및 전자정부 등에서 활발한 비즈니스가 예상된다.

2. 2019년 소비시장의 이슈 및 트렌드

2.1. 소비시장 확대의 핵심은 도시화

베트남은 높은 교육열로 인해 도시의 대학으로 입학한 젊은이들이 공부를 마치고 주로 공단이 밀집한 도시 주변으로 매년 100만명씩 주거지를 옮기고 있다. 아직도 60% 이상의 인구가 농촌 지역에 거주하고 있지만, 농촌인구는 매년 도시로 이동하며 도시 소비자는 4,600만 명에 이르고 있다.

도시인구는 연평균 3%씩 증가하고 있다. 도시로 이동한 젊은이의 특성은 농촌의 대도시 구조와는 다르게 1인 또는 2인의 핵가족이다. 도시생활 소비자는 무조건 저렴하기보다는 합리적인 가격을 선호한다. 또한, 가격도 중요하지만 편리함도 중요하게 생각한다. 깨끗하고 쾌적한 생활을 영위하기를 원하며 안전도 중요하게 생각한다.

도시 가계는 높은 구매력 및 쉽게 구매하는 소비재 및 서비스에 대한 수요가 더 증가한다. 베트남은 강력한 성장 추진력을 가진 신흥 경제국가이다. GDP는 2018년 2,450억 달러에서 2030년에는 거의 5,000억 달러로 2배가 된다. 그때에는 동남아시아에서 5번째로 큰 경제가 될 것이며 세계에서 16번째로 큰 경제가 될 것이다.

베트남 정부는 지속 가능한 도시 개발을 원하고 있다. Solidiance의 백서에 따르면, 지속 가능한 도시 개발에 중요한 4가지 기본 기능이 있다.

첫 번째 기능은 도시개발이다. 정부는 도로 혼잡을 줄이기 위해 현재 호치민시와 하노이시에서 전용 도시철도 네트워크를 건설 중이다. 공공버스 시스템과 같은 기존 대중교통에 대한 확장 및 개발계획이 있으며 전 세계적으로 승용차 공유 응용 프로그램의 보급은 베트남의 모든 주요 도시 사람들의 현재 운송 수단 선택에 큰 영향을 줄 것이다.

　두 번째 기능은 녹색공간의 확보이다. 급속한 도시개발로 인해 베트남의 주요 도시들은 인구밀도가 높은 도시 지역과 관련된 공기, 소음 및 시각적 오염으로부터 벗어날 수 있는 잠정적인 녹지 공간이 부족하게 되었다. 모든 대규모 민간 주거 및 상업 개발에 공개적으로 접근할 수 있는 녹지 공간을 마련하도록 하는 정책이 적용되었다. 반면 하노이시는 나무와 물의 수를 늘릴 계획이다.

　세 번째 기능은 녹색건물에 의한 도시개발이다. 인구 밀집 지역에서의 제한된 자원 및 사용량을 관리하기 위해 정부가 지원하는 녹색건축 이니셔티브가 개발 중에 있다. 베트남 개발자들은 새로운 건물과 프로젝트에 대해 국제적으로 확립된 환경 및 효율성 표준을 보다 일반적으로 사용하여, 더 낮은 자원 사용으로 인한 장기간의 비용 절감에 대한 혜택뿐만 아니라 국제적 잠재 고객에게 더욱 매력적인 곳으로 발전시키고 있다.

　최종적으로 이러한 모든 도시개발의 목표는 스마트시티에 있다. 베트남의 33개 중앙 관리 및 지방 행정 구역은 도시관리를 용이하게 하고 밀도가 높은 도시 지역의 전반적인 삶의 질을 개선하기 위해 스마트 시티 이니셔티브를 시행하기 시작했다. 호치민시는 2020년 베트남에서 최초의 스마트 도시가 될 계획이며, 무역 및 금융센터, 호텔 공간, 오피스 타워, 풀 서비스 주거용 건물 등이 있다.

2.2. 증가하는 구매력, 늘어나는 중산층

닐슨(Nielsen)의 세계 소비자 신뢰도 조사에 따르면, 베트남은 일자리, 소득 및 지출 지표가 우수하다. 2018년 3분기 소비자 신뢰도에서는 이전 분기보다 9점 높은 점수를 얻어 129점으로 세계 2위를 기록했다. 이는 지난 10년간 중에서 가장 높은 점수라고 밝혔다. 베트남에서는 월 714달러 이상을 벌어들이는 중산층 계층이 2020년에는 3,300만명에 이르고 2배로 늘어난다고 <닛케이(Nikkei Asian Review)>가 보스턴컨설팅(Boston Consulting)의 연구를 인용해 보도했다.

이러한 중산층을 대상으로 수입이 증가했을 때 우선 지출하고 싶은 분야를 조사한 자료에서, 응답자들은 개인적인 즐거움에 지출할 것이라고 밝혔다. 선호하는 구매상품은 해외여행, 고급 화장품 및 퍼스널케어 제품, 건강관리, 스마트폰을 비롯한 전자제품 순으로 나타났다.

건강 식음료 분야 트렌드에서는 콩을 갈아 가내 수공업 방식으로 만들어 저렴한 가격으로 판매되던 음료가 점차 장기간 보존이 가능한 팩으로 포장한 두유로 대중화됐다. 검은콩에 아몬드나 호두를 첨가한 고급 두유가 한국에서 수입되어 판매되면서 최근에는 건강에 좋은 재료를 사용한 다양한 두유로 상품화되고 판매량이 증가하고 있다. 점차 식품 가공기술을 사용한 상품이 증가할 것으로 보인다.

천연재료를 사용한 화장품 시장에서 성장세가 크며 최근에는 유기농 화장품에 대한 수요도 증가하고 있다. 베트남에서 소비자들이 주로 선호하는 화장품은 프랑스, 한국, 일본 제품이며 유명 상표 제품을 구입하는 이유는 원산지가 불분명한 위조제품들이 많이 유통되고 있기 때문으로 나타났다.

베트남에 진출하는 한국산 상품은 현지에서는 프리미엄의 카테고리에 분류된다. 베트남에는 최근 프리미엄 상품을 중심으로 운영하는 전문점이 늘어나는 추세에 있다.

신세계인터내셔널은 2019년 6월 15일 호치민시 이온(AEON)몰에 134평 규모의 생활용품 브랜드 '자주(JAJU)'를 개점했다. 최근 주방용품에 대한 수요가 커짐에 따라 K리빙을 내세워 유아 및 아동 의식기류 및 아동 패션 제품을 주력으로 베트남 시장을 공략할 방침이라고 말했다. 1군 도심 빈컴센터(Vincom Center)에 2호점을 추가로 개설했다.

홍콩의 드러그스토어(Drugstore) 왓슨스(Watsons)는 2019년 1월 호치민시 중심가에 1호점을 개점했다. 베트남은 화장품 판매가 매년 약 30% 증가함에 따라 잠재적으로 수익성이 있는 시장으로 평가되고 있다. 유로모니터(Euromonitor International)에 따르면, 2017년 베트남 미용제품의 90%가 수입품이었다.

일본의 가정용품 및 의류 소매유통 체인 무인양품(Muji)은 2020년 초 호치민시에 첫 번째 매장을 개점할 계획이다. 무지는 가구에서부터 의상, 화장품까지 저렴한 가격에 다양한 종류의 가정용품 및 소비재를 세계적으로 공급하고 있다.

베트남 가구 브랜드 우마(UMA)는 거의 13년 동안 사용했던 브랜드명을 2019년 6월에 바야(BAYA)로 변경했다. 베트남 시장의 변화 및 고객 구매 동향을 2년간 분석한 결과 더 현대적인 디자인 및 브랜드가 채택되었다고 밝혔다. 유통방식은 온라인과 매장을 결합하고 다양한 유통경로를 연계하는 옴니채널(Omni Channel) 방식을 채택할 것이라고 밝혔다.

도시화와 중산층의 증가는 프리미엄 상품의 수요증가를 불러오고 있으며, 이와 같은 추세는 빠른 속도로 증가하며 지속될 것으로 예상된다.

2.3. 식품의 선택에서 안전은 필수

베트남에서 경제가 활성화되면서 식품소비는 대도시를 중심으로 안전하고 고급화되는 추세이다. 산업무역부 자료에 따르면, 호치민시의 경우 인구의 비중이 전체 인구의 8.6%지만 식품소비는 17.6%에 달하며 베트남 전체 평균 식품소비의 두 배가 넘는 것으로 조사되고 있다.

소비되는 식품 및 음료 제품을 살펴보면 달걀, 인스턴트 면, 캔 음료, 우유, 소시지 등 가공육류, 소스, 스낵 등 과자류, 식용유가 주를 이루고 있다. 점차 다양화되고 고급화되는 추세로 예를 들면, 식용유도 올리브유의 수요가 높아지고 있다.

베트남에서 식품의 안전을 중시하는 사례를 살펴보면, 소비자가 얼마나 중요하게 생각하는지 알 수 있다. 필리핀 회사인 유니버설 로비나(URC/Universal Robina Corp)는 2016년에 발생한 리콜과 식품안전 스캔들에 따라 베트남에서의 판매가 급감했다. 회복의 길을 걷기 위해 URC는 C2와 Rong Do를 새로운 모양과 포장으로 "품질에 대한 열정" 브랜드 구축 운동으로 다시 시작했다. 회사는 독립적인 조직으로부터 인증을 획득하여 공장이 식품안전 제조분야에서 최고 수준을 채택하고 있음을 보증했다. 그럼에도 불구하고 이 제품은 판매를 회복하지 못했다.

베트남에는 농산물은 풍부하지만 이를 가공하는 기술은 부진하여 한국의 기업이 진출할 수 있는 잠재력이 높은 분야이다. 시장의 규모가 커지면서 안전하고 우수한 품질을 원하는 수요가 점차 증가하고 있다. 동남아 국가 중에서 베트남은 한국산 식품의 수출이 가장 빠르게 높은 비율로 증가하는 국가이다.

수확 후 생산을 위한 현대 가공 및 보존 기술을 적용하는 것이 식품안전을 보장하고 농산물의 가치를 높이는데 중요하다고 전문가들은 식품 가공 및 보존에 관한 회의에서 말했다. 베트남은 포장 및 보존의 최종 단계에서 화학물질, 진공 및 방사선을 사용하는 방식으로 비용의 효율적인 방법에 계속 의존하고 있다고 말했다. 효과적으로 농산물을 보존하려면 품질에 영향을 미치는 요인을 직접 다루어야 한다. 예를 들어, 플라즈마 기술은 미생물을 파괴하고 억제할 수 있으며 식품의 품질 및 색상은 그대로 유지할 수 있다.

한류 문화에 대한 인기가 높은 베트남은 한국산 식품의 선호도 또한 높아지고 있다. 김밥, 떡볶이, 비빔밥, 김치 등의 상품은 한국을 대표하는 음식으로 확고한 위치를 확보했다. 이러한 음식을 만드는 재료 및 소스도 인기를 끌고 있다.

베트남에 진출하여 현지에서 생산하고 있는 한국의 식품 기업인 오리온, 오뚜기, CJ, 대상 등의 시장점유율 및 매출도 계속 증가하는 추세이다. 한국기업은 안전하고 품질이 우수하다는 이미지를 보유하고 있는 것이 공통점이다.

베트남으로 진출을 희망하는 식품생산 기업은 HACCP, ISO 등으로 안전하고 품질이 우수함을 인증하는 마크를 장착하고 베트남에서 수입인증을 반드시 얻어 상품의 가치를 보전하고 브랜드를 구축하는 작업이 선행되어야 할 것으로 보인다.

2.4. 트렌드를 선도하는 밀레니얼 세대

1980년부터 1994년까지 태어난 Y세대를 밀레니얼(Millennials) 세대라고도 부른다. 2018년말 KOTRA가 발표한 자료를 보면, 베트남 밀레니얼 세대의 트렌드로 홈스테이, 음식배달, 외국브랜드 디저트, V-POP, 길거리 축구 응원, 코워킹 스페이스 등을 소개하고 있다.

젊은이들이 도시로 집중되면서 기존의 세대와는 다른 트렌드가 형성되고 있다. 의지가 선명하고 다양한 의견을 내며 합리적 사고로 소비하고 생활을 하는 당당하고 밝은 세대라고 표현할 수 있다.

이들이 유통시장에서 소비하는 상품을 살펴보면, 간편하고 편리한 상품을 선호한다. 화장품은 복잡한 절차 없이 간편한 립스틱, 파운데이션 대신 얼굴의 잡티를 가리는 쿠션 등을 선호하며 아침과 점심시간에는 간편식을 선호하고 건강에 좋은 밀크티(Milk Tea) 또는 건강음료를 마시면서 외국 브랜드라고 하더라도 선택할 수 있는 충분한 이유가 있으면 구매하는 합리적 사고를 가지고 있다.

택시보다는 제시하는 요금이 명확하고 전자지갑으로 결제가 가능한 Grab을 선호하고 다소 비싸더라도 개성이 강한 디자인이며 글로벌 패션 브랜드인 H&M을 선택하며, 재래식 식료품점 보다는 깨끗하고 2층의 휴게실에서 WiFi가 제공되어 노트북으로 업무를 보면서 여유 시간을 즐길 수 있는 편의점을 찾는다.

커피를 마시는 장소는 베트남 사람들의 입맛에 맞고 저렴한 베트남 스타일의 카페에서 대화를 나누고 저녁식사는 함께 모이는 사람들과 스스럼 없이 음식을 나눌 수 있는 메뉴이면 인테리어에 구애 받지 않는 소박함도 가지고 있다.

가장 좋아하는 취미는 친구들과 또는 가족들과 함께 여행을 가는 것이며, 값비싼 여행보다는 추억으로 남길 수 있는 멋진 풍경을 배경으로 사진 촬영을 할 수 있는 목적지를 선택 제1의 요건으로 한다.

시장조사기관 닐슨(Nielsen)이 2019년 발표한 설문조사 결과에 따르면, 베트남 사람들의 우선 지출 순위는 저축, 여행, 의류 순으로 나타났다. 저축을 미덕으로 생각하는 것은 밀레니얼 세대도 동일하며 건전한 가치관을 가지고 있다.

또한, 최근 코로나19 발생 이후 First Insight의 소매 분석에 따르면, 밀레니얼 세대는 다소 변화된 소비패턴을 보이고 있다. 설문 조사에 참여한 젊은이의 절반 이상(54%)은 코로나19가 구매결정에 영향을 미쳤다고 말했다. 40%가 전염병을 빠르게 극복하기 위해 돈을 절약하고 있다.

실제 매장에서 쇼핑하는 것보다는 온라인 쇼핑의 사용자가 갑자기 증가했다. 이들 중 약 30%가 정기적으로 온라인 거래를 하고 39%가 실제 매장에서의 쇼핑을 절제하여 비용을 절감하고 있다. 음식 배달 서비스의 이용이 증가했다. 젊은 세대에게 가장 큰 변화는 주요 항공사 등이 파산 직전에서 수요를 늘리기 위해 할인 및 프로모션을 하거나 많은 사람들이 항공권을 취소할 때 젊은이들이 이를 이용하여 합리적인 가격으로 티켓을 구매한다.

2.5. Made in Korea는 프리미엄 상품

베트남은 6% 이상의 높은 경제성장이 꾸준하게 지속되면서 외국인직접투자(FDI)가 점차 증가하고 있다. 수출도 꾸준하게 증가하고 있으며 수출 품목도 다양해지고 점차 부가가치가 높은 상품의 비중이 늘어나는 추세이다.

경제성장으로 중산층도 늘어나고 도시화가 가속화되면서 소비자들도 생활에 여유가 생기면서 저렴한 상품보다는 가격이 조금 비싸더라도 품질이 우수한 상품을 선호하면서 프리미엄 상품의 수요가 증가하는 추세이다.

특히, 브랜드를 기반으로 한 상품을 소비자는 프리미엄 상품이라고 평가한다. 따라서, 프리미엄 상품은 가격이 다소 높아도 소비자는 기꺼이 지갑을 열고 상품을 구매한다. 한편으로는 프리미엄 상품을 이용하는 소비자는 쇼핑에서 만족감까지 느끼며 쇼핑 자체를 즐기기도 한다.

베트남의 소비자는 가격이 높으면 반드시 고급상품이라고 느끼는 것이 아니다. 아직은 사치스럽다는 표현을 사용하기도 한다. 한국무역협회 호치민지부가 2018년 말 조사한 베트남에서의 한국상품 이미지 조사 결과에 따르면, 과시성 소비 성격의 제품보다는 가격이 다소 비싸도 최신 기술과 고품질이 결합된 프리미엄 제품을 선호하는 소비자가 증가하고 있다.

베트남은 최근 일용 소비재(FMCG)뿐만 아니라, 패션, 생활용품, 건축자재, 외식에 이르기까지 친환경 상품에 대해 관심이 높고 합리적 가격이면 구매가 증가하는 추세에 있다. 특히, 프리미엄 상품은 건강에 유익한 상품이라는 인식을 가지고 있다.

베트남 소비자들은 73% 이상이 한국상품을 잘 인지하고 있으며, 인터넷 및 SNS를 통해 한국상품의 정보를 습득하고 있다. 이미 오랫동안 베트남 소비자들이 한국상품을 사용해보고 접하면서 "Made in Korea"라는 1차 브랜드로 인식하는 셈이다.

베트남 소비자의 프리미엄 제품 구매 의향이 가장 높은 품목은 전자제품이며, 화장품, 의류 및 신발에서도 프리미엄 제품을 선호하는 것으로 나타났다. 치아용품, 바디 및 헤어케어제품을 비롯하여 건강 및 미용(H&B)이 주요 프리미엄 상품의 수요로 분석했다.

육류, 수산물, 유제품, 유아용품을 비롯한 식품 등에서는 안전을 중요시하여 HACCP, GMP, GAP, FDA, ISO 등 품질인증이 있는 제품인지 꼼꼼하게 살피고 있다. 화장품의 경우에는 베트남에서 팔리는 제품이 한국에서도 유통이 되는 제품인지, 한국에서 얼마에 유통되고 있는지 등을 포함하여 수입 스티커는 부착이 된 정품인지를 확인하고 있다.

시장조사업체인 닐슨(Nielsen)의 2019년 시장조사 자료에 따르면, 베트남 소비자는 '고급 제품'을 '가격이 비싼 제품'으로 여기는 응답자의 비율은 25%에 불과한 반면, '고품질의 원료와 재료로 만들어진 제품'으로 인식하는 경우는 63%, '유명 브랜드 제품'으로 인식하는 사람이 62%에 달한다고 분석했다.

그러나, 2020년 1분기에 발생한 코로나19 바이러스로 인해 일자리가 줄고 소득이 감소하는 경기침체가 예상됨에 따라 프리미엄 상품의 수요가 증가하는 탄력을 2020년에도 계속 받을 수 있을 것인 지에 대해서는 추이를 지켜보며 연구할 필요가 있을 것으로 보인다.

2.6. 변화하는 외식업 트렌드

베트남에서 좋아하는 상품 중에서 화장품, 패션, 음식 등 7개 분야에 대해 국가별 선호도 설문조사 한 결과에 따르면, 음식 분야는 베트남 34%, 일본 23%, 한국 13%, 유럽 12%, 미국 9% 순으로 조사됐다. 베트남 음식을 제외하면 외국 음식 중에서 한식을 좋아하는 비중이 높은 것을 알 수 있다.

특히, 한국 음식은 숯불갈비로 명명되는 BBQ가 가장 있기 있는 요리로 볼 수 있다. 그러나, 가격이 높아 현지 외식업체들이 현지화하여 "Go Gi House", " King BBQ" 및 "Seoul Garden" 등의 상호로 베트남 사람들의 입맛과 가격에 맞도록 조정하여 운영함으로써 성황을 이루고 있다.

초기에 베트남에 진출한 한국기업들은 BBQ 이외의 메뉴는 주로 드라마에 노출이 많이 되어 친근한 이미지의 치맥(치킨과 맥주)을 주요 아이템으로 외식업을 구성했으나, 최근에는 새로운 메뉴가 인기를 끌고 있다.

특히, 한국기업이 현지의 실정에 밝은 베트남의 기업과 합작하여 프랜차이즈를 구성하며 외식업을 진행하고 있다. 주요 메뉴도 젊은이들이 좋아하는 아이템으로 저렴한 가격에 선보이고 있다. "Du Kki" 떡볶이의 경우 가격도 통상 다른 한식 가격의 70% 선에서 뷔페 형식으로 가격의 부담을 덜어주어 성황리에 운영되고 있다. 사이드 음식을 살펴보면 명동의 외국인이 좋아하는 길거리 군것질 메뉴를 보는 듯하다.

종전에 진출한 커피전문점 및 빙수 아이템의 디저트 전문점들은 모두 퇴출되었다. 기본적인 시장조사 및 리서치가 미흡했고, 베트남 사람들의 구매력에 비추어 비현실적인 포지셔닝 등이 원인으로 분석된다.

베트남에 진출하는 외식업 중소기업의 경우 호황기 또는 투자가 왕성하게 이어지는 분위기 속에서 시장을 너무 낙관적으로 분석하거나 향후 시장이 더욱 좋아질 것이라는 전제로 소비자의 소비성향이나 단가를 높게 책정하여 사업계획을 수립하는 경우에서 가장 많은 오류가 있는 것으로 보인다.

특히, 코로나19로 인해 향후 상당기간 경기 침체가 예상되는 시점에서 베트남에 외식업으로 진출하려는 기업은 지출되는 경비 중에서 높은 비중을 차지하는 것은 임대료 및 인건비에 유의해야 한다. 베트남은 낮은 인건비의 우호적인 사업여건이 있는 반면, 높은 임대료로 인해 수익성이 상쇄되어 외식업이 결코 손쉬운 사업이 아님을 알 수 있다.

임대료 상승은 외식업이 환경변화에 능동적으로 대처할 수 없는 위험요소이다. 고객으로부터 선택받을 수 있는 건강한 메뉴의 운영, 적극적인 배달서비스의 시행, 고객으로부터 신뢰를 받을 수 있는 고객관리 등 기본에 충실히 하는 것 못지않게 지출되는 경비를 절감하려는 끊임없는 노력이 외식업 운영에는 매우 필요할 것으로 보인다.

2.7. 소비자의 가장 높은 관심사는 건강

시장조사기관인 닐슨(Nielsen)이 2019년 2분기 및 3분기에 발표한 가장 관심사에 대한 설문조사에 따르면, 응답자의 44~46%가 건강이라고 답변했다. 건강에 대한 응답률은 전년도 대비 더욱 증가한 것으로 점차 관심도가 높아지고 있다. 건강이 1위를 차지한 것은 설문조사 10년 중 처음이다.

그럼에도 불구하고, 여분의 돈은 어디에 지출합니까?라고 질문에는 69%가 저축이라고 답변했다. 의료보험료의 납부는 35%이며 이어 의류 구입, 휴가여행, 외출하여 엔터테인먼트, 집수리, IT 상품 구입, 보험 순이었다.

그럼에도 불구하고, 아직도 상품을 선택할 때 가장 중요한 요소는 가격이라고 밝힌 소비자가 60%를 넘었으며, 저렴한 특가를 찾는데 많은 시간을 할애한다고 답했다. 상품 구매는 주로 점포에서 하며 오프라인 매장은 쉽게 구매할 수 있는 점포의 위치, 다양한 상품이 있는지, 품질이 우수한지 등이 중요한 선택의 요소라고 밝혔다.

Nielsen의 보고서에 따르면, 베트남 소비자의 80%는 식품에 인공 재료의 성분이 첨가되어 건강에 영향을 주는 것에 대해 우려하고 있으며, 89%는 건강식품에 대해 높은 가격을 기꺼이 지불할 수 있으며 88%는 식품포장에 인쇄된 라벨 및 정보를 꼼꼼하게 읽는 것으로 나타났다고 밝혔다.

많은 사람들이 더 많은 영양과 더 많은 건강에 좋은 확실한 재료를 요구하고 있으며, 기업은 자신의 제품이 소비자들의 필요를 충족시키고 신뢰할 수 있는 출처에서 유래했음을 증명함으로써 고객의 신뢰를 얻고 제품의 기원을 고객에게 알리는 명확하고 상세한 라벨링을 제공해야 한다고 전문가들은 조언하고 있다.

베트남에서는 의료보험의 적용이 확대되면서 더욱 건강에 대한 관심이 증가하고 있다. 이러한 추세는 성인병에 대한 예방 및 건강기능식품의 수요 증가로 나타나고 있다. 건강기능식품의 시장 규모는 점차 커지고 있다.

건강기능식품의 취급업체가 4,000개를 넘어서고 대부분이 외국에서 수입한 상품이 주를 이루고 있다. 자료에 따르면 건강기능식품 중 70%가량이 외국 브랜드인 것으로 분석되고 있다.

주요 판매 상품이 비타민, 오메가3 및 간의 기능 향상에 도움을 주는 상품에 대한 TV 광고가 최근 홍수를 이루고 있다. 소비자들이 품질을 신뢰할 수 있는 선진국 브랜드에 긍정적인 인식을 갖고 있기에 미국, 유럽, 일본 등에서 수입한 상품이 인기가 많다.

한국의 홍삼 및 영지버섯 함유 상품을 포함하여 중년 여성을 위한 건강기능식품, 다이어트 제품, 고혈압에 효능이 있는 건강기능식품, 피부건강을 위한 콜라겐, 노화 방지를 위해 항산화 관련 상품, 당뇨에 도움을 주는 건강기능식품의 수요도 증가하는 추세다.

소비자들은 천연재료를 사용한 건강기능식품은 부작용이 없다고 느끼고 있다. 차(Tea), 허브 및 천연약초를 소재로 만든 상품에 대한 선호도가 증가하고 있다.

이러한 건강기능식품은 소비자의 신뢰가 우선 확보되어야 판매가 가능한 상품이다. 따라서, 베트남 진출 전에 우수한 건강기능식품이라는 인증 마크를 획득해야 한다. 다소 시간이 걸리더라도 수입인증을 마치고 정상적인 수입절차를 통해 수입하여야 한다.

건강기능식품은 브랜드를 구축하는 것이 마케팅의 중요한 요소이다. 베트남 소비자는 선택하는데 많은 시간이 소요되지만 한번 선택한 상품을 쉽게 바꾸지 않기 때문이다.

2.8. 친환경 재료를 사용한 상품을 선호하는 추세

베트남에서 2019년 가장 주목을 받은 소비 트렌드 중의 하나가 일회용 플라스틱 대체상품을 찾고 사용을 장려한 것이다. 최근 베트남 펄프제지협회(VPPA, Vietnam Pulp and Paper Association)에 따르면 종이 포장지 수요는 향후 5~10년 동안 14~18% 증가할 것으로 예상된다.

최근 급격하게 오염되는 미세먼지를 비롯하여 플라스틱의 유해물질에 대한 관심이 증가하며 친환경 소재에 대한 수요가 증가하고 있다. 포장지 분야에서부터 시작하여 다양한 방면으로 수요가 증가할 것으로 예상된다.

친환경 천연가스(LNG)에 대한 공급도 증가할 것으로 보인다. 베트남 국가전력개발운영위원회(National Steering Committee for Electricity Development)에 따르면 베트남은 2020~2030년 기간 중에 석탄 화력발전의 총 용량을 줄일 것이라고 밝혔다.

이에 대한 대체 방안으로 LNG, 태양광, 풍력 발전 등이 장려될 것으로 보인다. 특히, 미국과의 무역적자 폭을 줄이는 방안으로 미국산 가스 수입을 고려하고 있다. 이미 동나이성에서는 친환경 천연가스(LNG)를 사용하는 버스를 500대 도입하는 계획을 수립했고 호치민 시에서는 전기버스 운행사업을 시범사업으로 확정했다.

도시개발에서도 친환경 건축자재의 사용, 그린빌딩 친환경 녹지 조성 등이 반영된 생태도시를 추진하고 있다. 농업에서도 친환경 채소의 재배를 목표로 하이테크 농업단지를 조성하며 하이테크 농업을 지원하는 새로운 법을 제정하여 추진하고 있다.

식품에서 친환경 또는 유기농(Organic) 제품에 대한 관심도 증가 추세에 있다. 유기농 제품은 비 GMO(유전자재조합), 호르몬 촉진제 비사용, 항생제, 농약, 화학 비료를 사용하지 않은 것이라 밝혔다. 베트남 제1의 낙농기업 비나밀크(Vinamilk)는 미국 USDA(유기농인증제도) 요구 기준으로 제조하고 청정지역인 Da Lat의 목장에서 생산되는 우유를 사용하고 있으며 인기가 높아 생산량을 증산하는 추세이다.

화장품이나 패션에서도 친환경 바람이 예사롭지 않다. 청바지도 친환경 소재를 사용한 것에 대한 수요가 늘어나고 있으며 천연에서 추출한 재료만을 사용한 화장품의 인기도 높아지고 있다.

친환경 트렌드는 일시적인 유행에서 그치지 않고 생활전반에서 지속적으로 추진되는 프로젝트로 발전할 것으로 보인다. 이와 관련한 기술을 보유한 기업은 베트남과 합작으로 베트남에 진출하는 방안이 권장되고 있다.

2.9. 여가활용이 새로운 이슈로 등장

베트남은 하루 8시간 근무를 하면서 점심식사 시간은 1시간 30분간이다. 점심식사 시간이 되면 사무실의 전기도 전원을 내리고 식사 후에 남는 30분 자투리 시간에 낮잠을 즐긴다. 근무시간이 끝나면 집으로 가는 길에 학교에서 공부를 마친 아이들을 오토바이에 태우고 집으로 돌아온다. 대부분 초과근무를 하지 않는다.

초과근무를 하게 되면 기본급의 2~3배를 지급해야 하기 때문에 고용주가 초과근무를 허락하지 않기 때문이다. 고도의 기능이 요구되는 일부 직종에서는 초과근무를 하지만 월간 20시간을 넘길 수가 없다. 가정에서의 행복이 근무나 돈벌이보다 더 중요하다고 강조한다.

때문에 소득이 낮았을 때 대부분의 근로자는 알게 모르게 부업을 하였고 이는 부끄러운 일이 아니었다. 지금도 2 Job에 대해 능력을 소유한 근로자가 영위하는 당연한 일로 여기고 있다. 단지, 세월이 흘러 지금은 생활수준에 여유가 생기면서 근로자들도 점차 여가활동에 대한 관심이 늘어나고 있다.

베트남 사람들은 근무시간과 여가활동의 균형을 멋진 사회생활이라고 느끼고 있다. 시간이 나면 커피와 차를 앞에 두고 담소를 나누고 저녁에는 동료들과 회식을 하거나 친구 또는 친지들과 어울려서 가라오케(건전 노래방)에서 노래와 음악을 즐기는 생활을 선호한다. 젊은 사람들은 인근의 당구장에서 어울리거나 축구와 같은 스포츠를 즐기기도 한다.

소득이 늘어나면서 이런 여가생활에도 변화가 일어나고 있다. 극장의 스크린이 늘어나고 아기를 위한 놀이시설도 성황이며 실내 스포츠 센터도 전문화되어 가고 있다. 새로이 신축하는 아파트에는 수영장과 헬스센터가 필수 시설로 등장하고 있다. 엔터테인먼트가 활성화되어 가는 출발선에 있는 듯하다. 운영도 체계화되어 가면서 점차 프랜차이즈 형태로 체인화되는 추세에 있다.

글로벌 측정 및 데이터 분석 회사인 Nielsen이 발표한 최신 보고서에 따르면, 1998년부터 2010년 사이에 탄생한 Z세대가 베트남 소비자 시장에서 중요한 영향을 미친다는 것은 분명하다. 하노이시와 호치민시에서 370명의 사람들을 대상으로, 그 중에서 210명이 Z세대에 속하며 나머지는 1980년대 초에서 2000년대 사이에 태어난 밀레니얼(Millennials) 세대인 설문조사에서 Z세대 응답자의 70%는 가구, 생활용품, 음식 및 음료를 구매하는 결정에 영향을 미친다고 응답했다. 그러나, 구매에 영향을 미치는 그들의 파워는 단지 이러한 범주에만 제한되지 않는다. 그들은 야외 엔터테인먼트 활동, 야외 식사 활동 및 스마트폰, 태블릿, 노트북 및 스마트 시계와 같은 작고 유용한 도구(Gadget) 구매와 같은 경우 주요 의사 결정권자임을 지적했다.

베트남에는 맞벌이(Dual-income Households) 가구의 증가로 이러한 젊은이들은 크게 영향력을 발휘하여 어린 시절부터 가족의 의사 결정 과정에 더 많이 참여할 수 있게 되었다. 밀레니얼(Millennials) 세대는, 인스타그램(Instagram), 페이스북(Facebook) 및 유투브(YouTube)와 같은 소셜미디어 사이트 및 비디오 플랫폼에 상당한 시간을 소비한다. 그러나 접근 방식은 보다 다각적이다.

젊은 층의 구매력이 계속 커짐에 따라 마케팅 담당자와 광고주는 향후 이러한 소비자들에게 접근할 수 있는 보다 효과적인 캠페인을 개발하는데 더 많은 주의를 기울여야 한다.

3. 시사점 및 진출 전략

3.1. 차별화된 상품

한국 상품이나 서비스가 베트남에 진출하기 위해서는 고객으로부터 니즈(Needs)를 끌어내는 작업이 필요하며 이에 대한 가장 효과적인 도구가 차별화 전략이다. 특히 한국산 제품은 프리미엄으로 선택의 필요성에서 매우 중요한 요소이다.

차별화를 위한 전략 수립은 고객으로부터 신뢰를 확보하는 것이다. 고객은 프리미엄 상품을 선택할 때 기준은 품질이다. 선택을 하기 위해 가격을 검색하지만 최종 선택은 품질로 결정한다. 품질에는 여러 가지 사항이 있지만, 내구성, 가성비, 디자인을 기본으로 편리성, 건강한 재료 들이 요소라고 보여진다.

베트남의 미니 점포인 편의점이 급속도로 증가한 것은 2가지의 차별화 전략이 고객으로부터 환영을 받았기 때문이다. 젊은 층이나 직장인들이 자주 이용하는 편의점은 2층에 휴게실을 제공하여 편리함을 제공했다. 주부들이 자주 이용하는 주택가 편의점은 먼 거리에 있는 재래시장으로 가지 않고 가까운 곳에서 부식을 구매할 수 있는 식품판매대를 운영했기 때문이다.

또한 차별화된 상품을 제공하기 전에 시장조사를 거쳐야 하며, 수요가 있는 곳에 상품을 공급하면 판매가 수월하지만 수요를 창출하기는 어렵다는 마케팅의 기본 원칙에 충실해야 한다.

차별화된 상품은 고객의 만족도가 높아 지속적인 판매가 가능하고 다시 구매하는 과정을 통해 브랜드를 구축하게 되는 것이다. 결국 판매는 상품을 파는 것이 아니라, 신뢰를 구축하는 것이며 이를 브랜드라고 부른다.

3.2. 프리미엄 전략

프리미엄 상품은 고객의 만족도가 높은 제품이라는 특성을 가지고 있다. 고객의 만족은 상품을 사용하면서 느끼는 상품의 품질에 대한 평가이며, 이는 다시 구매를 결정하는 주요 요소이다. 프리미엄 상품은 다소 금액이 높아도 충분한 가치가 있다고 판단되면 소비자가 구매를 하게 된다.

한화생명보험 베트남은 2019년에 전년 대비 20% 증가한 1조 500억 VND(4,530만 달러)의 1년차 프리미엄 매출을 기록했다. 고객으로부터 요구받은 상품에 대한 평가를 개선하고 향상시킨 덕분이다.

식품회사 비산(Vissan)이 2019년 1월 호치민시 1군지역의 Lê Thánh Tôn 거리에서 첫 번째 비산 프리미엄 매장을 개설하고 항생제 대신 허브를 먹은 돼지고기를 출시했다. 점차 건강을 중시하는 베트남 사람들의 수요를 충족하는 상품으로 많은 소비자로부터 환영을 받고 있다.

2020년 초 코로나19로 인해 기업들의 매출이 감소하고 소비자의 소득이 줄어들게 되면서 소비패턴에서 변화가 있을 것으로 예상되고 있다.

소득의 감소로 인해 여행 및 엔터테인먼트에 대한 매출의 회복이 더딜 것으로 예상되며 의류, 구두 등 패션 상품의 매출은 큰 폭으로 하락할 것으로 예상된다. 화장품은 프리미엄 상품에서 비교적 가성비가 높은 품목으로 구매 단가가 낮아질 것으로 예상된다.

건강에 대한 관심이 높아지며 면역력 증강에 도움을 주는 홍삼, 비타민 등 건강식품에 대한 수요가 늘어날 것으로 예상된다. 외식이 줄어드는 대신 저렴하게 짧은 시간에 조리하여 외식을 대체할 수 있는 간편식이 자리를 잡을 것으로 보인다.

3.3. 건강이 주요 테마

코로나19가 베트남 소비자에게 미치는 영향은 소득의 감소와 함께 건강에 대한 관심이 대폭 증가할 것으로 예상된다. 시장조사 기업인 닐슨(Nielsen Vietnam)이 2020년 2월 조사한 자료에 따르면, 생활용품에서 증가한 상품으로 구강 세척(78%), 바디 및 핸드 세척(45%), 얼굴 티슈(35%)와 같은 개인위생제품 판매가 급증했다.

코로나19 사태가 발생하기 이전과는 다른 양상으로 건강에 대해 관심을 가질 것으로 예상된다. 바이러스가 거리 두기와 같은 접촉에 의한 감염도 중요하지만, 평상시의 면역력도 전염병을 퇴치하는 데 중요한 요소라는 사실을 알게 되는 계기가 되었다.

건강에 좋은 상품에 대한 선택이 늘어날 것으로 예상된다. BMI(Business Monitor International) 보고서에 따르면, 베트남 건강보조식품 시장은 2019년에 153억 달러에 이를 것으로 추산된다. 유제품에서는 유산균이 함유된 요구르트 등의 판매가 증가하고 유산균을 식품과 함께 건강보조식품으로도 섭취하려는 수요가 증가할 것으로 예상된다.

면역력에 효과가 있는 것으로 알려진 홍삼도 판매가 증가할 것으로 예상된다. 홍삼은 기존에 엑기스 형태보다는 휴대가 편리하고 섭취하기 편리한 형태의 파우치 또는 캡슐 제품이 인기를 끌 것으로 예상된다.

드링크 형태의 음료에서도 종전에는 알로에, 콜라겐, 과일 등 미용 및 건강보조 등을 고려한 상품에서 면역력 증강에 도움을 주는 마늘 또는 버섯 등에서 추출한 유효 성분과 비타민이 함유된 상품으로 트렌드에 변화가 있을 것으로 예상된다.

시장에서 트렌드와 수요가 있는 제품을 공급하는 것이 마케팅이라면 2020년의 마케팅의 테마는 건강이 될 것으로 전망된다.

• 2020년은 비대면 서비스의 필요에 따라
  디지털전환의 요구에 직면

코로나19 전염병으로 인해 2020년에는 베트남이 디지털전환(Digital Transformation)을 서두르라는 긴급한 요구가 촉발됨에 따라 디지털 회사들이 온라인 서비스를 위한 플랫폼을 혁신하고 개발하는 원년이 될 것으로 예상된다.

정보통신부 Nguyễn Mạnh Hùng 장관은 전염병이 상당한 도전이지만 한편으로 기회라고 말한다. "코로나19는 우리가 생각을 바꾸는 데 도와주고 있습니다. 그것은 개발진행의 출발점이며 많은 습관이 바뀔 것입니다. 이는 디지털전환을 가속화하고 사회경제적 활동을 사람과 사람이 만나 업무 처리한 기존 방식에서 비대면 온라인으로 가져올 수 있는 가장 큰 기회를 제공합니다."라고 말했다.

정부는 현금 없는 지불, 모바일 머니, 온라인 학습 인증, 낙후된 기술 수입금지, 저렴한 스마트폰 생산 촉진 및 전자정부 등 디지털 전환

정책을 더 빨리 결정할 것이라고 말했다. 경제전문가 Võ Trí Thành은 디지털 경제가 필수 불가결한 글로벌 트렌드이며 신속하게 추진해야 하고, 성공적인 디지털전환은 노동생산성에서 30% 향상과 같은 비즈니스에 상당한 혜택을 가져다 주었다고 강조했다.

TREND
VIETNAM
2020

영의화

영
의
화

업영

업
영

국기민

국
기
민

10

| 제10장 |
국영기업의 민영화

로투비(Law2B) 대표
김유호 미국 변호사(베트남 법무부 등록 외국변호사)

1. 개요

국영기업의 민영화는 1992년부터 시험적으로 시행하기 시작하여, 2010년 심각한 부실 문제가 수면으로 떠오른 비나신(Vinashin : 국영 조선사) 디폴트 사태를 계기로 민영화를 통해 부채와 재정 적자를 처리하고 개혁과 효율적인 경영을 해야 할 필요성이 더욱 절실해졌다.

국영기업의 민영화에 대한 베트남 정부의 의지는 확고해 보인다. 최근에는 총리가 직접 각 부처에 민영화를 신속하게 진행하고, 진행 상황에 대해 보고하도록 지시했다. 지연에 대해 처벌도 할 것이라고 엄포를 놓기까지 했지만, 현실은 녹록지 않은 것 같다. 특히 베트남 투자공사(SCIC), 재무부(MOF), 기획투자부(MPI) 등 민영화를 진행하는 소관부서가 많다. 따라서, 일괄적인 의사결정이 어려워, 사공이 많아 배가 산으로 간다는 느낌도 든다. 사실 베트남 정부 입장에서는 재정적으로 건전한 투자자를 찾기가 쉽지 않을 것이고, 베트남 주식

시장이 조정 장세일 때는 가치 평가에 대한 우려로 일부러 지분 매각 시점을 늦추는 것은 아닐까 싶기도 하다.

민간 투자자로서는 베트남의 불투명한 가치 평가 방식, 복잡한 민영화 절차, 그리고 경영권 행사를 할 수 없는 소수 지분만 매각하고, 외국인 보유 지분 제한 규제 때문에 국영기업의 지분을 매수한 후에도 실제 경영에 참여해 경영 노하우를 유입하고 선진기술을 전수하기가 쉽지 않아 민영화에 참여할지 여부를 결정하는 것도 신중해야 할 것이다.

그럼에도 불구하고, 베트남 국영기업의 민영화는 한국 기업이 베트남의 주요 사업에 참여할 수 있는 새로운 기회임은 분명하다. 이에 기회가 왔을 때 잡을 수 있도록, 국영기업의 민영화와 관련한 용어, 절차 그리고 고려사항을 확인해 보자.

2. 국영기업 민영화(Privatization) 관련 용어와 약자

- Privatization : 민영화 / Tư nhân hóa
- Equitization : 주식회사화. 즉, 국영기업을 주식회사로 전환 / Cổ phần hóa
- Divestment : 국영기업의 정부지분과 자산 매각 / Thoái vốn
- Equitization Advisors : 주식회사화 자문·고문단. 주식회사로 전환 시 관련 자문을 제공하는 자 / Tổ chức tư vấn cổ phần hóa
- Equitization Authority : 주식회사화 담당 기관 / Cơ quan quyết định cổ phần hóa

- Equitization Decision : 주식회사화 결정 / Quyết định cổ phần hóa
- Equitization Investment : 주식회사화(민영화)에 투자. 국영기업에 투자하는 민간 투자 / Đầu tư cổ phần hóa
- Equitization IPO : 주식회사화 IPO / Cổ phần hóa dưới hình thức chào bán cổ phần lần đầu ra công chúng
- Equitizing Enterprise 또는 Equitizing SOE : 주식회사로 전환될 예정인 국영기업 / Doanh nghiệp cổ phần hóa
- Equitization Plan : 주식회사화 계획 / Phương án cổ phần hóa
- Equitized Enterprise 또는 Equitized SOE : 주식회사로 전환된 국영기업 / Doanh nghiệp nhà nước cổ phần hóa
- EESC : 국영기업 민영화 운영위원회 / Enterprise Equitization Steering Committee / Ban chỉ đạo cổ phần hóa doanh nghiệp
- Holding SOE : 다른 회사의 모회사 또는 지주회사인 주식회사로 전환된 국영기업 / Công ty mẹ là doanh nghiệp nhà nước
- HNX : 하노이 증권 거래소 / Hanoi Stock Exchange / Sở giao dịch chứng khoán Hà Nội
- HSX 또는 HOSE : 호찌민 증권 거래소 / Ho Chi Minh City Stock Exchange / Sở giao dịch chứng khoán thành phố Hồ Chí Minh
- SI : 전략적 투자자 / Strategic Investor / Nhà đầu tư chiến lược

- FI : 재무적 투자자 / Financial Investor / Nhà đầu tư tài chính
- Steering Committee : 운영위원회 / Ban chỉ đạo
- SCIC : 베트남 투자청 / State Capital Investment Corporation / Tổng công ty đầu tư và kinh doanh vốn nhà nước
- UPCoM : 베트남 비상장주식시장, 비상장기업거래소, 장외시장 / Unlisted Public Company Market / Thị trường giao dịch chứng khoán của công ty đại chúng chưa niêm yết
- IPO : 기업공개 / Initial Public Offering / Chào bán cổ phần lần đầu ra công chúng
- BRC : 사업자등록증 / Business Registration Certificate / Giấy chứng nhận đăng ký kinh doanh
- IC : 투자허가서 / Investment Certificate / Giấy chứng nhận đầu tư
- IRC : 투자등록증 / Investment Registration Certificate / Giấy chứng nhận đăng ký đầu tư
- ERC : 기업등록증 / Enterprise Registration Certificate / Giấy chứng nhận đăng ký doanh nghiệp
- LURC : 토지사용권증서 / Certificate of Land Use Right / Giấy chứng nhận quyền sử dụng đất
- SPA : 주식(지분) 매매계약서 / Share Purchase Agreement / Hợp đồng mua bán cổ phần
- CTA : 자본 이전 계약서 / Capital Transfer Agreement / Hợp đồng chuyển nhượng phần vốn góp

- CCTA : 출자 자본 이전 계약서 / Contributed Capital Transfer Agreement / Hợp Đồng Chuyển Nhượng Phần Vốn Góp
- SOE : 국영기업 / State-Owned Enterprise / Doanh nghiệp nhà nước
- SME : 중소기업 / Small or Medium-sized Enterprise / Doanh nghiệp vừa và nhỏ
- MNC : 다국적기업 / Multi-national Corporation / Công ty đa quốc gia
- PC : 인민위원회 / People's Committee / Ủy ban nhân dân
- DPI : 지방 기획투자국 / Department of Planning and Investment / Sở Kế hoạch và Đầu tư
- MPI : 기획투자부 / Ministry of Planning and Investment / Bộ Kế hoạch và Đầu tư
- DOIT : 지방 산업무역국 / Department of Industry and Trade / Sở Công thương
- MOIT : 산업무역부 / Ministry of Industry and Trade / Bộ Công thương
- NOIP : 특허청 / National Office of Intellectual Property / Cục Sở hữu trí tuệ
- DOLISA : 노동보훈사회보훈국 / Department of Labour, Invalids and Social Affairs / Sở Lao động - Thương binh và Xã hội

3. 국영기업 민영화 절차

　국영기업을 주식회사로 전환하는 주식회사화(Equitization) 과정에서도 일부 지분을 민간 투자자에게 매각하고, 그 이후 주식회사화한 국영기업의 정부지분과 자산 매각(Divestment)을 통해서 추가로 국가나 국가가 소유한 기업이 보유한 지분의 전부 또는 일부를 민간 투자자에게 매각하기 때문에 사실 Equitization도 민영화이고, Divestment도 민영화라고 해도 틀리지 않을 것이다. 당연히 Equitization과 divestment의 전체 과정도 민영화이다. 실무적으로는 종종 Equitization, Divestment, Privatization을 혼용하여 모두 민영화라고 부르기도 한다. 아마 베트남에서 민영화(Privatization)라는 용어를 사용하는 대신 굳이 주식회사화(Equitization)라는 용어를 사용하는 이유는 국영기업을 주식회사로 전환하여 민간기업이 일부 지분을 소유한다고 해도, 주식회사화한 국영기업도 계속 정부의 사회주의 정책에 따라 운영되며, 민간기업에 경영·지배권을 넘긴다는 것은 아니라는 것을 강조하기 위한 것으로 보인다.

3.1. 주식회사화(Equitization) 절차

3.1.1. 1단계 : 주식회사화(Equitization) 계획 수립

운영위원회 및 지원팀 구성
- 대표기관*이 국영기업 민영화 운영위원회(ESC)를 설립(로드맵 포함)
- ESC 책임자가 지원팀을 구성

* 대표기관(Representative Authority)이란 주식회사화한 국영기업의 소유권에 대한 책임과 권리가 있는 중앙/지방 도시의 인민위원회나 정부 부처 또는 관련 법 규정에 따라 설립된 조직을 의미한다.

서류 및 문서 준비(토지 사용계획 포함)

민영화 비용 견적/민영화 컨설팅 서비스 승인을 대표기관에 요청

국영기업이 컨설팅회사와 협력하여 재고 조사 및 재무 상태를 확인하고 가치 평가를 함

ESC가 재고 조사, 자산의 분류, 국영기업 가치 평가 결과를 검토하고,
대표기관에 최종 가치평가에 대한 재가 요청

민영화 계획을 완료하고 관계 당국에 승인을 요청

3.1.2. 2단계 : 주식회사 전환(Equitization) 계획 실행

ESC는 승인된 민영화/주식회사화 계획에 따라 컨설팅사와 협력하여
주식 매각 오퍼를 할 수 있도록 국영기업에 지시

ESC는 승인된 계획에 따라 당해 국영기업의 직원과 노동조합(있는 경우)에
우선주를 제공하도록 지시

민영화 계획에 명시된 주식 매각 결과에 따라, 주식회사화한 국영기업의
주식 규모와 종류를 조정하도록 ESC가 대표기관에 요청
- 주식은 민영화/주식회사화 계획이 승인된 날로부터 4개월 이내에 매각

ESC는 주식회사로 전환한 국영기업에 대한 권리와 의무를 이행할
대표자를 임명하도록 대표기관에 요청

3.1.3. 3단계 : 최종 주식회사 전환(Equitization) 작업

주식 매각 기한 만료

제1차 주주총회 개최

법인등록증(ERC) 신청

민영화 비용에 대한 재무제표, 최종 세금 계산서, 감사재무제표와 보고서를 작성하여
대표기관에 보고할 것을 ESC가 지원팀과 국영기업에 지시

ESC가 지원팀과 국영기업에 주식회사(JSC)로 전환하도록 지시

ESC가 지원팀과 국영기업에 국영기업의 주식회사 전환을 완료하고
이를 대중매체를 통해 공개할 것을 지시

3.2. 전략적 투자자(Strategic Investor, SI) 선정 절차

국영기업의 민영화/주식회사 전환 계획이 승인됨

자본의 규모, 사업의 성격 및 발전 계획에 따라 컨설팅 회사(있는 경우)와 협력하여
전략적 투자자 선정 기준과 주식 오퍼에 대한 세부사항 등을 국영기업의 주식회사 전환 계획에 추가

국영기업 민영화 운영위원회(ESC)는 전략적 투자자의 주식 매각 절차를 평가하고,
대표기관에 국영기업의 주식회사 전환 계획(전략적 투자자 선정 기준, 주식 매각 비율 및
가격 등 세부사항 포함)에 대한 승인 요청

대표기관*이 국영기업의 주식회사 전환 계획을 승인한 후 5일 이내에, 주식회사화한
국영기업은 전략적 투자자에게 주식을 오퍼하는 것에 대한 세부사항을 대중매체에 공고

* 대표기관(Representative Authority)이란 주식회사화한 국영기업의 소유권에 대한 책임과
권리가 있는 중앙/지방 도시의 인민위원회나 정부 부처 또는 관련 법 규정에 따라 설립된 조직
을 의미한다.

주식회사화한 국영기업은 공고일로부터 20일 이내에 전략적 투자자의 신청서를 검토하고, 자격
을 갖춘 전략적 투자자의 명단을 통합해 운영위원회와 대표기관에 승인을 요청한다.

- 주식회사화한 국영기업은 전략적 투자자가 국영기업의 사업과 금융 등에 관한 세부 검토
계획을 수립할 수 있도록 전략적 투자자에게 알려야 하고, IPO 경매 시행 전에 주식매입 자격을
갖춘 전략적 투자자의 선정이 이루어져야 한다.

ESC는 대표기관이 승인한 전략적 투자자 리스트에 근거하여
주식 매각계획을 수립하고 전략적 투자자에게 주식을 매각한다.

전략적 투자자와의 공식약정 계약을 체결

3.3. 정부 지분 매각(Divestment) 절차

HNX, HSX 또는 UPCoM의 규정에 따른 시간 외 장외거래(Put-through) 방식이나 주문 매칭(Order-matching) 거래를 통해 시장 내에서 매각(On-market Divestment)	다음 우선순위에 따라 장외 매각 (Off-market Divestment)
	① 공매(Public Auction)
	② 경쟁 입찰(Competitive Offering/Bidding)
	③ 직접 협상(Direct Agreement/Negotiation)

4. 국영기업의 주식회사화(Equitization)

4.1. IPO를 통한 지분 취득

정부와 SOE 지분의 최소 20%는 IPO를 통해 일반 투자자에게 매도해야 한다. 대부분의 국영기업은 전략적 투자자에게 매각할 물량 확보를 위해 최소한의 지분(즉, 20%)만 일반 투자자에게 매도하는 경향이 있다. IPO를 통한 지분 매도는 ① 공매(Public Auction), ② 증권인수(Underwriting), ③ 직접 협상(Direct Negotiation), ④ 수요예측(Book Building) 방법으로 진행한다. 그러나 현재 수요 예측에 대한 정의나 구체적인 진행 방법이 없어 이 부분은 향후 재무부(MoF)의 지침을 기다려야 할 것 같다. IPO 하한가는 국영기업의 가치 평가 결과에 따라 승인된 주식회사화 계획에서 결정하는데, 경매에서의 최저 입찰가는 결정된 IPO 하한가 이상이어야 한다.

4.2. 전략적 투자자(Strategic Investor, SI)로서 지분 취득

국영기업의 핵심 사업을 최소 3년간 유지할 수 있고 지분 취득 전 2년간 수익을 내는 등 SI 선정조건을 만족하는 기업은 전략적 투자자로서 지분을 취득할 수 있다.

IPO에 대한 공개 발표 전에 당해(當該) 국영기업의 선정기준을 만족하는 전략적 투자자를 선정한다. IPO를 통해 주식회사로 전환한 국영기업은 입찰(Auction)이나 직접 계약(Direct Agreement)을 통해 전략적 투자자에게 주식을 매도한다.

4.2.1. 가격(Price)

전략적 투자자는 입찰 보증금으로 총 입찰 대금의 20%를 예치해야 한다. 이때, 보증금은 국영기업의 가치 평가 결과에 따라 승인된 주식회사화 계획에서 결정한 IPO 하한가 기준으로 하며, 현금 대신 조건부 날인 증서(Escrow)나 은행 보증으로 대신할 수 있다.

전략적 투자자의 주식 매입가격은 입찰(Auction) 절차를 거치는지 직접 계약(Direct Agreement)으로 진행되는지에 따라 다르지만, 그 가격은 IPO 평균 판매 가격 이상이어야 한다.

4.2.2. 외국인 지분 제한(Foreign Ownership Limitation)

전략적 투자자가 취득할 수 있는 최대 지분은 주식회사화 운영위원회가 대표기관에 요청하여 대표기관에서 결정한다. 그런데 정부가 50% 이상의 지분을 보유한 기업만 전략적 투자자에게 지분을 매각할 수 있으므로 현실적으로 전략적 투자자는 주식회사로 전환된 국영기업의 50% 이상의 주식을 보유할 수 없다. 특히, 석유와 가스, 통신, 은행 등 국가 기간산업(基幹産業)과 금융업에 대해 외국인 전략적 투자자에게 매각하는 주식의 비율은 통상 10~30% 정도뿐이라서, 실제 경영에 깊게 참여하기가 쉽지 않은 것이 현실이다.

4.2.3. 의무보유 기간(Lock-up Period)

전략적 투자자가 보유한 주식은 최소 3년의 의무보유 기간(또는 의무보호예수 기간)이 있다. 구(舊) 시행령(Decree 59/2011/ND-CP)에서는 의무보호예수 기간이 5년인 대신 SOE 주주총회의 승인을 통한 매각 제한 기간의 조기 해제가 가능했었는데, 현(現) 시행령(Decree 126/2017/ND-CP)에서는 조기 해제 절차를 삭제했다. 다만 의무보유 기간에는 전략적 투자자 주식의 담보 제공조차 금지되는지 경영권 변경만 금지하는 것인지 등 구체적인 안내가 없어 이에 대한 지침이 필요한 상황이다.

4.3. 통화(Currency)

외화 사용 제한 규정 시행을 안내하는 시행세칙(Circular 03/2019/TT-NHNN)은 국영기업 민영화 과정에서 외국 투자자가 경매를 통해 주식을 매입할 때는 보증금을 외화로 지급할 수 있도록 허가하고 있다. 낙찰받은 외국인 투자자는 외환 관리법에 따라 주식을 매입해야 한다. 낙찰받지 못한 경우, 외국인 투자자는 경매 관련 비용을 차감한 후 외화 보증금을 해외로 재송금할 수 있다.

반면 국영기업 민영화 관련 시행령(Decree 126/2017/ND-CP)에서는 외국 투자자를 포함한 모든 투자자는 보증금과 주식 매매 대금 모두를 베트남 동화로 지급해야 한다고 명시하고 있어, 향후 베트남 관계 당국의 정리가 필요할 것으로 보인다.

5. 국영기업을 주식회사화한 후 정부 지분 및 자산 매각(Divestment)

국영기업을 주식회사로 전환한 후에도 일반적으로 정부는 주식회사화한 국영기업의 상당한 지분을 보유하고 있는데, 정책에 따라 정부 지분의 전부 또는 일부를 추가로 매각할 수 있다. 베트남 국내 투자자와 외국 투자자 모두 이 후속 정부 지분 매매에 참여할 수 있다.

주식회사화한 국영기업의 주식이 HOSE, HXN 또는 UPCoM에 상장 또는 등록되었다면, 관련 증권 거래소 규정에 따른 시간 외 장외거래(Put-through) 방식과 주문 매칭(Order-matching) 거래를 통해 장내에서 매각하거나 장외 매각을 할 수도 있다.

5.1. 장외(Off-market) 지분 매각 방법

주식의 장외 매각 방법은 다음 우선순위에 따른다.

5.1.1. 공매(Public Auction)

국가의 주식 매각은 (i) 입찰자가 매수할 수 있는 주식 수에 제한이

예제 : PV OIL 공매 결과 공고

HOME   ABOUT US   PORTFOLIO   MEDIA ROOM   CAREERS   LINKS   CONTACT US

SCIC News

- SCIC organize the ceremony announcing the decision of SCIC's Board Members on the appointment of Mr. Dinh Viet Tung as Deputy General Director of SCIC.
- Leaders of SCIC had meeting with the SK Group's
- Some activities regarding the international partner relation in July 2019
- SCIC ORGANIZE ANNUAL CONFERENCE OF STATE CAPITAL REPRESENTATIVE 2019-07-22
- Mr. Nguyen Chi Thanh is appointed General Director of SCIC

Notice of competitive offering of shares of The State Capital Investment Corporation (SCIC) at Vietnam Dairy Products Joint Stock Company (Vinamilk)

NOT FOR DISTRIBUTION IN THE UNITED STATES

NOTICE OF COMPETITIVE OFFERING OF SHARES

Of the State Capital Investment Corporation (SCIC) at Vietnam Dairy Products Joint Stock Company (Vinamilk)

Pursuant to Decision No. 93/QĐ-ĐTKDV.HĐTV on 20/10/2017 and Decision No. 94/QĐ-ĐTKDV.HĐTV on 31/10/2017 of the Board of the Directors of the State Capital Investment Corporation ("SCIC") with respect to the competitive offering of a stake owned by SCIC in Vietnam Dairy Products Joint Stock Company ("Vinamilk"), SCIC would like to announce the details of the Competitive Offering of Vinamilk shares as follows:

1. The Company: VIETNAM DAIRY PRODUCTS JOINT STOCK COMPANY

Address: No 10 Tân Trao, Tân Phu Ward, District 7, HCMC   Telephone: (84-28) 5415 5555
Fax: (84-28) 5416 1226

2. Core businesses: processing, manufacturing, and trading of fresh milk, powder milk, UHT milk, nutritious flour, soy milk, beverage and other products from milk; farming, feeding

3. Charter capital: VND 14,514,534,290,000

4. Total shares offered: 48,333,400 common shares; Total par value: VND 483,334,000,000, equivalent to 3.33% of Vinamilk's charter capital

5. Conditions to participate: all investors having satisfied the conditions to invest as described in the Regulations on Competitive Offering issued by SCIC with respect to this transaction (the "Regulations").

6. Financial Advisors: consortium advisors include: UBS AG, Singapore Branch ("UBS") and Saigon Securities Incorporation ("SSI").

7. Competitive Offering Organizer: Ho Chi Minh Stock Exchange ("HOSE")

8. Information of the Competitive Offering:

- Total shares offered:	48,333,400 shares	- Initial price:	VND 150,000
- Type of share offered:	Common shares	- Step-up bid:	VND 100
- Par value:	VND 10,000	- Step-up quantity:	10 shares

- Minimum quantity individual, institutional investor can register: 20,000 shares
- Maximum quantity individual, institutional investor can register: 48,333,400 shares (3.33% of Vinamilk's Chartered Capital)
- Deposit: 10% of the aggregate value of the shares each investor registers based on the initial 10% x number of shares registered x VND150,000)

9. Public Announcement:

Public announcement starts from 1/11/2017 on the Vietnam Investment Review, Saigon Giai Phong Newspaper, and websites of SCIC, SSI, HOSE, Vinamilk and Agents for Registration.

Investors participating in the Competitive Offering can obtain the Information Memorandum, Regulations on Competitive Offering and other related documents on the following websites: www.scic.vn, www.ssi.com.vn, www.hsx.vn,www.vinamilk.com.vn and the websites of the Agents for Registration.

10. Timing and venues for registration: from 1 Nov 2017 to 16h00 on 9 Nov 2017 at the offices of the Agents for Registration (list of Agents for Registration is available on the websites of SCIC, SSI, HOSE and Vinamilk)

Time of deposit/escrow: from 1 Nov 2017 to 16h00 on 9 Nov 2017 (details specified under the Regulations on Competitive Offering)

Investors may obtain the Registration Form from the Agents for Registration or by downloading from the websites listed above.

Investors may obtain the Bidding Form from the Agent for Registration where it submitted its Registration Form (details specified under the Regulations on Competitive Offering).

11. Time and venue to submit the bidding form:

At the Ho Chi Minh Stock Exchange - 16 Vo Van Kiet, District 1, HCMC
Time: from 09h00 on 10 Nov 2017 to 14h00 on 10 Nov 2017

12. Time and venue for the Competitive Offering:

At the Ho Chi Minh Stock Exchange - 16 Vo Van Kiet, District 1, HCMC
Time: 14h30 on 10 Nov 2017

13. Time for payment and execution of the transaction: from 10 Nov 2017 to 21 Nov 2017

14. Time for deposit return: as specified under the Regulations on Competitive Offering.

This announcement is not an offer of any securities in the United States or in any other jurisdiction. The securities of Vinamilk have not been and will not be registered under U.S. Securities Act of 1933, as amended, and may not be offered or sold in the United States absent registration or an exemption from the registration requirements of that Act. There will be no public offering any securities of Vinamilk in the United States.

Attached files:

1. Appendices attached with the Regulation
2. Forms attached with the Regulation
3. Investor's Guide
4. Document No. 7089
5. Escrow Agreement_Official version_20172710
6. Share Transfer Contract_Official version_20172710

Auction Notice

05/12/2018 ANNOUCEMENT ON AUCTION RESULT OF SCIC'S SHARES AT VIETNAM CONSTRUCTION AND IMPORT – EXPORT JSC (Vinaconex)

10/11/2017 NOTICE RESULT OF REGISTRATION OF COMPETITIVE OFFERING OF SHARES of the State Capital Investment Corporation (SCIC) at Vietnam Dairy Products Joint Stock Company (Vinamilk)

Auction Notice

02/08/2019 ANNOUNCEMENT AUCTION OF STATE CAPITAL INVESTMENT CORPORATION'S SHARES IN DOMESCO MEDICAL IMPORT - EXPORT JSC

17/05/2019 Annoucement on Notice Results of Auction Registration of Competitive Offering of Shares at Printing and Issuing Statistical Form One Member Limited Company

17/05/2019 ANNOUCEMENT ON AUCTION RESULT OF SCIC'S SHARES AT CANTHO HOUSING DEVELOPMENT JOINT STOCK COMPANY

17/05/2019 ANNOUCEMENT ON AUCTION RESULT OF SCIC'S SHARES AT SONKIM HATINH MINERAL WATER AND TOURISM STOCK COMPANY

25/10/2018 ANNOUNCEMENT PUBLIC AUCTION OF A SINGLE BLOCK OF SCIC'S SHARES IN VIETNAM CONSTRUCTION AND IMPORT-EXPORT CORPORATION (VINACONEX)

22/05/2018 REQUEST FOR EXPRESSION OF INTEREST

예제 : Vinamilk 경쟁입찰 공고

없는 일반 공매 또는 (ii) 주식 블록 단위로 전부를 매수해야 하는 블록 공매(Auction by Lots)의 방법으로 진행한다. 액면가 100억 동(약 5억원) 이상의 주식 경매는 증권거래소에서 수행해야 한다.

5.1.2. 경쟁입찰(Competitive Offering/Bidding)

공매가 실패하면, 경쟁입찰의 방법으로 정부 주식을 매각할 수 있다. 이때, 최소 2명의 입찰자가 있어야 한다. 공매와 경쟁입찰의 차이는 액면가 100억 동(약 5억원) 이상의 주식 매각도 증권거래소가 아닌, 사설 회사나 증권회사 등에서 경쟁입찰을 수행할 수 있다는 것이다.

5.1.3. 직접 협상을 통한 매각(Direct Agreement)

공매와 경쟁입찰도 실패하면, 대표기관(Representative Authority)과 투자자 간 협상을 통해 국가가 보유한 주식을 매각할 수 있다.

5.2. 가격(Price)

장내와 장외 매각 모두 초기 가격은 (i) 관련 평가기관에서 결정하는 가격 이상 또는 (ii) 지분 매각 발표일 전 해당 증권 거래소에서 거래된 국영기업 주식의 30일 연속 거래 평균 가격 이상이어야 한다.

5.3. 외국인 지분 제한(Foreign Ownership Limitation)

2020년 말까지 민영화를 추진할 국영 기업 목록에 대한 결정문 (Decision 26/2019/QD-TTg ; "결정문 26")에서는 국가의 지분이 최종적으로 (i) 65% 이상, (ii) 50~65%, 또는 (iii) 50% 미만을 보유할 93개의 국영 기업 목록을 분류하여 명시하였다.

국가 지분을 65% 이상 유지하는 4개의 국영기업은 Vietnam Bank for Agriculture and Rural Development(Agribank), Vietnam National Coal-Mineral Industries Holding Corporation (Vinacomin), Vietnam Northern Food Corporation(Vinafood 1), and Mineral Single-member Limited Liability Company 이다. 50~65%의 지분을 보유하는 62개의 국영기업은 통신, 교통, 인프라개발 산업 등인데, 일부 주요 기업은 Vietnam Mobile Telecom Services Corporation, Vietnam Posts and Telecommunications Group(VNPT), Vietnam Cement Industry Corporation (VICEM), Hanoi Transport Corporation, Urban Development Investment Corporation, Vietnam National Chemical Group (Vinachem)이다. 국가가 50% 미만의 지분을 보유하는 나머지 27개 국영기업은 Vietnam Paper Corporation, Saigon Jewelry Company(SJC), Housing and Urban Development Corporation (HUD) 등이다.

결정문 26과 별도로 산업별로 외국인 지분 제한 규정이 다르니 관련 법의 면밀한 검토도 함께 필요하다. 주요 산업의 외국인 지분 제한은 다음과 같다.

산업	외국인 지분 제한(최대 지분)
금융서비스 (Banking Services)	- 외국인 개인 : 5% 미만 - 외국 기업 : 15% 미만 - 외국 전략적 투자자: 20% 미만 - 외국 기관 및 관계자(Affiliated Persons) : 20% 미만 - 베트남 은행의 총 외국인 소유 지분 : 30% 미만 - 베트남 비은행 신용 기관의 총 외국인 소유 지분 : 49%
유통 및 소매업 (Distribution and Retail)	특정 상품(예 : 담배, 간행물, 의약품, 원유)에 대해서는 제한 존재. 대부분의 상품에 대해서는 제한 없음
물류/로지스틱스 (Logistics)	- 해상운송업 : 49% - 컨테이너 하역 : 50% - 통관 및 중개 서비스 : 합작회사(외국인 최대 지분 제한 없음)
민간 항공 (Civil Aviation)	항공 서비스를 제공하는 항공사 또는 회사 : 모든 외국인 투자자를 합쳐 34%
육상 교통 (Land Transportation)	- 승객운송업 : 49% - 화물운송업 : 51%
광고업 (Advertisement)	광고업을 허가받은 베트남 회사와 합작(외국인 최대 지분 제한 없음)
교육 (Education)	- 단기 교육을 위한 학교 : 100% - 외국 어린이들을 위한 유치원 : 100% - 베트남 학생과 외국 학생을 위한 초등학교와 중고등학교 : 100% - 직업학교 : 100% - 대학교 : 100%(즉, 외국인 최대 지분 제한 없음)

6. 국영기업 민영화시 고려사항

베트남 정부는 민영화 대상인 국영기업의 리스트와 목표 시한을
정해 진행하고 있지만, 실제 민영화가 완료된 것은 이에 훨씬 못 미친
다. 혹시 이런 큰 차이가, 마치 밤 기차를 타고 여행했다는 정보를 듣
고 A 도시에서 B 도시를 밤 기차로 이동하려는 계획을 세웠는데, 실
제 A 도시에 가보니 기차역이 없어 버스로만 이동해야 하고, 그 버스

마저도 하루에 한 번 오전에만 출발하는데, 운행 시간을 고려하지 않고 계획을 세운 것은 아닌지, 민영화 계획과 그 시행의 현실적인 문제에 대해 한 번쯤은 생각해 볼 일이다.

사실 민간 투자자 입장에서는 베트남의 불투명한 가치 평가 방식, 복잡한 민영화 절차, 그리고 경영권 행사를 할 수 없는 소수 지분만 매각하고 외국인 보유 지분 제한 규제 때문에 국영기업의 지분을 매수한 후에도 실제 경영에 참여해 경영 노하우를 유입하고 선진기술을 전수하기가 쉽지 않아 실제 민영화에 참여하기로 결정하기까지 신중할 수밖에 없을 것이다.

6.1. 가치평가

국영기업을 주식회사화 할 때, 그리고 그 이후 국가 지분 매각 시에도 최초 가격은 가치평가의 결과에 따라 결정된다.

민영화 대상 국영 기업 중에는 여러 업종의 자회사를 가진 복잡한 구조의 기업이 많다. 다른 기업과 합작으로 경영하는 국영기업은 사실 어느 자산이 국가 소유이고 어느 부채가 국가 책임인지를 구분하기도 쉽지 않다. 모비폰이 AVG를 인수하면서 발생한 컨설팅회사 선정과 가치 평가 과정에서의 불법 행위로 관련자들 여럿이 구속되었는데, 이처럼 분쟁 중인 자산까지 있다면 민영화는 더 지연되고 어려워진다. 국영기업 가치를 잘못 평가한 관계자에게 법적 책임을 묻고 형사 처벌까지 하려는 분위기에서 과연 제대로 된 가치 평가를 할 수 있을까 하는 의구심도 든다.

토지 가치 평가 과정이나 결과에 이해관계가 있는 정부 기관이 동의하지 않아 평가 진행이 지연되는 경우도 있는데, 특히 투자자가 대상 국영기업을 실사하는 과정에서 국가 기밀이라는 이유로 자료 자체에 접근할 수 없는 때도 있다. 또, 평가 기간 동안 토지사용 목적이나 계획과도 무관하고 국영기업의 사업 목적과도 전혀 관계가 없는 금싸라기땅을 보유하는 방법을 통해 국영기업 가치가 과대 평가되는 경우도 적지 않다.

투자자가 신뢰할 수 있도록 국제 기준의 평가 방법을 적용하고, 그 과정도 투명하게 공개하는 것이 성공적인 민영화를 위한 첫걸음일 것이다.

6.2. 복잡하고 오랜 민영화 절차

국영기업의 주식회사화(Equitization) 과정과 그 이후 정부지분과 자산 매각(Divestment) 과정은 복잡하고 오래 걸린다. 그 이유 중 하나는 아마 규정이 없어서인 것 같다. 예를 들어 '수요예측(Book Building)'이 국가 지분 매매의 방법으로 관련 법령에 추가되었으나 이에 대한 명확한 법적 정의도 없고 구체적인 안내 지침도 없어 혼란과 절차의 지연이 야기된다. 또 EVNGENCO의 민영화 과정에서 보았듯 베트남 투자공사(SCIC), 재무부(MOF), 기획투자부(MPI) 등, 검토하고 의견을 받을 부서가 너무 많아 절차가 복잡하고 시간도 오래 걸린다.

계속 변경되는 민영화 관련 법과 강화된 규정도 민영화 절차가 지연되는 또 다른 이유로 보인다. 예를 들어, 변경된 규정에 따라 국영기업은 민영화 전에 향후 토지사용계획을 명확히 세워야 한다. 그러나 민영화 절차는, 어찌 보면 좋아 보이는 이 규정으로 인해 지연될 것이 확실해 보인다.

최근 총리가 직접 각 부처에 민영화 진행 상황에 대해 계속 보고하도록 지시하고, 민영화 지연의 책임이 있는 기관과 개인을 열거하고, 민영화가 지연되면 처벌할 것이라고 하였다. 베트남에서 10년 이상 살면서, 수년간 지지부진하던 고속도로 공사가 불과 몇 달 만에 완공되고, 한 달 만에 건물이 세워지고, 하룻밤 만에 모든 오토바이 운전자가 헬멧을 쓰는 것을 목격했다. 이번에도 베트남 정부의 강력한 의지와 일벌백계(一罰百戒) 정책의 효과를 믿어본다.

6.3. 경영권 지배

아마 외국 기업 투자자가 특정 국영기업의 지분을 매수하는 이유는 해당 기업에 의미 있는 지배력을 갖고 경영에 참여하기 위해서일 것이다. 그러나 국영기업은 통상 경영권 행사를 할 수 없는 소수 지분만 매각하고, 특히 교통이나 통신 등의 국가 기간 사업이나 은행 등의 금융업은 외국인 지분 제한(Foreign Ownership Limitation)이 있어 현실적으로 충분한 지배력을 발휘할 수 있는 지분을 취득하기가 쉽지 않다.

주식회사화 관련 법상 주식은 민영화 계획이 승인된 날로부터 4개월 이내에 매도해야 하고, 주식 매각 기한 만료 후 30일 이내에 1차 주주총회를 개최해야 한다. 반면, 기업법(Law 68/2014/QH13) 제114조 2항에서는 6개월 이상 연속해서 보통주 총수의 10% 이상 또는 회사정관에서 규정하는 일정 비율을 보유해 온 주주만 이사회와 감사위원회 위원을 지명하고 추천할 권리를 가질 수 있다고 명시하고 있다. Sabeco 주식의 53.58%를 취득한 Thai Beverage가 베트남 산업무역부(MOIT)에 이의제기를 한 사례도 있듯, 1차 주주총회

이전까지 이사 지명에 필요한 정도의 주식 취득을 완료하고 6개월 이상 보유한다는 것은 아마 현실적으로는 불가능할 것이다.

[상기 내용은 필자 소속 로펌의 공식적인 의견이 아니며, 일부는 필자 소속 로펌의 자료와 필사의 저서 '베트남 투자·창업자가 꼭 알아야 할 베트남 법'에서 발췌하여 정리하였 습니다.]

TREND

VIETNAM

2020

인사노무 : 정의해
개노동법
노이동법

11

| 제11장 |

인사 노무 : 개정 노동법의 이해

법무법인 김&장
조범곤 변호사

1. 개요

　지난 2019. 11. 20. 많은 논의 끝에 개정 노동법이 국회를 통과하였고, 2019. 12. 16. 정식으로 공보 되었다(45/2019/QH14). 개정 노동법은 2021. 1. 1.부터 시행될 예정으로 개정 내용의 광범위함과 중요성에 불구하고 기업들이 이에 대비할 수 있는 시간은 얼마 남지 않았다.

　특히, 노동법 개정 논의 과정에서 노동보훈사회부와 국회의 의견이 달랐던 점도 많았기 때문에, 이를 반영하는 과정에서 9차에 걸친 개정안이 마련되기에 이르렀고, 그 결과 기존 개정안 내용들이 다시 변경되기도 하였다. 이러한 점은 베트남에 진출한 우리 기업들에게 혼란을 야기하기도 하였다.

　이하에서는 베트남에 진출한 우리 기업들에게 조금이나마 도움이 될 수 있도록 이번 개정 노동법에서 기업들이 주목하여야 하는 중요한 개정 사항에 대하여 설명하기로 한다.

2. 근로계약의 종류

현행 노동법은 근로계약의 종류를 다음 3가지로 정하고 있다(현행 노동법 제22조 제1항).

① 기간의 정함이 없는 근로계약

② 12개월에서 36개월 사이의 기간의 정함이 있는 근로계약

③ 12개월 미만의 특정적·계절적 작업에 대한 근로계약

현행 노동법에서는 기간제 근로계약을 체결하기 위하여는 원칙적으로 12개월에서 36개월 사이의 근로계약을 체결하는 수밖에 없고, 예외적으로 특정적·계절적 작업에 한하여 12개월 미만의 근로계약을 체결하는 것이 가능하다. 특히, 12개월 이상 계속될 특정 작업을 행하게 할 목적으로 12개월 미만의 근로계약을 체결하는 것은 금지되어 있다(현행 노동법 제22조 제3항). 이 때 특정적·계절적 작업이란 일종의 프로젝트성 업무 내지 계절적 수요에 대응하기 위한 업무를 의미하는 바, 일반적인 사유로는 12개월 미만의 기간을 정한 근로계약을 체결하는 것이 불가능하다.

이러한 불합리성을 없애기 위하여 개정 노동법은 근로계약의 종류를 다음 2가지로 단순화 시켰다(개정 노동법 제20조).

① 기간의 정함이 없는 근로계약

② 36개월 이내의 기간의 정함이 있는 근로계약

이에 따라 기업으로서는 현행 노동법과 같은 제약 없이 근로자와의 자유로운 합의에 따라 36개월을 넘지 않는 기간을 정한 근로계약을

체결하는 것이 가능해졌다. 즉, 특정적·계절적 작업이 아니더라도 12개월 미만의 기간제 근로계약을 체결하는 것이 가능해신 섯이다. 이러한 개정사항은 기업들의 탄력적 인력운용에 도움을 줄 수 있을 것으로 보인다.

한편, 이러한 기간제 근로계약은 기존과 마찬가지로 1회에 한하여 연장 가능하다. 다만, 고령근로자와 외국인근로자는 1회를 초과하여 연장 가능한 것으로 정하고 있다.

3. 회사에 의한 근로계약의 일방적 종료

노동법 상 근로계약 기간 중 회사에 의한 근로계약의 일방적 종료는 다음 3가지 방법에 의해 가능하다.

① 노동법 제38조에 따른 일방적인 근로계약 해지

② 노동법 제44조 및 제45조에 따른 구조, 기술 또는 경제사정의 변화, 합병 또는 분리·분할로 인한 해고

③ 노동법 제126조에 따른 징계해고

노동법은 위 각 근로계약의 종료 사유를 구체적으로 정하고 있는데, 이번 개정 노동법에서 몇 가지 추가 및 변동된 사항들이 있다.

3.1. 노동법 제38조에 따른 일방적인 근로계약 해지 사유

현행 노동법(제38조)	개정 노동법(제36조)
근로자가 자주 근로계약에 따른 직무를 완성하지 못한 경우	근로자가 자주 근로계약에 따른 직무를 완성하지 못한 경우, 다만 근로계약에 따른 직무의 완성 여부를 판단하는 기준은 사용자가 발행한 규제에 의하되, 이러한 규제는 기초 근로자대표조직의 의견을 청취하여야 함[1].
근로자가 질병 또는 사고로 기간의 정함이 없는 근로계약에 따라 근무하는 때에는 12개월의 기간 동안, 기간의 정함이 있는 근로계약에 따라 근무하는 때에는 6개월의 기간 동안, 12개월 미만의 계절적 또는 특정 작업의 근로계약에 따라 근무하는 때에는 계약기간의 절반 이상의 기간 동안 계속하여 치료를 받았으나 근로능력이 회복되지 않은 경우	근로자가 질병 또는 사고로 기간의 정함이 없는 근로계약에 따라 근무하는 때에는 12개월의 기간 동안, 12개월에서 36개월 사이의 기간의 정함이 있는 근로계약에 따라 근무하는 때에는 6개월의 기간 동안, 12개월 미만의 기간의 정함이 있는 근로계약에 따라 근무하는 때에는 계약기간의 절반 이상의 기간 동안 계속하여 치료를 받았으나 근로능력이 회복되지 않은 경우[2]
천재지변, 화재, 법률 규정에 따른 그 밖의 불가항력적 상황에 처하여 모든 수단을 동원하여 복구 노력을 했음에도 불구하고 사용자가 불가피하게 생산을 줄이고 인원을 감축하여야 하는 경우	천재지변, 화재, 전염병위험, 적에 의한 피해, 권한 있는 국가기관의 요구에 따른 이주 및 생산·경영 축소의 상황에 처하여 모든 수단을 동원하여 복구 노력을 했음에도 불구하고 사용자가 불가피하게 인원을 감축하여야 하는 경우[3]
이 법 제33조에 규정된 기간이 도과한 후 근로자가 근무지에 나타나지 않는 경우	이 법 제31조에 규정된 기간이 도과한 후 근로자가 근무지에 나타나지 않는 경우
(없음)	(신설) 근로자가 이 법 제169조에서 정한 정년에 도달한 경우[4]
(없음)	(신설) 근로자가 정당한 이유 없이 5근무일 이상 연속하여 출근하지 않는 경우[5]
(없음)	(신설) 근로자가 근로계약을 체결할 때 이 법 제16조 제2항에서 정한 정보를 진실하게 제공하지 않았고, 그로 인해 근로자 채용에 영향을 미친 경우

1) 개정 노동법에서는 "다만" 이하의 부분이 추가되었으나, 이는 기존 노동법 일부 내용의
   세부규정 및 시행안내에 관한 시행령(05/2015/ND-CP) 제12조 제1항에 규정되어 있던
   내용을 개정 노동법에 포함시킨 것으로, 실질적인 내용이 변경되지는 않았다.

2) 앞서 설명한 근로계약의 종류 변경에 따라 일부 내용을 변경하였으나 실질적인 내용이
   변경되지는 않았다.

3) 추가된 일부 내용들은 기존 노동법 일부 내용의 세부규정 및 시행안내에 관한
   시행령(05/2015/ND-CP) 제12조 제2항에 포함되어 있던 내용으로 실질적인 내용이
   변경되지는 않았다.

4) 현행 노동법은 제36조 제4항에서 "근로자가 사회보험료 납부 기간 요건을 충족하고,
   이 법 제187조에 규정된 퇴직연금 수령연령에 도달한 경우"를 근로계약이 종료되는 경우로
   정하였으나, 개정 노동법은 "근로자가 사회보험료 납부 기간 요건을 충족하고"라는 문구를
   삭제하고 해당 사유를 사용자의 근로계약 일방적인 해지 사유에 추가하였다. 그로 인한 한
   가지 주의할 점은 개정 노동법 제36조 제2항에 따라 해당 사유로 근로계약을 일방적으로
   해지하기 위하여는 일정 기간 이전에 근로자에게 통지하여야 한다는 것이다.

5) 이하에서 설명하는 바와 같이 근로자가 정당한 이유 없이 월 총 5일 또는 연 총 20일을
   출근하지 않으면 노동법 제126조 제3항에 따른 징계해고 사유에 해당하나, 이번 신설
   규정에 따라 근로자가 정당한 이유 없이 5근무일 이상 연속하여 출근하지 않는 경우는
   사용자의 일방적 근로계약 해지 사유에 해당하게 된다. 이 경우, 징계해고 절차에 의하지 않고
   근로계약을 종료시킬 수 있다는 점에서 의의가 있다.

3.2. 노동법 제44조 및 제45조에 따른 해고 사유

현행 노동법(제44조)	개정 노동법(제42조)
다수의 근로자들의 고용에 영향을 미치는 구조 또는 기술의 변화가 있는 경우	다수의 근로자들의 고용에 영향을 미치는 구조 또는 기술의 변화가 있는 경우
	다음의 경우, 구조 또는 기술의 변화가 있는 것으로 본다[6]. a) 조직구조의 변화, 근로조직 개편 b) 사용자의 생산, 경영 업종에 관련된 생산, 경영 과정, 기술, 기계, 설비의 변화 c) 상품 또는 상품구조의 변화
경제적 사정으로 인하여 다수의 근로자가 해고, 실업의 위기에 처한 경우	경제적 사정으로 인하여 다수의 근로자가 해고, 실업의 위기에 처한 경우
	다음의 경우, 경제적 사정이 있는 것으로 본다[7]. a) 경제공황 또는 침체 b) 경제구조 변경에 따른 국가의 정책, 법률 실행 또는 국제조약의 실행

현행 노동법(제45조)	개정 노동법(제43조)
기업의 합병 및 분할의 경우, 사용자의 지위를 승계한 자가 현재 근로자를 전부 고용할 수 없는 경우	기업의 합병 및 분할 ; 양도, 임대, 기업형태의 전환 ; 소유권, 재산사용권 양도로 인하여 다수의 근로자들의 고용에 영향을 미치는 경우
기업 자산에 대한 소유권 또는 사용권을 이전하는 경우	

6) 추가된 일부 내용들은 기존 노동법 일부 내용의 세부규정 및 시행안내에 관한 시행령(05/2015/ND-CP) 제13조 제1항에 포함되어 있던 내용으로 실질적인 내용이 변경되지는 않았다.

7) 추가된 일부 내용들은 기존 노동법 일부 내용의 세부규정 및 시행안내에 관한 시행령(05/2015/ND-CP) 제13조 제2항에 포함되어 있던 내용으로 실질적인 내용이 변경되지는 않았다.

3.3. 노동법 제126조에 따른 징계해고 사유

현행 노동법(제126조)	개정 노동법(제125조)
절도, 횡령, 도박, 고의적인 상해행위, 사업장 내 마약사용, 기술 및 경영비밀의 누설, 사용자의 지적재산권 침해, 사용자의 재산 및 이익에 중대한 손해를 가하거나, 특별히 중대한 손해를 가할 것임을 협박하는 행위	1. 절도, 횡령, 도박, 고의적인 상해행위, 사업장 내 마약사용 2. 기술 및 경영비밀의 누설, 사용자의 지적재산권 침해, 사용자의 재산 및 이익에 중대한 손해를 가하거나, 특별히 중대한 손해를 가할 것임을 협박하는 행위, 취업규칙에 규정된 직장내 성희롱 행위
임금인상 연기의 징계를 받고 징계조치가 말소되지 않은 기간에 재위반행위를 하거나 보직해임의 징계를 받고 재위반행위를 한 근로자	임금인상 연기 또는 보직해임의 징계를 받고 징계조치가 말소되지 않은 기간에 재위반행위를 한 근로자[8]
재위반행위란 징계조치가 이 법 제127조의 규정에 따라 말소되지 않은 상태에서 징계조치를 받던 위반행위를 반복하는 것을 말함.	재위반행위란 징계조치가 이 법 제127조의 규정에 따라 말소되지 않은 상태에서 징계조치를 받았던 위반행위를 반복하는 것을 말함.
정당한 이유 없이 1달 중 총 5일, 1년 중 총 20일 이상 무단결근한 근로자	정당한 이유 없이 30일 중 총 5일, 365일 중 총 20일 이상 무단결근한 근로자[9]

4. 근로자에 의한 근로계약의 일방적 종료

현행 노동법에 의하면, 기간의 정함이 없는 근로계약의 경우 근로자는 특별한 사유가 없더라도 45일 전의 통지를 통해 근로계약을 해지하는 것이 가능한 반면, 기간의 정함이 있는 근로계약 및 12개월 미만의 특정적·계절적 작업에 대한 근로계약은 특별한 사유가 있는

---

8) 실질적 내용은 동일하고, 문구를 정리한 것으로 보인다.

9) 1달을 30일로, 1년을 365일로 변경하여 명확하게 하였다.

경우에 한하여서만 3영업일~30일 전의 통지로 근로계약을 근로계약 기간 중에 해지하는 것이 가능하다(현행 노동법 제37조).

반면 개정 노동법은 강제근로금지의 원칙에 입각하여, 기간의 정함이 없는 근로계약 및 36개월 미만의 기간을 정한 근로계약 공히 특별한 사유가 없더라도 일정한 기간 전에 통지를 하면 근로자가 자유롭게 근로계약을 해지할 수 있고, 더 나아가 일정한 사유가 있는 경우에는 아예 통지가 필요하지 않은 것으로 변경하였다(개정 노동법 제35조). 자세한 법규정의 내용을 소개하면 다음과 같다.

4.1. 사전통지기간

① 기간의 정함이 없는 근로계약의 경우 45일 전
② 12개월에서 36개월 사이의 기간을 정한 근로계약의 경우 30일
③ 12개월 미만의 기간을 정한 근로계약의 경우 3영업일

4.2. 사전통지가 필요 없는 사유

① 이 법 제29조에 규정된 경우를 제외하고, 근로계약에서 합의된 직무 또는 근무지에 배치되지 않거나 근로조건이 보장되지 않는 경우
② 이 법 제97조 제4항에 규정된 경우를 제외하고, 근로계약에서 합의된 임금이 전액 지급되지 않거나 약정 기일에 지급되지 않는 경우
③ 사용자로부터 학대, 폭행, 난폭한 언행, 건강·인품·명예에 영향을 미치는 행위, 노동강제를 당한 경우

④ 직장 내 성희롱을 당한 경우

⑤ 여성근로자가 임신하여 이 법 제138조 제1항에 따라 업무를 중단하여야 하는 경우

⑥ 각 당사자가 달리 합의한 경우를 제외하고, 근로자가 이 법 제169조에서 정한 정년에 도달한 경우

⑦ 사용자가 이 법 제16조 제1항에 따른 정보를 진실하게 제공하지 않아 근로계약의 이행에 영향을 미친 경우

5. 취업규칙

5.1. 취업규칙 제정의무

현행 노동법은 취업규칙의 제정의무와 관련해, "10인 이상의 근로자를 사용하는 사용자는 문서로 작성된 취업규칙을 가지고 있어야 한다"고 정한다(현행 노동법 제119조 제1항). 반면, 개정 노동법은 관련해, "사용자는 취업규칙을 공포하여야 한다. 만약, 10인 이상의 근로자를 사용하는 경우 취업규칙은 문서로 작성되어야 한다"고 정한다(개정 노동법 제118조 제1항).

해당 법문의 해석만을 놓고 보면 10인 미만의 근로자를 사용하는 사용자의 경우에도 문서 외의 형태로라도 취업규칙을 공포할 의무가 있는 것으로 해석될 여지가 있어 보인다. 그러나 10인 미만의 근로자를 사용하는 사용자의 경우 일률적으로 취업규칙을 가지는 것이 현실적으로 불가능한 경우도 많을 뿐만 아니라, 문서 외 어떠한 방식으로 취업규칙이 공포될 수 있는 것인지도 불명확하다. 향후 해당 규정에

대한 정부의 해석 및 법 집행 방향에 대하여 주의를 기울일 필요가 있어 보인다.

5.2. 취업규칙에 포함되어야 하는 사항

현행 노동법(제119조 제2항)	개정 노동법(제118조 제2항)
근로시간 및 휴식시간	근로시간 및 휴식시간
사업장에서의 질서	사업장에서의 질서
사업장 내의 노동안전위생	노동안전위생
(없음)	(신설) 직장 내 성희롱 방지, 직장 내 성희롱 행위 처리 절차
사용자의 재산, 경영비밀, 기술비밀 및 지적재산권의 보호	사용자의 재산, 경영비밀, 기술비밀 및 지적재산권의 보호
(없음)	(신설) 근로자를 근로계약과 달리 임시 이전 배치할 수 있는 경우
근로자의 취업규칙 위반행위, 노동규율 위반에 대한 징계조치 및 물적 책임	근로자의 취업규칙 위반행위, 노동규율 위반에 대한 징계조치 및 물적 책임
(없음)	(신설) 징계처리권한이 있는 사람

위와 같이 ① 직장 내 성희롱 방지, 직장 내 성희롱 행위 처리 절차, ② 근로자를 근로계약과 달리 임시 이전 배치할 수 있는 경우, ③ 징계처리권한이 있는 사람에 관한 내용을 취업규칙에 포함시켜야 하는 바, 회사로서는 개정 노동법 시행 시기에 맞춰 현재의 취업규칙을 체크하고 추가할 내용을 수정한 후 관할 당국에 변경등록을 진행 준비할 필요가 있다.

6. 근로시간과 휴식시간

6.1. 근로시간

근로시간과 관련해, 노동법 개정 논의 초반에는 "200시간/연"의 연장근로시간을 추가할 것인지 여부에 대하여 논의가 진행되었던 반면,

구분		현행 노동법(제106조)	개정 노동법(제107조)
정규근로시간		주 48시간	주 48시간
초과 근로 시간	원칙	하루 근로시간의 50% 이상 금지 1달에 30시간까지 가능 1년에 200시간까지 가능	하루 근로시간의 50% 이상 금지 1달에 40시간까지 가능 1년에 200시간까지 가능
	예외	정부가 규정하는 특별한 경우 1년에 200시간을 초과할 수 있으나 300시간을 초과하여서는 안됨 특별한 경우는 다음과 같음[10] a) 방직, 봉제, 가죽, 신발 관련 　수출상품의 생산 및 가공, 　농·임·수산물 제조 b) 전기, 원거리통신, 정류 생산 및 　공급, 상하수도 c) 기타 지연할 수 없는 급박한 　업무를 해결하기 위한 경우	일부 업종, 업무 또는 다음의 경우 1년에 300시간을 초과하지 않는 범위에서 초과근로를 할 수 있음 a) 방직, 봉제, 가죽, 신발, 전기, 전자 관련 　수출상품의 생산 및 가공, 농·임·수산물 및 　소금 제조 b) 전기, 원거리통신, 정유 생산 및 공급, 　상하수도 c) 전문적, 높은 기술 수준의 노동을 요구하는 　업무를 해결하여야 하는데, 시장에서 적시에 　충분한 노동력이 공급되지 못하는 경우 d) 업무, 원료나 상품의 시의성 때문에 지연할 　수 없는 급박한 업무를 해결하기 위한 경우 　또는 날씨, 천재, 화환, 적습, 전기나 원료의 　부족, 생산라인 의 기술 사고 등 객관적으로 　사전에 예측하기 어려운 사정에 의해 발생한 　업무를 해결하기 위한 경우 e) 기타 정부 규정이 정하는 경우

---

10) 해당 내용은 근로시간, 휴식시간 및 노동안전위생에 관한 시행령(45/2013/ND-CP)
　　제4조 제1항에 규정되어 있다.

후반에는 오히려 주 48시간의 정규근로시간을 주 44시간 나아가 주 40시간으로 줄이는 것에 대한 논의가 진행되었다. 결과적으로 보면 "200시간/년"의 연장근로시간은 추가되지 않았고, 다만 세부적인 몇 가지 부분에서 사용자의 의견을 받아들이는 개정이 이루어졌으며, 주 48시간의 정규근로시간은 그대로 유지되었다.

정리하자면, 정규근로시간(48시간/주)과 연간 초과근로시간(200시간/연)은 그대로 유지되었으나, 1달의 최대 연장근로시간이 30시간에서 40시간으로 늘어나 사용자의 입장에서 노동력을 탄력적으로 운용하는데 도움이 되는 개정이 이루어졌다.

아울러 연간 초과근로시간이 300시간까지 가능한 예외적인 경우에 ① 전기, 전자 관련 수출상품의 생산 및 가공, ② 전문적, 높은 기술 수준의 노동을 요구하는 업무를 해결하여야 하는데, 시장에서 적시에 충분한 노동력이 공급되지 못하는 경우, ③ 객관적으로 사전에 예측하기 어려운 사정에 의해 발생한 업무를 해결하기 위한 경우, 3가지를 추가하여 기업들의 입장을 일부 반영하는 개정이 이루어졌다.

6.2. 휴식시간

현행 노동법에 따르면 일반적인 근로조건에서 8시간을 연속하여 근로한 근로자는 최소 30분(야간에 근로한 경우에는 45분) 이상의 휴식시간을 가질 수 있고, 이는 근로시간에 산입된다(현행 노동법 제108조).

현행 노동법 상 노동법 제108조의 휴식시간이 부여되기 위하여는 8시간을 연속하여 근무하여야 하기 때문에 만약 근로자가 연속하여 근무하지 않는 경우라면(예를 들면 중간에 점심시간 1시간 동안

근무를 하지 않는다면) 노동법 제108조의 휴식시간을 부여하지 않아도 된다는 것이 일반적 해석이었다(즉, 점심시간 1시간 중 30분을 유급으로 할 필요 없음).

반면 개정 노동법의 경우, "근로자가 하루에 6시간 이상 근로하는 경우, 그 사이에 최소한 30분(야간의 경우 45분)을 연속하여 휴식할 수 있고, 이는 근로시간에 산입되지 않는다. 다만, 교대제에 따라 근무하는 근로자의 경우에는 근로시간에 포함된다"라고 정한다(개정 노동법 제109조).

즉, 근무시간의 연속 여부를 불문하고 하루에 6시간 이상을 근로하는 경우에는 반드시 그 사이에 30분 이상 연속된 휴식시간을 부여하여야 하고, 그 시간은 근로시간에 산입되지 않게 된다(다만, 교대제 근무자는 제외).

7. 기초근로자대표조직의 설립허용

이번 베트남 노동법의 개정에서 가장 큰 근본적인 개정사항을 꼽으면, 기존 노동조합 외에 사업장 단위의 기초근로자대표조직의 설립과 활동이 허용된 것을 들 수 있다. 이러한 기초근로자대표조직은 근로관계에 있어서의 근로자의 합법적 권리와 이해관계를 대표하는데 있어 노동조합과 동일한 권리와 의무가 있다(개정 노동법 제170조 제3항). 즉, 기초근로자대표조직도 근로관계에 있어 노동조합과 동일한 권리와 의무를 가지는 바, 실질적으로 복수노조제도가 도입된 것과 같은 효과를 가지게 된다.

다만, 주의할 것은 베트남에서 노동조합은 정치사회조직으로서,

베트남 노동조합 총연맹 소속의 노동조합만이 노동조합의 명칭을 가질 수 있고, 기초근로자대표조직은 노동조합과 동일한 권리와 의무를 가지나, 베트남 노동조합 총연맹 소속이 아닌 별도의 조직으로 베트남 법 상 노동조합에 해당하지는 않는다. 즉, 노동조합은 베트남 노동조합법과 베트남 노동조합 총연맹의 정관에 따라 설립 및 활동하는 조직인 반면, 기초근로자대표조직은 베트남 노동법 및 관련 시행령과 시행규칙에서 정하는 바에 따라 설립 및 활동하는 조직이다.

그러나, 근로자의 입장에서 보면 기존의 노동조합 외 노동조합과 같은 역할을 하는 다른 하나의 선택지가 추가된 것은 틀림 없으며, 이는 향후 베트남의 중요한 사회적 변화 사항 중 하나가 될 것임이 틀림 없다. 이러한 점은 기업뿐만 아니라, 베트남 노동조합에게도 큰 영향을 미칠 것으로 보인다. 다만, 기초근로자대표조직의 설립은 기업 단위에서만 가능하고 지역별, 업종별 상위 조직의 설립에 대하여는 별도의 근거규정이 없는 상황에서 기업 단위 기초근로자대표조직이 얼마나 활성화될 것인지는 개정 노동법 시행 이후 경과를 살펴야 할 것으로 보인다.

한편, 개정 노동법은 기초근로자대표조직의 설립을 허용함과 동시에 창구단일화절차 등 그에 부수되는 여러 사항들을 새롭게 규정하고, 그에 대한 자세한 내용을 시행령 등을 통해 정할 것을 규정하고 있다. 따라서 특히 노동조합이 설립되어 있는 기업들의 경우, 개정 노동법의 내용을 면밀히 검토하여 노무관리 및 노사교섭 시스템을 개정 노동법에 맞도록 개선할 점이 있는지 확인하는 한편, 향후 시행령과 시행규칙에서 어떤 내용들이 규정되는지에 대하여도 주의를 기울일 필요가 있다.

TREND

VIETNAM

2020

| 제12장 |

남트베트남법률항무 주개인 요정사 및 사노무

트남법률항무 베주개인 요정사 및 사노무

12

| 제12장 |

베트남 주요 법률 개정 사항 및 인사노무

법무법인 아세안 베트남
최지웅 대표변호사

제1절 2020년도 베트남 주요 법률 개정 사항

베트남 내 신규 투자진출을 예정하고 있거나, 기존에 베트남 내 사업을 운영 중에 있는 한국투자기업들은 하루가 다르게 변경되는 베트남 법규 동향에 주의를 할 필요가 있다. 특히, 외국인 투자와 관련된 법규의 경우, 미준수로 인한 베트남 유관당국의 적발 시 페널티는 물론 사업 자체에 악영향을 끼칠 수 있는 바, 평소 베트남 법률 개정 동향과 준법(Compliance)에 관심을 기울여야 한다. 이는 비단 설립 진출 또는 운영 과정상 문제 예방뿐 아니라, 향후 베트남 사업체를 인수, 매각하거나, 베트남 당국의 청산 감사 시 예상치 못한 손실과 불이익 등 법적 리스크를 최소화하기 위한 노력으로 이해하여야 한다. 2020년도에 새로 개정 시행이 확정되었거나, 유력하게 예상되는 주요 법규에 대하여 살펴보고자 한다.

1. 투자법 개정안

베트남 국회는 2020년 투자법을 통과시킬 예정으로, 투자법 개정 최종안에 따라 변경이 되는 주요 사항은 다음과 같다.

1) 투자 지원 방식에 대한 명확한 법적 체계가 수립된다.

　　예를 들어, 산업단지에 대한 인프라 구조 연결의 경우, 정부가 Industrial Park를 연결하는 인프라 구조를 개발할 예정이며, 산업단지 내부에서 일하는 근로자에 대한 주거 공간 및 서비스를 위해 해당 시설에 대한 투자 용도로 부지를 계획할 예정이다.

2) 국가 안보 및 방위에 영향을 줄 수 있는 국경 또는 해안의 지역에 위치한 외국인 소유 프로젝트 및 기업에 대한 통제가 강화될 예정이다.

　　해당 국가 안보 및 방위 관련 지역에서의 신규 프로젝트에 외국인 투자자가 1명 이상 있을 경우, 해당 프로젝트는 시, 성 인민위원회에서 투자 정책 승인을 받을 것이 요구된다.

　　해당 국가 안보 및 방위 관련 지역의 토지사용권증명서를 보유한 기업의 외국인 투자 자는 주식매매계약을 체결 시 기획투자국의 승인을 받을 것이 요구되며, 주식매매 계약 승인 절차를 수행해야 한다.

3) 외국인 투자자가 국가로부터 직접 토지를 임차하고 싶다면, 토지 가격 경매 또는 입찰에 참여할 것이 요구된다.

　　이는 토지법 규정과 일치하며, 특히 동일 토지를 임차하고자 하는 투자자가 2명 이상일 경우 적용된다. 토지 가격 경매 또는 입찰 조건 범위에 해당되지 않는 경우 에만 인민위원회는 일반적인 투자 정책 승인 절차를 통해 외국인 투자자의 프로젝트를 승인 하도록 한다. 기존 규정 하에서는 인민위원회는 토지 가격 경매 및 입찰 없이 외국인 소유 기업 프로젝트에게 특정 토지 사용을 승인 및 임대하는 것이 가능했다.

4) 국가로부터 토지를 임차하는 프로젝트의 안전조치로 은행 보증 사용이 가능해졌다.

기존 규정 하에서는 투자자의 프로젝트 실행을 보장하기 위해 총 투자 자본금의 1~3%에 해당되는 금액의 보증금이 요구되었 다. 신규 개정안 하에서 투자자는 보증금 대신 동일한 금액의 은 행 보증 제공이 가능해진다.

5) 프로젝트의 기계 및 기술에 대한 통제가 강화된다.

신규 법안에 따라 정부는 기업등록증명서 발급 후 프로젝트가 실행되는 동안 프로젝트의 총 투자자본금의 금액, 기계, 장비, 기술의 품질 및 금액을 검사 및 평가하거나 이를 위해 독립 평가 기관을 사용할 수 있다. 해당 검사 또는 평가의 최종 결과는 과 세 및 기술 관리의 기반으로 사용된다.

6) 기업등록증명서의 취소를 지연할 수 있는 기간이 연장된다.

기존 규정 하에서는 투자자가 프로젝트 실행을 12개월 지연할 경우 기업등록증명서의 취소가 가능하다. 신규 개정안은 해당 기간을 12개월로부터 24개월로 연장한다.

2. 기업법 개정안

베트남 국회는 2020년 기업법을 통과시킬 예정으로, 기업법 개정 최종안에 따라 변경이 되는 주요 사항은 다음과 같다.

1) 정관자본금의 출자 기간이 사실상 연장된다.

   기존 규정 하에서는 현금, 기계, 유형 자산 등 모든 유형의 출자 혹은 기여가 실행되기까지 90일의 기간이 주어진다. 신규 개정안 하에서는 90일이라는 기간은 유지되나, 출자 또는 기여가 기계 또는 유형 자산으로 이루어지는 경우, 수입 절차에 소요되는 기간, 이전 등록 절차 기간 및 기타 행정 절차에 소요되는 기간은 90일이라는 기간에 해당되지 않고 제외된다.

2) 대주주의 주식 보유율 관련 자격 요건이 완화된다.

   기존 규정 하에서는 주주총회 개회 요구, 회사 장부 검사 등의 대주주의 권리를 지니기 위해서는 주주 또는 주주모임은 주식의 최소 10%를 보유해야 했다. 신규 개정안은 유한책임회사 및 주식회사의 경우 해당 최소 보유율을 10%에서 3%로 인하한다.

3) 기업의 전자 등록 메커니즘이 설립될 예정이다.

   이에 따라 서류 일체를 서면으로 제출하지 않고 기업 등록이 가능해질 예정이다.

3. 노동법 개정

베트남 국회는 2012 노동법에 대한 개정안을 2019년 11월 20일 통과시켰으며, 이는 2021년 1월 1일부터 효력이 발생할 예정이다. 개정에 따른 주요 변경 사항은 다음과 같다.

1) 근로자의 사유 없는 근로계약 해지에 대한 사전 통지 일자가 규정되었으며 사전 통지 없는 근로계약 해지에 대한 사유가 규정되었다.

- 근로자는 사전 통지 시 사유 없는 근로계약 해지가 가능하다. 기존 규정 하에서는 계약 해지의 모든 경우 3일에서 45일 이전에 사전 통지를 해야 했으나, 개정안에 따르면 근로자는 계약 기간이 12개월에서 36개월 내로 확정된 경우는 해지일로부터 최소 30일 전까지, 계약 기간이 확정되지 않았을 경우는 해지일로부터 최소 45일 전까지, 계약 기간이 12개월 이하일 경우는 해지일로부터 최소 3일 전까지 사전통지를 통하여 해지 사유 없이 근로계약의 해지가 가능하다.

- 다음과 같은 경우, 근로자는 사전 통지 없이 근로계약을 해지할 수 있다. 첫째, 근로자가 근로계약에서 합의된 업무 또는 직종에 배정되지 않았거나 근로조건이 계약내용과 부합하지 않는 경우, 둘째, 근로자가 제때 급여를 받지 못한 경우, 셋째, 고용주가 근로자에게 부당한 대우를 하거나 폭력을 가하거나 근로자의 건강, 존엄성, 명예에 굴욕적이거나 부정적인 영향을 미치는 기타 언어적/물리적 행위를 수행하거나 강제 노동을 시키는 경우, 넷째, 근로자가 직장 내에서 성적 괴롭힘을 당한 경우, 다섯째, 고용주가 근로 수행에 영향을 미치는 허위 정보를 거짓으로 제공한 경우이다.

2) 고용주가 근로계약을 해지할 수 있는 경우가 2가지 추가되었다. 기존 규정 하에서는 근로자가 30일 이내 5일 결근 시 고용주가 시간과 엄격한 준수를 요하는 해고 절차를 밟아야 했으나 신규 규정 하에서는 근로계약 해지 사유로 근로자의 5일 연속 결근과

근로자가 근로계약 작성 단계에서 허위 정보를 거짓으로 제공해 채용에 영향을 주는 경우가 추가되었다.

3) 근로계약의 해지 절차의 정산 기간이 연장되었으며 고용주의 사본 제공에 관한 규정이 추가되었다.

- 기존 규정 하에서는 정산 기간이 7일로 규정되었으며 특수한 경우에는 30일까지 허용되었다. 신규 규정 하에서는 정산 기간이 14일로 연장되었으며 특수한 경우의 정산 기간은 그대로 유지된다.

- 근로자가 요구 시 고용주는 근로자의 근무 기간에 관련된 서류의 사본을 제공할 의무가 있다. 이때 소요되는 비용은 근로자가 부담하도록 한다.

4) 고용주가 임금표를 재량에 따라 결정하는 것이 가능해졌다.

기존 규정 하에서는 고용주는 임금표 및 인상 수준에 대해 정부가 규정한 기준을 따라야 했다. 예를 들어 직위가 2단계 차이가 날 경우 두 근로자 간 임금의 차이는 5%여야 했다. 신규 규정 하에서는 최저임금 기준을 준수하는 경우 고용주가 임금표 및 인상 수준을 자유롭게 결정할 수 있다.

5) 9월 2일 국경일이 기존 1일에서 2일로 확대되었다.

기존에는 국경일 당일만이 공휴일이었으나, 신규 규정에 따라 근로자는 국경일 전일 또는 익일과 국경일 당일 도합 2일을 쉴 수 있다.

6) 은퇴 연령이 높아졌다.

기존에는 남성의 경우 60세, 여성의 경우 50세가 은퇴 연령이었으나, 신규 규정에 따라 2021년부터는 남성은 60세 3개월, 여성은 55세 4개월이 은퇴 연력으로 늘어나게 된다. 이후 매년마다 남성은 3개월씩 늘어나고 여성은 4개월씩 늘게 되어 종국적으로 2028년에는 남성은 62세, 2035년에는 여성은 60세로 은퇴연령이 늘어나게 될 예정이다.

7) 임신 중이거나 12개월 이하의 자녀를 양육 중인 여성 근로자의 근로계약이 만료될 경우, 해당 여성 근로자의 근로계약 연장에 우선 순위가 부여된다.

8) (2019년 정부 시행령 90번Decree 90/2019/ND-CP에 따라) 최저임금이 5% 이상 인상된다. 해당 신규 최저임금표는 2020년 1월 1일부터 적용된다. 지역 분류에 따라 지역 1에 위치한 기업의 경우 1개월에 442만 VND, 지역2에 위치한 기업의 경우 1개월에 392만 VND, 지역 3에 위치한 기업의 경우 1개월에 393만 VND, 지역 4에 위치한 기업의 경우 1개월에 307만 VND의 최저임금이 적용된다. 지역의 분류는 시행령과 발급된 부록에 기록되어 있다.

4. 외국인 출입국 거주관리법 개정안

베트남 국회는 2013 외국인의 출입국 및 거주에 대한 법률에 대한 개정안을 2019년 11월 25일 통과시켰으며, 이는 2020년 7월 10일부터 효력이 발생할 예정이다. 개정에 따른 주요 변경 사항은 다음과 같다.

1) 전자 비자

기존 규정에는 없었던 비자의 형태인 전자 비자가 추가되었다.

이에 따라, 외국인은 최대 30일 기간의 전자 비자(Electronic Visa, E-Visa)를 발급 받을 수 있다. 해당 비자는 재사용이 불가능하다.

전자 비자의 신청, 발급은 전자 비자 발급 웹사이트에서 이루어진다. 해당 사이트는 출입국 웹사이트와 연계되며, 외국인은 전자 비자 발급을 위해 전자 비자 발급 웹사이트에 비자 신청 정보를 신고하고 사진과 여권 정보를 업로드하도록 한다. 비자 발급 수수료는 출입국 당국의 전자 프로필 코드를 수령한 후 웹사이트에 명시된 계좌로 입금하도록 한다. 출입국 당국은 관련 정보와 수수료가 모두 제출된 일자로부터 3업무일 이내에 신청 내용을 검토, 처리해 웹사이트에 발급 여부를 발표하도록 한다.

2) 비자 유형 변경

기존에는 비자 유형의 변경이 불가능했으며, 비자 유형을 바꾸기 위해서는 베트남을 출국 후 재입국할 필요가 있었다. 비자 유형 변경 신규 규정에 따라 다음과 같은 경우 출국 후 재입국의 필요 없이 비자 유형의 변경이 가능하다.

베트남에서 투자자 또는 투자자의 법적 대표자임을 입증하는 서류인 투자 등록증명서를 제시하거나, 베트남 초청인과의 부모, 자식, 배우자의 혈연 관계를 입증하는 서류를 제시하거나, 베트남 단체가 근로를 위해 초청했거나, 전자 비자를 통해 베트남에 입국해 노동허가증을 발급받은 경우(노동허가증이 면제된 경우 해당 내용을 증명하는 서류 제출 필요), 이를 제시 시 비자 유형 변경이 가능하다.

3) 비자 면제 구역

외국인의 입국에 비자 발급이 면제되는 구역인 "해안 경제 구역"이 새로이 규정되었다. "해안 경제 구역"으로 지정된 구역에 30일 이내의 기간 동안의 체류를 위해 입국 시 비자 발급이 면제된다. 이는 베트남 정부가 해안 지역에 자체적인 공항과 경계선을 부여해 타 지역과는 분리된 새로운 유형의 경제 구역을 설립할 것을 시사한다.

4) 신규 개정안에 따른 비자 유형의 분류

- DT1

DT1 비자는 정부가 규정한 우선 분야 및 지역의 프로젝트의 외국인 투자자 또는 외국인 투자자의 법적 대표자, 또는 출자자본금이 최소 1,000억 동인 프로젝트의 외국인 투자자 또는 외국인 투자자의 법적 대표자에게 발급된다. 해당 비자의 유효기간은 최대 5년이며, 임시거주증은 최대 10년까지 가능하다.

- DT2

DT2 비자는 정부가 규정한 권장 분야 및 지역의 프로젝트의 외국인투자자 또는 외국인투자자의 법적대표자, 또는 출자자본금이 500억 동 이상 1,000억 동 미만의 프로젝트의 외국인투자자 또는 외국인투자자의 법적대표자에게 발급된다. 해당 비자의 유효기간은 최대 5년이며, 임시거주증은 최대 5년까지 가능하다.

- DT3

DT3 비자는 출자자본금이 30억 동 이상 500억 동 미만인 외국인투자자 또는 그 법적대표자에게 발급된다. 해당 비자의 유효기간은 최대 3년이며, 임시거주증은 최대 3년까지 가능하다.

- DT4

DT4 비자는 출자자본금이 30억 동 미만인 외국인투자자 또는 그 법적대표자에게 발급된다. 해당 비자의 유효기간은 최대 12개월이다. 기존 규정에 따라서는 DT4 비자도 임시거주증 발급이 가능했으나 신규 규정 하에서는 임시거주증을 발급받을 수 없다.

- DN1

DN1 비자는 베트남에 법인이 있는 기업 또는 단체가 초청한 외국인에게 발급된다. 해당 비자의 유효기간은 최대 12개월이다. 기존 규정에 따라서는 DN1 비자도 임시거주증 발급이 가능했으나 신규 규정 하에서는 임시거주증을 발급받을 수 없다.

- DN2

DN2 비자는 베트남에 고정적 사업장을 설립하거나 서비스를 홍보하기 위해 베트남에 입국한 외국인에게 발급된다. 기존 규정에 따라서는 DN2 비자도 임시거주증 발급이 가능했으나 신규 규정 하에서는 임시거주증을 발급받을 수 없다.

- LD1

LD1 비자는 노동허가증을 면제받은 외국인에게 발급된다. 해당 비자의 유효기간은 최대 2년이며, 임시거주증은 최대 2년까지 가능하다.

- LD2

LD2 비자는 노동허가증을 보유한 외국인에게 발급된다. 해당 비자의 유효기간은 최대 2년이며, 임시거주증은 최대 2년까지 가능하다.

제2절 회사의 근로자에 대한 해고 사유 및
근로자 유의사항

베트남 내 신규 취업하는 한국 근로자는 베트남 노동법상 회사측 (사용자)에서 근로자에 대한 해고 시 법적 사유에 해당이 되는지 여부를 알아야 할 필요가 있다. 베트남 노동법 제38.1조에 의거해 사용자의 근로계약 해지, 즉 해고는 크게

- 사용자의 일방적 해고
- 객관적 상황에 의한 해고
- 직장 내 징계의 결과로서의 해고로 나뉠 수 있다.

1. 사용자의 일방적 해고

사용자의 일방적 해고는 다음과 같이 크게 4가지 경우에 해당될 시에 가능하다.

- 근로자의 잦은 업무 미수행
- 질병 또는 부상으로 인한 병가 기간을 초과한 기간 동안의 업무 수행 불가능 상태
- 자연재해, 화재, 또는 기타 불가항력 사유로 인한 생산 범위 하향 조정 및 구조조정
- 근로자가 근로계약의 일시 중단 이후 결근할 경우

첫 번째, 근로자가 근로계약에 명시된 업무를 수행하지 못하는 일이 잦은 경우 해고가 가능하다. 2015년 베트남 정부 시행령에 따라서 해당 사유로 인해 해고 시 사용자는 베트남 법에 따라 근로자의

업무 완료를 평가하는 기준을 명확히 밝혀야 한다. 업무 완료 평가 기준은 내규에 규정되어 있어야 하며, 해고 전 근로자 조합(노조)의 의견을 수렴하여야 한다. 즉, 근로자 입장에서 업무 미수행으로 해고를 당하는 경우가 있을 시 과연 사용자측에서 이미 내규(취업규칙)상 업무 완료 평가 기준이 마련되어 있고, 합당한 절차를 거쳐서 해고 결정으로 귀결되었는지 확인해 볼 필요가 있다.

두 번째, 근로자가 질병 또는 부상으로 인해 법적으로 허용된 병가 기간을 초과한 기간 동안 업무가 불가능할 경우에 해고가 가능하다. 질병 또는 부상으로 인한 병가 기간은 근로계약에 기한이 정해져 있지 않은 정규직의 경우 최대 연속 12개월, 근로계약에 기한이 정해진 계약 직의 경우 최대 연속 6개월, 계절직 고용 또는 고용 기간이 12개월 이하인 특정 업무를 위한 고용일 경우 근로계약상 기간의 절반까지 가능하다. 근로자가 허용된 병가 기간 이내로 건강을 회복해 업무 복귀가 가능할 시 사용자는 해당 근로자의 근로계약 재개를 고려해야만 한다.

세 번째, 사용자가 자연재해, 화재, 또는 기타 불가항력적 사건으로 인해 생산 범위를 하향 조정하고 직원의 수를 축소해야 할 경우, 즉 구조조정 사유에 해당될 시 해고가 가능하다. 불가항력적 사유로는 적국에 의한 공격, 전염병, 관할 당국의 요구에 따른 생산 범위 축소 및 사업장 위치의 이전으로 정의한다.

네 번째, 근로자가 근로계약의 일시 중단 이후 결근할 경우 해고가 가능하다. 근로자는 군 복무, 유치, 구류, 임신 및 양측이 합의한 기타 사유로 인해 근로 계약을 일시 중단할 수 있다. 해당 중단 기간이 만료된 이후 근로자가 15일 이내 출근하지 않는 경우 사용자는 근로계약을 해지할 수 있다.

2. 객관적 상황으로 인한 해고

위와 같이 비교적 주관적인 판단을 요하는 사유로 해고하는 것이 아닌, 객관적 상황으로 인한 해고는 베트남 노동법 제44조와 제55조에 따라

- 구조 및 기술 변화가 있는 경우
- 경제적 사유
- 회사의 합병 또는 분할

의 3가지 경우에만 가능하다. 객관적 상황으로 인한 근로계약 해지의 경우 근로자는 실업 급여를 받을 수 있다.

첫 번째, 구조 및 기술 변화가 있는 경우 해고가 가능하다. 구조 및 기술 변화는 조직 구조의 변화, 고용의 재조직, 제품 또는 제품 구조의 변화, 사용자의 사업 활동, 제조와 관련이 있는 기술 공정, 기계, 제조 장비의 변화로 정의된다.

두 번째, 경제적 사유로 인해 해고가 가능하다. 경제 위기 또는 불경기가 닥칠 경우, 또는 정부의 경제 재구조화 또는 국제 양허안 적용 정책 시행에 따른 경우 사용자는 근로자와의 근로계약을 해지할 수 있다.

구조 및 기술 변화나 경제적 사유로 인해 근로자와의 근로계약을 해지하는 경우 사용자는 베트남 노동보훈사회국에 공지를 해야만 한다.

세 번째, 회사 합병 또는 분할의 경우 근로 계약의 해지가 가능하다. 회사를 합병 또는 분할하는 경우, 후임 사용자는 현존하는 인력을 계속 고용하며 근로 계약을 수정 및 보완하도록 한다.

사용자가 모든 근로자를 유지할 수 없는 경우 후임 사용자는 인력 활성화 계획을 작성 및 적용해야 한다. 자산 소유권 또는 기업 사용권

이전의 경우, 후임 사용자가 아닌 전임 사용자가 인력 활성화 계획을 작성 및 적용해야 한다.

인력 활성화 계획은 계속 고용될 근로자, 계속된 고용을 위해 재훈련을 받을 근로자, 은퇴할 근로자, 파트타임으로 배정될 근로자 및 근로계약이 해지될 근로자의 수 및 목록을 포함해야 한다.

3. 직장 내 징계의 결과로서의 해고

직장 내 징계의 결과로서의 해고는
- 근무지 내 절도, 횡령, 도박, 의도적 상해, 마약 사용
- 사용자의 기술 또는 사업상 기밀 공개 또는 지적재산권 침해
- 사용자의 자산 또는 이해관계에 심각한 피해를 야기하거나 야기할 위험이 있는 행동시
- 근로자의 내규 재위반
- 근로자가 1개월 이내 5업무일 이상, 또는 1년 이내 20업무일 이상 타당한 사유 없이 허락 없는 결근을 한 경우

의 5가지 경우에 가능하다.

첫 번째, 근무지 내 절도, 횡령, 도박, 의도적 상해, 마약 사용의 경우 사무실, 출장지 등 근무지 내의 범위에서 이루어져야 한다. 의도적 상해의 경우 상해의 수준과 관련없이 사용자가 근무지 내 해당 행동이 의도적으로 이루어졌음을 보일 수 있다면 근로자를 해고할 수 있다.

두 번째, 사용자의 기술 또는 사업상 기밀을 공개하거나 지적재산권을 침해했을 경우 해고가 가능하다.

세 번째, 사용자의 자산 또는 이해관계에 심각한 피해를 야기하거나 야기할 위험이 있는 행동을 했을 경우 해고가 가능하다. 이때 심각한 피해 및 특수 피해는 내규에 명시되어 있으나 노동법 제130조에 따라 심각한 피해로 규정하기 위해서는 피해 금액이 해당 지역의 최저 임금의 10개월 분 이상이어야 한다.

네 번째, 근로자가 내규 위반 후 해당 위반의 기록 기간이 만료되기 전 같은 위반 행위를 저질렀을 때 해고가 가능하다. 내규 위반의 기록 기간은 어떤 징계를 받았는지에 따라 달라진다. 임금 상승에 필요한 기간을 연장하는 징계의 경우 위반 행위가 발생한 일자로부터 6개월 동안 기록되며, 정직 형태의 징계를 받은 경우 위반 행위가 발생한 일자로부터 3년간 기록된다.

다섯 번째, 근로자가 1개월 이내 5업무일 이상, 또는 1년 이내 20업무일 이상 타당한 사유 없이 허락 없는 결근을 한 경우 해고가 가능하다. 결근의 타당한 사유는 자연재해, 대형 화재, 적법히 설립되고 운영 중인 의료 기관이 인증한 부모, 양부모, 배우자의 부모, 배우자, 아이 또는 입양아의 질병으로 정의된다.

위와 같은 베트남 내 취업 근로자 입장에서 유의하여야 하는 베트남 노동법상 사용자측의 해고 사유 이외에도 베트남에서 근로하는 외국인 근로자의 경우 기타 주의할 사항들이 있는데, 근로자 본인의 노동허가에 관한 부분이 그 중 하나이다. 일부 한국 근로자들의 경우, 단순히 상용비자만 득하면 베트남 내 취업이 가능한 것으로 오해하는 경우가 있으나, 이는 사실과 다르다. 베트남 내 외국인이 근무를 위해서는 노동허가증이 필수적이며, 근로 시작 전 노동허가를 전제로 근로계약서를 작성하게 된다. 노동허가 및 근로계약서를 적법하게 작성 한 외국인 근로자는 베트남 현지인과 동일하게 베트남 법에

294

의하여 연휴, 해고 후 근로자의 권리 등을 보장받을 수 있으며, 근로자의 의무인 의무사회보험료 납부, 개인소득세 납부 등을 이행해야 한다.

즉, 노동법 제172조에 규정된 노동 허가증 면제의 경우를 제외하고 외국인 근로자는 노동법 제169조, 제171조에 따라 회사가 위치한 시성의 노동보훈사회국에서 노동 허가증을 신청하고 제출해야 한다. 외국인이 노동 허가증 없이 베트남에서 근로한 것이 밝혀질 경우 처벌 및 강제 추방이 가능하다. 베트남 노동허가증의 유효 기간은 보통 2년으로, 유효 기간이 5일에서 45일 남았을 때 근로자가 반드시 노동 허가증 재발급 신청을 해야 한다.

위에서 언급한 바와 같이 베트남에서 근로하는 외국인근로자는 근로계약서를 체결하여야 한다. 근로계약서는 서면으로 작성되어야 하며, 효력을 갖기 위해서는 베트남어본이 필수적으로 포함되어야 한다. 일부 한국업체에서는 한국어로만 간단히 작성된 근로계약서를 사용 하는데, 엄연히 효력이 없으므로 근로자는 이점에 주의하여야 한다. 베트남 근로계약서상에는 반드시 직무 내용 설명, 근무 조건, 연봉(총 연봉, 세후 연봉)이 포함되도록 유의해야 한다. 근로자는 또한 근로계약서에 서명하기 전에 회사, 사업 부문, 법적 대표자, 근무 환경에 대한 이해를 갖추는 것이 좋다. 회사의 내규, 월급 및 추가 수당 규정, 징계 및 앞서 살펴본 해고 관련 규정 또한 유의할 필요가 있다.

실제로 베트남 내 회사의 일방적 해고의 사유 중 하나로 잦은 업무 과제 미수행이 있으므로 근로계약서 작성 및 업무 시 다음과 같은 부분에 유의하도록 한다. 근로계약서를 작성 시 분명한 업무 내용, 업무 완료 기준, 업무 평가 절차에 대해 사전 확인을 하도록 할 필요가 있다. 업무 특성상 업무 완료 기준에 애매함이 있을 경우 근로계약서에 업무 완료 평가 기준을 상세히 규정하는 조항을 넣거나 직속 관리자 또는 고객과 업무 시작 전 합의를 하도록 한다. 예컨대, 그래픽 디자인 업무의 경우 근로자는 업무를 수행했으나 고객 또는 관리자의 수정 요청으로 인해 마감 기한이 변경될 수 있다. 근로자는 마감 기한, 품질, 고객의 수정 요청은 몇 번까지 가능한지 등의 사항을 미리 정해놓는 것이 좋다. 또, 회사의 내규에 "업무를 수행하지 못하는 일이 잦은 경우"의 정의를 포함하는 업무 완료 평가 기준 존재 여부를 파악하도록 하고 내규에 해당 내용이 있다면 해당 규정이 공지 여부 및 베트남 법상 모든 근로자에게 적용되는지 그 여부를 숙지하는 것이 좋다.

수습 기간이 있는 경우 베트남 법에 따른 수습 기간의 최대 기간을 알아 놓도록 한다. 베트남 노동법 제27조에 따라 수습 기간은 각 직장마다 1번씩만 적용이 가능하며 최대 기간은 직업의 종류에 따라 달라진다. 대졸자 이상의 경우 최대 60일까지 가능하며, 중등직업등급, 전문2차등급, 기술직의 경우 30일까지 가능하다.

외국인 근로자의 경우 노동법 제115조에 따라 베트남의 공휴일 외에도 본국의 국경일 하루와 설 연휴 하루를 추가적으로 쉴 수 있다.

외국인 근로자 또한 베트남 법에 따라 해고 시 해고 수당, 실업 급여 등의 권리를 보장받을 수 있다. 베트남 법에 따라 적법히 해고되는 경우 노동법 제42조, 제48조, 제49조에 따라 근로자는 다음과 같은 경우 해고 수당 및 실업 급여를 받을 수 있다. 해고 수당은 12개월 이상 근무했으며 직장 내 징계로 인한 해고나 은퇴가 아닐 경우 수령이 가능하다. 실업 급여는 객관적 상황에 의해 근로계약이 해지되었으며 12개월 이상 근무한 경우 수령이 가능 하다. 해고가 적법치 않았던 경우 사용자는 근로자를 원 근로계약서의 내용에 따라 복귀시켜야 하며 근로자가 일하지 못했던 기간 동안의 임금과 최소 2개월 분의 임금을 지급해야 하며 근로자를 복귀시키지 않는 경우 보상 금액을 지급해야 한다.

나아가, 외국인 근로자 또한 근로 기간 중에는 베트남 정부에 의무 사회보험료와 개인소득세를 납부하여야 하는 점을 유의하여야 한다.

의무사회보험은 2018년 베트남 정부 시행령 143번에 따라 베트남에서 관할 당국으로부터 노동 허가증을 발급받아 1년 이상 유효한 근로 계약하 계약직으로 근무하는 외국인 근로자에게 적용된다. 2022년 1월부터 근로자는 매월 연금 및 사망보험기금에 월급의 8%에 해당 되는 사회보험료를 납부할 의무가 있다.

개인소득세의 경우 2013년 베트남 정부 시행령 65번에 따라 외국인 근로자에게 부과되며 외국인 근로자의 거주자 여부에 따라 그 세율이 달라진다. 거주자일 경우 베트남 근로자와 같은 세율표에 따라 개인소득세가 계산된다. 외국인 근로자의 경우 베트남 회사가 고용 중인 외국인 근로자를 대신해 개인소득세를 신고할 책임을 진다.

베트남 내 근무를 새로 시작하거나, 취업을 준비 중인 한국인 근로자는 위와 같은 기본적인 사항들에 대하여 숙지하고 근로자 입장에서 불이익을 예방하는 것이 중요하다.

제3절 신규취업자의 회사 실무관리 기본사항

1. 신규취업자가 알아야 할 사항

한국기업에서 근무를 하게 되는 한국인 근로자들은 보통 관리직을 맡게 된다. 따라서 신규취업자는 근무를 시작하기 전 회사의 법적 상황 및 현 운영 상태를 숙지하는 것이 좋다. 회사 내 직급에 따라 접근 가능한 서류에 차이가 있겠지만 투자등록증명서, 기업등록증명서, 정관, 재무제표, 내규 등을 통해 회사의 정보를 파악할 수 있다.

- 투자등록증명서(IRC)

베트남 투자법 제60조에 따라 베트남 내 외국인 소유 회사는 회사 설립 전 투자 프로젝트를 통해 투자등록증명서를 발급받아야 한다. 투자등록증명서는 투자자, 투자 프로젝트의 내용 등의 정보를 담고 있기에 신규취업자는 다음과 같은 정보를 배울 수 있다. 투자자에 관련해서는 투자자의 수, 투자자가 개인인지 법인인지, 투자자가 법인일 경우 법적 대표자가 누구인지의 정보가 기재되어 있으며 투자 프로젝트에 관련해서는 투자 프로젝트명, 그 목적, 프로젝트의 규모, 위치, 사용 토지 및 수면 면적, 투자 자본금, 투자 실행 일정 등이 기재되어 있다. 이 외에도 베트남 정부가 해당 프로젝트에 대해 인센티브 및 지원을 하는지 여부와 투자자에 대한 규정을 알 수 있다.

- 기업등록증명서(ERC) 및 정관

투자등록증명서 외에 기본 서류에 포함되는 기업등록증명서 및 정관은 베트남 투자법 제29조에 따라 회사 설립에 관한 내용을 담고 있다. 먼저 회사 유형의 경우 베트남 내 외국인 소유 회사는 일반적으로 유한책임회사와 주식회사로 나뉘며, 유한책임회사는 다시 투자자 수에 따라 1인 유한책임회사와 2인 이상의 다인 유한책임회사로 나뉜다. 이 외에 회사명, 본사의 주소 및 연락처, 정관자본금, 회사 소유주가 개인인지 법인인지의 여부를 포함한 소유주에 대한 정보, 회사의 법적대표자, 사업 부문, 세금 코드로도 사용되는 기업등록번호 등의 회사 설립에 관한 정보를 알 수 있다.

회사에 지점이나 지사 또는 대표사무소가 있는 경우 이에 대한 정보는 베트남 기업법 제46조에 따라 지점/지사 및 대표사무소 등록증명서에 기재되어 있다. 신규취업자는 지점이나 지사 또는 대표사무소의 경우 법인이 아니며 이에 따라 법인과 같은 법적 지위가 없음을 유념하도록 한다. 베트남 기업법 제55, 78, 85조는 상기 언급된 회사의 설립 유형에 따라 회사의 결정권 구조에 대한 요건이 달라진다. 다인(多人) 유한책임회사의 경우 이사회, 이사장, 법적대표자가 필요하고, 투자가가 11인 이상이면 감사위원회 또한 요구된다. 1인 유한책임회사의 경우, 소유주가 개인인지 법인인지에 따라 그 구조가 다르다. 소유주가 개인이면 사장과 법적대표자가 필요하고 소유주가 법인이면 법적대표자, 감사책임자 외에 별도의 사장을 임명할 것인지 선택할 수 있다.

이와 같은 증명서, 정관 등은 변동 사항이 생길 경우 변경을 신청해야 한다. 투자등록증명서는 프로젝트 위치, 투자자 정보, 프로젝트명, 규모, 사용 토지 및 수면 면적, 기간, 이행 일정, 목적, 출자자본금의 내용에 변동 사항이 생길 경우 수정이 필요하며 기업등록증명서의 경우 법인명, 베트남 법인 본사 주소, 법적대표자,

정관자본금 등의 내용에 변동 사항이 생길 경우 수정이 필요하다.

• 회사의 재무제표

회사의 재정적 현황은 베트남 내 회사의 재무제표를 통해 알 수 있다. 회사의 재무제표는 대차대조표, 경영성과보고서, 현금흐름표, 재무제표주기사항 등으로 구성되어 있으며 재무제표로부터 회사의 자산, 부채, 자본, 매출액, 기타 수입, 생산, 사업 비용, 기타 비용, 손익 및 사업 결과, 현금흐름에 대한 정보를 알 수 있다.

• 회사의 내규

베트남 내 회사의 내규의 경우, 노동법 제73, 119조에 따라 회사 내부 근무 규정 및 노사 단체협약을 통해 회사의 근무 시간, 휴식 시간, 직업 안전 및 위생, 고용주의 자산 보호, 징계 등에 대한 정보를 얻을 수 있다. 업무 완료 평가 기준 등 법적으로 규정되지 않는 내용 또한 내규를 통해 알 수 있으므로, 내규는 반드시 근로자로서 세부내용까지 주지할 필요가 있다.

2. 기타 관리 사항의 경우

• 직원 관리의 경우

직원 관리의 경우, 베트남 2014년 사회보험법, 2014년 건강보험법, 2013년 고용법에 따라 고용주 측에서 회사에서 일하는 직원의 건강보험, 사회보험, 실업보험 보험료를 납부해야 한다.

• 세금의 경우

세금의 경우 회사는 라이선스 비용, 기업소득세, 부가가치세, 수입수출세, 자원세, 특수소비세 등의 세금을 납부해야 한다. 이때 사용되는 세금 코드는 기업등록번호와 동일하다.

- 소유주, 투자자의 변경 또는 법적 대표자의 변경,
외국인 직원이나 인턴을 고용하는 등 인사 변동이 생기는 경우
회사에 소유주, 투자자의 변경 또는 법적 대표자의 변경, 외국인
직원이나 인턴을 고용하는 등 인사 변동이 생기는 경우 다음과 같
은 절차를 따라야 한다. 소유주, 투자자 변경의 경우, 외국인이
자본 출자, 주식 또는 출자 자본 매입을 통해 회사의 정관자본금
의 51% 이상을 보유하게 될 시 다음 절차를 수행해야 한다.

회사의 소유주 또는 자본 출자자인 경우, 베트남 노동법 172조에
따라 노동허가증이 면제되나, 베트남 노동보훈사회국에서 노동
허가증 면제를 신청해야 하며 베트남 이민국(공공안전부)에서 임
시거주증을 등록하도록 한다. 출자 자본 매입 등록은 기획투자부
에서 이루어지며, 소유주 변경, 법적 대표자 변경, 투자등록증명
서 변경, 기업등록증명서 변경의 절차를 밟아야 한다. 회사 유형
이 변경될 시에는 회사 인감 또한 변경이 필요하다.

법적 대표자가 변경되는 경우 노동보훈사회국에서 노동허가증을
등록하고 이민공안국(공공안전부)에서 임시거주증을 등록하며,
법적 대표자 및 기업등록증명서를 변경하도록 한다.

외국인 직원 또는 인턴을 고용할 계획인 경우, 고용 전 회사의 노
동에 대한 필요를 서면상 소명서로 노동보훈사회국에 제출해야
한다. 서명 승인 서류를 수령해야 외국인 직원 임명 및 노동허가
증 발급 신청이 가능해진다. 다만, 일부 직업군의 경우, 법적 요건
이 상이하므로, 외국인 근로자 및 노무 관리 시에는 전문변호사
의 별도 검토를 득하여 베트남 현지 법률 위반 내지 한국인 근로
자에 대한 차후 불이익이 없도록 사전 예방하는 것이 중요하다.

TREND

VIETNAM

2020

2019년 개정 노동법

13

2019년 개정 신 노동법

KOTRA 호치민무역관
김찬영 변호사

1. 2019년 노동법 개정

베트남 국회는 2019년 11월 30일 신규 노동법(Bộ Luật Lao Động 2019, 2021.01.01. 발효, No. 45/2019/QH14)을 공포하였다. 아래는 현재 적용되고 있는 2012년 노동법과 비교한 개정노동법의 주요 개정 내용이다.

2. 노동법 적용 대상

기존 노동법 적용 대상에 '고용관계가 없는 근로자'가 추가되었다. 이는 특정 작업을 진행하고, 보수를 받으며, 피사용자의 감독을 받는 경우에는 계약의 명칭과 관계없이 노동법상 근로자로 포섭된다는 의미이다. 즉, 보수를 받는 법적대표자(법인장), 이사회 구성원 등도 근로자에 포함될 수 있다.

2012년 노동법	2019년 노동법
1. 베트남 근로자, 직업교육생, 수습생, 이 노동법에서 규정한 기타 근로자	1. 베트남 근로자, 직업교육생, 수습생, 고용관계가 없는 근로자

* 자료 : 2012년, 2019년 노동법 제2조 1항

3. 복수노조허용

기존 법상으로는 베트남 노동조합연맹 산하의 단일 노조만을 설립할 수 있었으나, 개정노동법에서는 별도의 근로자단체 설립을 허용한다. 이는 베트남이 맺은 국제협약인 CPTPP, EU-베트남 FTA 및 ILO 협약과 부합하는 내용이다.

2012년 노동법	2019년 노동법
3. "근로자집단"은 같은 사용자를 위하여 또는 사용자의 조직 구조 속의 하나의 부서에서 근무하는 근로자의 조직된 집합이다. 4. "단위 근로자집단 대표단체"는 단위 노동조합의 집행위원회를 의미한다. 단위 노동조합이 없을 경우 직속 상위 노동조합의 집행위원회를 의미한다.	3. "근로자 대표단체"는 노동법이 규정한 단체교섭이나 그 밖의 방법을 통해 노무관계에서 근로자의 정당한 권익을 보호하는, 근로자가 자발적으로 설립한 내부 조직을 말한다. 대표적인 근로자 조직으로는 내부 노조와 내부 근로자단체가 있다.

* 자료 : 2012년 노동법 2조, 2019년 노동법 제3조, 제170조 등

4. 근로계약의 형식

기존에는 근로계약은 반드시 문서로 이루어져야 하도록 하였으나, 개정 이후에는 근로계약이 전자방식을 통해서도 가능하도록 바뀌었다.

특히 구두계약은 기존 3개월 미만 고용을 기준으로 가능하였으나 신노동법에서는 1개월 미만의 임시직만 구두계약이 가능하다.

<신·구 노동법 내 근로계약형식 조항>

2012년 노동법	2019년 노동법
1. 근로계약체결은 반드시 문서로 만들고 2부로 제작 가능. 1부는 근로자가 보관, 1부는 사용자가 보관한다. 해당 조항 내 2항의 경우, 예외로 한다.	1. 근로계약은 반드시 문서로 체결하고 2부를 제작하여 1부는 근로자가 보관, 1부는 사용자가 보관한다. 단, 이 조 제2항의 경우에는, 예외로 한다. 전자상거래 법률 규정에 부합하는 전자방식을 통한 근로계약체결은 문서화된 근로계약과 같은 효력이 있다.
2. 3개월 미만의 임시직의 경우 구두로 계약체결 할 수 있다.	2. 아래와 같은 경우, 구두로 계약체결이 가능하다. - 계약기간이 1개월 미만인 경우 　단, 아래의 경우 제외 　• 해당 법률 제18조 2항에 해당하는 경우 　• 해당 법률 제145조 1항 a에 해당하는 경우 　• 해당 법률 제162조 1항 　(*주 : 각 다수의 12개월 미만 계절적 계약에서 대표자 선임하여 계약하는 경우, 15세 미만 근로자가 법정대리인에게 근로를 허락받는 경우, 가사사용인의 경우)

* 자료 : 2012년 노동법 제16조 1, 2항, 2019년 노동법 제14조 1, 2항

5. 근로계약의 종류

　기존 세 가지의 근로 계약 유형 중 '1년 이하 계절적 계절적 작업 또는 특정 작업에 대한 근로계약'은 삭제하였으며, 신노동법 상 근로계약의 종류는 '1. 36개월 이하 기간의 정함이 있는 근로계약', '2. 기간의 정함이 없는 근로계약' 2가지로 단순화되었다. 이에 따라 기간의 정함이 있는 근로계약의 경우 기존 1년의 최단 기간 제한이 없어졌다. 무심코 단기 근로계약을 반복하는 경우 기한의 정함이 없는 근로계약으로 전환될 수 있으므로 주의하여야 한다.

< 신·구 노동법 내 근로계약종류 조항 >

2012년 노동법	2019년 노동법
a) 기간의 정함이 없는 근로계약 b) 기간의 정함이 있는 근로계약(12~36개월) c) 단기근로계약 혹은 12개월 미만의 계절적 직업	a) 기간의 정함이 없는 근로계약 b) 기간의 정함이 있는 근로계약(36개월 이하)

*자료 : 2012년 노동법 제22조 1항, 2019년 노동법 제20조 1항

6. 수습근무(인턴)계약

신노동법에서는 수습근무에 관한 합의사항을 근로계약서 혹은 별도의 수습근무계약서에 명시하도록 하였다. 부수적인 효과로 기존 사회보험 부담분을 줄이기 위해 실무적으로 수습만을 위한 별도의 계약서를 작성하는 경우도 있었으나, 개정 이후 하나의 근로계약으로 처리 가능할 것으로 전망된다.

< 신·구 노동법 내 수습근무계약 조항 >

2012년 노동법	2019년 노동법
1. 근로자와 사용자는 수습기간 동안 양측의 수습 근무, 권리, 의무에 대해 합의한다. 수습 근무에 대해 합의가 되었을 경우, 양측은 수습근무계약을 체결할 수 있다. 　수습근무계약서는 해당 법 제23조 1항 a, b, c, d, dd, g, h의 내용을 포함한다. 2. 근로자가 단기계약으로 근무할 경우, 수습근무로 보지 않는다.	1. 근로자와 사용자는 근로계약서에 명시된 수습근무내용에 대해 협의하거나 혹은 수습근무계약 체결을 통해 수습근무에 대한 합의를 할 수 있다. 2. 수습근무계약서의 주요 내용으로 수습근무기간과 해당 법 제21조 1항 a, b, c, dd, g, h의 내용을 포함한다. 　(*주 : 근로조건 등 근로계약의 주요 내용) 3. 1개월 미만의 근로계약자에 대해 수습근무를 적용하지 않는다.

*자료 : 2012년 노동법 제26조, 2019년 노동법 제24조

307

7. 수습근무기간 변경

기존에는 없던 기업 관리직의 수습기간에 대한 내용이 추가되었다. 이에 따라 법적대표자, 회사주석 등 기업법상 관리자의 경우 수습기간이 기존 60일에서 180일로 길어졌다.

< 신·구 노동법 내 수습근무기간 조항 >

2012년 노동법	2019년 노동법
수습근무기간은 업무의 성격과 난이도에 따라 설정하지만 업무당 수습은 1회만 가능하며 다음의 조건을 보장해야 한다.	수습근무기간은 업무의 성격과 복잡도에 따라 설정하지만 업무당 수습은 1회만 가능하며 다음의 조건을 보장해야 한다.
1. 고급전문기술 혹은 고급전문자격이 필요한 업무의 경우, 60일을 초과하지 않는다.	1. 기업법, 국영기업관리법에서 규정한 관리직의 경우, 180일을 초과하지 않는다.
2. 실무직, 기술직, 중급전문자격, 중급전문기술에 관한 업무의 경우, 30일을 초과하지 않는다.	2. 고급전문기술 혹은 고급전문자격이 필요한 업무의 경우, 60일을 초과하지 않는다.
3. 기타 업무는 6일을 초과하지 않는다.	3. 실무직, 기술직, 중급전문자격, 중급전문기술에 관한 업무의 경우, 30일을 초과하지 않는다.
	4. 기타 업무는 6일을 초과하지 않는다.

*자료 : 2012년 노동법 제27조, 2019년 노동법 제25조

8. 근로자의 일방적 계약해지

근로자는 급여를 받지 못하거나, 계약과 근로조건이 다른 경우, 성추행을 받는 등 정해진 사유에 해당하는 경우 일방적으로 계약을 해지할 수 있다.

< 신·구 노동법 내 근로자의 근로계약해지 조항 >

2012년 노동법	2019년 노동법

1. 기한이 정해진 근로계약, 단기계약 혹은 12개월 미만의 근로계약에 따른 근로자는 다음과 같은 경우에 일반적으로 계약을 해지할 수 있다.
 	
  a) 근로계약서에 기재된 업무, 근무장소에 배정되지 않거나 근로조건이 다른 경우
  b) 근로계약서에 기재된 급여를 받지 못하거나 지급기한을 넘긴 경우
  c) 학대, 성추행, 강제노동을 당한 경우
  d) 본인 혹은 가족에게 계약을 지속 이행하지 못할 어려운 상황이 발생할 경우
    dd) 국가기관의 직위에 부임되거나 국민선거기관의 업무를 맡게 될 경우
  e) 병원기관의 처방대로 휴식을 취해야하는 임산부
  g) 질병 혹은 재해를 입어 90일 동안 치료를 받았으나 회복이 되지 않은 경우
	1. 근로자는 일방적으로 계약을 해지할 수 있으며 다음과 같이 사용자에게 통보해야 한다.
	
	  a) 기한이 정해지지 않은 근로계약자는 최소 45일 전
	  b) 12개월 이상 36개월 이하의 기간이 정해진 근로계약자는 최소 30일 전
	  c) 12개월 미만의 기간이 정해진 근로계약자는 최소 3일 전
	  d) 특정 직업, 직종의 계약해지 통보기한은 정부의 규정에 따른다.

*자료 : 2012년 노동법 제37조 1항, 2019년 노동법 제35조 1항

또한 사용자는 근로자에게 근로 기간에 대한 관련 서류를 제공할 의무가 있다.

2019년 노동법

사용자는 다음과 같은 책임을 진다.
 	
  a) 사회보험 및 실업보험 참여 기간의 확인 절차를 완료하고, 관련 문서의 원본(있는 경우)을 반환한다.
  b) 근로자가 요청하는 경우, 근로와 관련된 문서의 사본을 제공한다. 문서 복사 및 발송 비용은 사용자가 부담한다.

*자료 : 2019년 노동법 제48조

기존 법에 의하면 사용자의 잘못으로 근로계약을 해지하는 경우에도 근로자가 사전에 통보하여야 하였고 그렇지 않은 경우 퇴직금을 받을 수 없으며 경우에 따라서는 사용자에 대해 손해배상책임도

질 수 있었다. 개정 후에는 성추행, 폭행, 강제노동 등 법에서 정한 특정 상황에서는 사전통보를 하지 않고도 근로계약을 해지할 수 있다.

< 신·구 노동법 내 근로자의 근로계약해지 조항 >

2012년 노동법	2019년 노동법
2. 해당 조 1항에 따라 일방적으로 계약을 해지할 경우, 근로자는 다음과 같이 사용자에게 사전통보해야 한다. a) 해당 조 1항 a, b, c, g의 경우(*근무지, 임금지급, 학대/성희롱/강제노동, 질병/사고) 최소 3일 전 통보 b) 기한이 정해진 근로계약자는 최소 30일 전, 단기계약 혹은 12개월 미만 근로계약자 중 해당 조 1항 d, dd의 경우 (*주 : 자신/가족의 곤란, 공무임명) 최소 3일 전 c) 해당 조 1항 e의 경우(임신), 해당 법 제156조에 따라 (*주 : 의료기관 결정에 따라) 사전 통보	2. 다음과 같은 경우, 근로자는 사전통보 없이 일방적으로 계약을 해지할 수 있다. a) 근로계약서에 기재된 업무, 근무장소에 배정되지 않거나 근로조건이 다른 경우. 단, 해당 법 제29조에서 규정한 경우는 예외로 한다. b) 근로계약서에 기재된 급여를 받지 못하거나 지급기한을 넘긴 경우. 단, 해당 법 제97조 4항에서 규정한 경우는 예외로 한다. c) 사용자의 폭행, 구타, 폭언 혹은 명예, 인권, 건강에 악영향을 주는 행동, 강제노동을 당할 경우 d) 근무지에서 성추행을 당하는 경우 dd) 임산부는 해당 법 제138조 1항에 따라 계약을 해지한다. e) 해당 법 제169조에서 규정한 정년퇴직연령이 되었을 경우. 단, 양측이 합의한 다른 내용이 있을 경우는 예외로 한다. g) 사용자가 해당 법 제16조 1항에서 규정한 사실이 아닌 정보를 제공하여 근로계약에 영향을 미칠 경우

*자료 : 2012년 노동법 제37조 2항, 2019년 노동법 제35조 2항

9. 외국인근로자 근로계약 해지사유 추가 및 근로기간 관련 규정 추가

외국인근로자는 베트남 당국의 추방 결정, 노동허가 만료 등에 의해 자동적으로 계약이 해지되도록 명시하였다. 특히 외국인근로자의 경우 횟수에 제한 없이 기간의 정함이 있는 근로계약을 체결할 수 있도록 하였다. 즉, 베트남 내에서 한국의 근로기준법이 적용되는 드문 예외상황을 제외하고, 특히 한국인이 한국투자기업을 포함한 베트남

현지법인에 현지채용되어 근무하는 경우에는 사실상 정규직 전환 의무가 없다고 볼 수 있다.

2019년 노동법

제36조 계약의 해지 사유

　5. 베트남에서 근무하고 있는 외국인근로자가 법원의 유효한 판결이나 관할 당국의 결정에 의해 추방된 경우
　12. 제156조에 따라 외국인근로자의 노동허가가 유효하지 않게 된 경우

제151조 베트남에서 근무하는 외국인의 필요사항

　2. 외국인근로자의 고용계약 기간은 근로허가 기간을 초과해서는 안 된다. 베트남의 외국인 직원을 채용할 경우 쌍방이 복수의 기간의 정함이 있는 근로계약의 협상을 할 수 있다.

---

10. 외국인근로자 노동허가

　노동허가는 일회에 한해 2년을 한도로 연장 가능하도록 하는 내용이 추가되었다(제155조). 따라서 근로자가 노동허가를 연장하고 있는 상태라면 추후 계약 연장시에 노동허가를 새로이 받아야 한다. 참고로 현행법에서는 연장 횟수에 제한이 없다.

　또한 베트남 국민과 혼인하고 베트남에서 거주하는 경우를 노동허가가 면제 사유로 추가하였다(제154조 제8항).

11. 사내간담회

　기존 3개월에 1회 이상 개최해야 했던 간담회가 1년 1회 이상

개최로 변경되었다(2012년 노동법 제65조 1항, 2019년 노동법 제63조 1항).

12. 임금규모, 급여체계, 근로규정 설정

기존에는 정부가 규정한 원칙에 따라 급여규모, 급여체계, 노동규정을 설정하도록 하였다. 다만, 실제로는 정부가 구체적 가이드라인을 제시하지 않았었다. 신노동법에서는 기업이 자율적으로 이를 설정하도록 변경하였다.

< 신·구 노동법 비교 조항 >

2012년 노동법	2019년 노동법
1. 정부가 규정한 임금규모, 급여체계, 근로규정 설정원칙에 따라 사용자는 근로자의 채용 및 사용, 근로계약서에 명시된 급여 수준 및 지급방식 협의를 위한 임금규모, 급여체계, 근로규정을 설정해야한다.	1. 사용자는 근로자의 채용 및 사용, 근로계약서에 명시된 업무 혹은 직책에 따른 급여 수준, 급여지급방식 협의를 위한 임금규모, 급여체계, 근로규정을 설정해야한다.

*자료 : 2012년 노동법 제93조 1항, 2019년 노동법 제93조 1항

13. 급여지급조항

급여지급에 관한 기본조항을 추가하여, 사용자는 근로자에게 급여를 지급할 때 마다 상세한 급여명세서를 제공하여야 한다.

< 신규 노동법 내 급여지급 조항 >

2019년 노동법
1. 사용자는 업무실행품질, 근로자의 능력, 사전 협의된 급여에 따라 근로자에게 급여를 지급한다.
2. 근로계약 내 급여는 베트남 동화로 표기하고 지급해야 하며, 베트남에서 근무하는 외국인인 경우는 예외로 한다.
3. 사용자는 급여지급 시에는 매번 반드시 근로자에게 급여, 초과근무수당, 야간근무수당, 공제 금액에 대해 명시된 급여명세서를 발급해야 한다.

*자료 : 2019년 노동법 제95조

14. 급여 대리수령 및 급여 소비 관련 추가

기존에는 불가했던 급여 대리수령이 가능해졌으며 사용자가 근로자에게 상품, 서비스를 구매·이용하도록 압박할 수 없도록 하는 내용이 추가되었다.

< 신·구 노동법 내 급여지급원칙 조항 >

2012년 노동법	2019년 노동법
임금은 직접, 전액, 적시에 근로자에게 지급하여야 한다. 특별한 경우로 급여를 정확한 기한에 지급하지 못하더라도 그 기간은 한 달을 초과할 수 없으며 사용자는 급여 지급 시 베트남중앙은행이 고시한 예금 이자율 상당액을 근로자에게 추가로 지급하여야 한다.	1. 사용자는 근로자에게 적시에 전액의 임금을 직접 지급하여야 한다. 근로자가 직접 급여를 수령하지 못하는 경우, 근로자에 의해 합법적으로 위임 받은 자에게 급여를 지급할 수 있다. 2. 사용자는 근로자의 소비에 대해 제한, 간섭하지 않는다. 사용자는 근로자에게 사용자 혹은 사용자가 지정한 곳의 상품, 서비스를 구매·이용하도록 강요하지 않는다.

*자료 : 2012년 노동법 제96조, 2019년 노동법 제94조

15. 급여지급방식

급여지급방식은 사용자와 근로자가 합의하도록 변경하였으며, 은행을 통해 급여를 지급할 경우 관련 비용을 모두 사용자가 부담하는 것으로 정하였다.

< 신·구 노동법 내 급여지급원칙 조항 >

2012년 노동법	2019년 노동법
1. 사용자는 시간, 상품 및 종류에 따라 급여지급방식을 선택할 수 있다. 급여지급방식은 일정한 기간 동안 유지되어야 한다. 급여지급방식을 변경할 경우, 사용자는 최소 10일 전 근로자에게 통보하여야 한다.	1. 사용자와 근로자는 시간, 상품 및 종류에 따른 급여지급방식에 대해 합의한다.
2. 급여는 현금지급 혹은 근로자가 개설한 은행개인계좌로 이체지급 가능하다. 은행계좌이체를 통해 급여를 지급할 경우, 사용자는 은행계좌 개설 및 유지에 대해 근로자와 합의하여야 한다.	2. 급여는 현금 혹은 은행계좌이체를 통해 지급한다. 근로자의 개인은행계좌를 통해 급여를 지급할 경우, 사용자는 계좌개설, 계좌이체에 관련된 모든 비용을 지불한다.
	3. 정부는 해당 조항에 대해 세부적으로 규정한다.

*자료 : 2012년 노동법 제94조, 2019년 노동법 제96조

16. 급여표 등록 의무 삭제

기존과 동일하게 근로자대표와 논의하여 급여표를 작성해야 하지만 관할 노동청 등록 의무는 삭제되었다.

17. 상여제도

기존 노동법 내 '상여금'제도에서 '상여'제도로 수정되며 사용자는 근로자에게 금전 외에 다른 것으로도 상여가 가능하도록 하였다.

< 신·구 노동법 내 상여 조항 >

2012년 노동법	2019년 노동법
1. 상여금은 연간 생산, 사업결과 및 근로자의 업무 완료 수준에 따라 사용자가 근로자에게 보상하는 금액이다.	1. 상여는 생산, 사업결과 및 근로자의 업무 완료 수준에 따라 사용자가 근로자에게 보상하는 돈 혹은 재산 혹은 기타 형태이다.
2. 상여제도는 노동조합의 의견을 조사한 후 사용자가 결정하며 기업 내 공개적으로 알린다.	2. 상여제도는 노동조합이 있는 곳에 대해 노동조합의 의견을 조사한 후 사용자가 결정하며 기업 내 공개적으로 알린다.

*자료 : 2012년 노동법 제103조, 2019년 노동법 제104조

18. 초과근무

초과근무시간은 기존과 동일하게 연 200시간까지 가능하며, 특정 수출 업무 등에 한해 신고 후 300시간을 한도로 한다. 애초 외국투자기업들이 요청했던 연간 400시간 이상의 초과근무는 반영되지 않았다. 월 단위 초과근무 가능시간은 30시간에서 40시간으로 증가하였다.

< 구 노동법 내 초과근무 조항 >

2019년 노동법

2. 사용자는 근로자에게 초과근무를 요구할 시 다음과 같은 조건을 충족해야 한다.

   a) 근로자의 동의가 있어야 한다.
   b) 초과근무시간은 1일 정규 근로시간의 50%를 초과하지 않고, 주 단위로 근무하는 근로자의
      경우 정규 근로시간과 초과근무시간을 합한 시간이 1일 12시간을 초과하지 않아야 한다.
      초과근무시간은 1개월에 30시간을 초과할 수 없고 1년에 200시간을 초과하지 않아야 한다.
      다만 정부가 규정하는 특별한 경우에는 이를 초과할 수 있으나, 그 경우에도 1년에 300시간을
      초과하지 않아야 한다.
   c) 1개월 동안에 연속적으로 초과근무를 한 경우 사용자는 근로자가 쉬지 못한 시간에 대한
      보상휴가를 제공해야 한다.

*자료 : 2012년 노동법 제106조 2항

< 개정 노동법 내 초과근무 조항 >

2019년 노동법

2. 사용자는 다음과 같은 조건을 충족하는 경우 근로자에게 초과근무를 요청할 수 있다.

   a) 근로자의 동의가 있어야 한다.
   b) 초과근무시간은 1일 정규 근로시간의 50%를 초과하지 않는다. 주간(週間)근로규정을 적용하는
      경우, 초과근무시간은, 정규 근로시간을 합해 1일 12시간을 초과하지 않고 1개월에 40시간을
      초과하지 않는다.
   c) 근로자의 초과근무시간이 1년 200시간을 초과하지 않는다. 단, 이 조 3항의 경우는 예외로 한다.

3. 사용자는 다음과 같은 상황 혹은 산업분야, 작업에 대해 1년 300시간을 초과하지 않고 초과근무를
   요청할 수 있다.

   a) 방직, 봉재, 가죽, 신발, 전기, 전자, 농ㆍ수산ㆍ임업 및 소금 상품의 가공 및 수출
   b) 전기, 통신, 정유 상품 공급 및 생산, 상하수
   c) 고도의 기술 혹은 전문자격을 갖춘 근로자가 해결해야하나 근로시장에서 인원이 충분하지 않은
      경우
   d) 계절적 이유 혹은 원자재나 상품 수급으로 시간을 지연할 수 없는 긴박한 작업, 기상, 자연재해,
      화재, 적으로 부터 피해, 전력난, 원자재 부족, 생산 라인의 기술적 문제 등 예기치 않은 일이
      발생한 경우
      dd) 정부가 규정한 기타 상황

4. 해당 조 3항의 경우에 의해 초과근무를 실행할 경우, 사용자는 반드시 성 인민위원회 소속
   노동전문기관에 서면으로 신고해야 한다.

5. 정부에서 이 조항을 세부적으로 규정한다.

*자료 : 2019년 노동법 제107조 2~5항

19. 특별한 경우의 초과근무

2012년 노동법 내 특별한 경우의 초과근무 조항에서 근로자의 건강, 생명에 대한 산업안전보호법상 인정되는 위험이 있을 경우 초과근무를 할 수 없도록 하는 예외사항이 추가되었다.

< 신·구 노동법 내 **특별초과근무** 조항 >

2012년 노동법	2019년 노동법
사용자는 다음과 같은 상황에서 근로자에게 언제든지 초과근무를 요구할 권리가 있으며 근로자는 이를 거부할 수 없다.	사용자는 다음과 같은 상황에서 해당 법률 제107조에 따른 초과근무시간에 대해 근로자에게 언제든지 초과근무를 요구할 권리가 있으며 근로자는 이를 거부할 수 없다.
1) 법 규정에 따른 국방, 안보 측면에서 긴급 상황이 발생하여 소집 및 동원령을 수행할 경우	1) 법률 규정에 따른 국방, 안보를 보장하기 위한 소집 및 동원령을 수행할 경우
2) 자연 재해, 화재, 전염병 및 기타 재난으로부터 기관, 조직 및 개인의 재산 및 생명을 보호하기 위한 작업을 수행할 경우.	2) 자연 재해, 화재, 전염병 및 기타 재난으로부터 기관, 조직 및 개인의 재산 및 생명을 보호하기 위한 작업을 수행할 경우. 단, 산업안전위생법 규정에 따라 근로자의 건강, 생명에 위험이 있을 경우 예외

*자료 : 2012년 노동법 제107조, 2019년 노동법 제108조

20. 법정공휴일

기존 독립기념일(Ngày Quốc khánh) 공휴일을 1일에서 2일로 연장 변경하여 연간 법정공휴일은 총10일에서 11일로 늘어났다. 신규 공휴일은 매년 9월 1일 혹은 3일이며, 구체적 일정은 구정(Tet) 연휴처럼 매년 총리령으로 발표된다.

< 신·구 노동법 내 법정 공휴일 조항 >

2012년 노동법			2019년 노동법		
공휴일	날짜	휴일 수	공휴일	날짜	휴일 수
신정	양력 1월 1일	1일	신정	양력 1월 1일	1일
구정	음력 1월 1일	5일	구정	음력 1월 1일	5일
승전기념일	양력 4월 30일	1일	승전기념일	양력 4월 30일	1일
국제 근로자의 날	양력 5월 1일	1일	국제 근로자의 날	양력 5월 1일	1일
독립기념일	양력 9월 2일	1일	독립기념일	양력 9월 2일	2일
흥붕왕 기념일	음력 3월 10일	1일	흥붕왕 기념일	음력 3월 10일	1일

*자료 : 2012년 노동법 제115조, 2019년 노동법 제112조

21. 휴가관련 내용 추가

유급휴가 대상에 양부모, 양자녀의 사망을 추가하였다.

< 신·구 노동법 내 유급휴가 조항 >

2012년 노동법	2019년 노동법
1. 근로자는 다음과 같은 경우에 급여를 온전히 받고 휴일을 가질 수 있다. a) 결혼 : 3일 b) 자녀의 결혼 : 1일 c) 친부모, 배우자의 친부모, 배우자 혹은 자녀의 사망: 3일	1. 근로자는 다음과 같은 경우에 사용자에게 통보하여 급여를 온전히 받고 휴일을 가질 수 있다. a) 결혼 : 3일 b) 친자녀, 양자녀의 결혼 : 1일 c) 친부모, 양부모, 배우자의 친부모, 양부모, 배우자, 친자녀, 양자녀의 사망 : 3일

*자료 : 2012년 노동법 제116조 1항, 2019년 노동법 제115조 1항

22. 정년퇴직연령

기존 만 60세, 만 55세이었던 정년퇴직연령이 만 62세, 만 60세로 변경되었다(제169조). 시행과 동시에 곧바로 조정되는 것은 아니며, 시행 첫해인 2021년부터 남성 만 60세 3개월, 여성 만 55세 4개월이 적용되고, 이후 매년 남성은 3개월, 여성은 4개월씩 증가하게 된다.

중노동, 위험직군, 노동능력이 저하된 근로자는 5년 일찍 퇴직할 수 있으며, 전문기술직, 관리직, 기타 특수한 경우에는 5년을 한도로 연장할 수도 있다.

< 연도별 정년퇴직연령 >

기준연도	남성	여성
2021	60세 3개월	55세 4개월
2022	60세 6개월	55세 8개월
2023	60세 9개월	56세
2024	61세	56세 4개월
…	…	…
2027	61세 9개월	57세 4개월
2028	62세	57세 8개월
…	…	…
2034	62세	59세 8개월
2035	62세	60세

23. 근로감독관이 사전통보 없이 감사 가능

근로자의 안전, 생명, 건망, 명예 등을 위협하는 급박한 경우 근로감독관은 자신의 결정으로 사전통보 없이 기습감사를 진행할 수 있다.

24. 시사점

• 초과근무

개정 전 의견수렴 과정에서 외국인투자기업들이 적극적으로 요구한 초과근무, 해고요건 완화 등은 반영되지 않았다. 개정 논의 과정에서는 오히려 강화하자는 의견도 있었던 만큼, 향후에도 초과근무 확대는 쉽지 않을 것으로 예상이 가능하다.

• 베트남에서 근무하는 한국인 근로자의 고용안정성 약화

베트남 현지법인에서 근무하는 한국인들은 대부분 관리직인 특징이 있다. 특히 기업법상 보직을 맡고 있는 경우 기존에는 의견이 분분하였으나, 신법에서는 어느 정도 근로자 지위에서 노동법의 보호는 받을 수 있는 여지는 생겼다고 볼 수 있다. 다만 보호를 받더라도 수습기간이 증가하였다는 점(기존 60일에서 180일로 증가), 그리고 외국인 근로자의 무한 계약직을 허용하였다는 점은 베트남에서 근무하는 외국인에 한해 고용안정성이 약화되었다는 평이 가능하다.

• 근로감독관의 불시점검 가능

불시점검은 1994년 노동법에서 규정되었으나 현 노동법에서 삭제되었던 사항이다. 각종 FTA나 ILO 협약 등의 흐름에 맞게 부활한 것으로 보인다. 이에 따라 감독기관은 영장 발급 등이 없이 언제든 사업장감시가 가능하게 되었으므로 진출기업의 노동 관련 준법 경영이 더욱 강조될 것이다.

• 유의점

베트남 노동법은 초과근무수당, 고용과 해고, 근로자 수급, 정년, 휴일 등 많은 부분에서 한국 근로기준법과는 다르다. 이 점을 미리 인지하고 장기적인 안목과 계획 하에 투자할 필요가 있으며, 특히 근로자와의 계약관계는 운영 단계에서는 변경이 힘들므로 투자 초기 단계에 원칙을 정할 필요가 있다.

또한, 이상 기술된 내용은 사소한 변경 내용은 제외하였다. 또한 개정 노동법은 많은 부분이 부분이 하위법령에 위임되어 있고, 향후 이에 따라 내용이 추가되거나 변경될 여지도 있으므로 계속하여 주시할 필요가 있다.

TREND

VIETNAM

2020

베트남 노동법관련 한국기업 주요 질의 7선

14

베트남 노동법관련
한국기업 주요 질의 7선

주 베트남 대한민국대사관
이재국 고용노동관

세무이슈와 함께 베트남에 진출한 우리기업들이 가장 애로를 겪고 있는 분야가 인사노무 분야이다. 다만, 국세·관세 등 세무이슈는 진출 로펌의 유료서비스나 코트라·무역협회 등 유관기관의 상담·지원이 활발한데 비하여, 베트남 노동법을 포함한 인사노무 이슈는 상대적으로 우리기업들의 정보획득이 용이하지 않은 편이다.

2019년 2월 주 베트남 대한민국대사관에 고용노동관으로 부임한 이후, 메일, 방문, 전화, 민원 등을 통해 우리기업들과 베트남 노동법 또는 노무이슈와 관련된 많은 상담을 하였는데, 일부 기초적인 내용도 포함하여 특히 문의가 많은 사항을 정리하여 안내하고자 한다.

1. 베트남 내 한국법인에 재직 중인 한국인 근로자에 대해 대한민국 노동법이 적용되는지 여부

베트남 진출 한국기업에 재직 중인 한국인 근로자에 대해서 한국의 최저임금을 적용해야 하는지 등 대한민국 노동법 적용여부는 여전히 한국기업뿐만 아니라, 청년 등 한국 현지취업자들의 가장 많은 질의사항 중 하나이다. 고용노동부 질의·회시를 정리하여 주 베트남 대한민국대사관 홈페이지에도 게시(2019.6.4.)한 바 있는데, 고용노동부의 회시는 다음과 같다.

- 해외 현지법인은 소재국에서 법인격을 부여받은 권리주체로서 속지주의 원칙에 따라 국내법이 적용되지 아니하므로 국내회사가 현지에 독립한 법인을 설립하고 동 사업장에서 한국인을 고용하였을 경우에도 근로기준법 등 한국의 노동법령이 적용되지 않는다고 보아야 할 것임
다만, 한국 국내회사에서 해외 현지법인체에 근로자를 파견하여 근로자의 인사 및 노무관리 등을 한국 국내회사에서 관장하고 근로자의 보수 및 주요 근로조건 등을 한국 국내회사에서 결정하고 있는 경우에는 근로기준법 등 한국의 노동법이 적용된다고 보아야 할 것임(근기 68207-1002, 1999.12.13.)

- 한편, 현지법인에 직접 채용된 한국인근로자에 대해 산재발생 등에 대비한 차원에서 국내법인의 대표자가 동 근로자와 별도로 근로계약을 체결하고 임금의 일정부분을 지급하였으며, 그 지급액을 기준으로 근로소득세 원천징수 및 4대보험 가입을 하였다는 것만으로는 근로기준법 등 한국의 노동법령을 적용받는다고 보기는 어려우나,
국내법인의 대표가 동 근로자를 해외현지법인에 소개하여 근로계약을 체결하게 하고 평소 현지법인의 근로조건의 결정, 사직

(해고)에 직접 관여하는 등 근로자에 대해 실제 인사노무관리를 행하였다면 동 근로자는 한국의 노동법이 적용될 수 있을 것으로 사료됨(근로기준팀-622, 2006.2.6.)

정리하면, 베트남의 한국법인도 법적으로 베트남 기업이므로 기본적으로 베트남 법령이 적용된다. 다만, 우리기업들이 한국인 현지 채용자의 경우에도 직원복지차원에서 우리나라 4대보험 가입을 해주는 경우가 많은데, 고용노동부 회시는 단순히 4대보험만 가입이 되어 있다고 하여 대한민국의 노동법령이 적용되는 것은 아니고 실제적인 인사노무관리를 국내기업에서 관장·결정하느냐가 우리 노동법령 적용의 판단기준이 된다는 것이다.

2. 베트남에서 노동조합 설립은 법적 강제사항인지 여부

진출기업의 많은 인사노무담당자들이 베트남은 법적으로 기업 설립 후 일정기간 이내에 기업이 노동조합을 설립해야 하는 의무가 있다고 인식하고 있으나, 그러한 베트남 노동법 및 베트남 노동조합법 등 법적 규정은 존재하지 않는다. 다만, 베트남 노동법 제189조 제2항에 따라 직속 상위 노동조합은 기업, 기관 및 조직에 단위 노동조합을 설립하거나, 근로자가 노동조합에 가입하도록 유도할 권리와 책임이 있고 사용자와 국가노동관서에 대하여 단위 노동조합의 설립을 위한 여건들을 조성·지원하도록 요구할 권리가 있다. 따라서 직속 상위 노동조합이 기업들을 방문하여 근로자들을 설득하고 교육하여 노동조합 설립을 유도할 수 있다. 한편, (기업)단위의 노동조합이 설립되면 베트남노동조합총연맹(VGCL)에 가입해야 한다.

법적으로 사용자는 단위 노동조합 설립에 협조하여야 하지만, 실무적으로도 우리 진출기업들이 노동조합의 설립에 보다 전향적일 필요가 있다고 본다.

첫째, 예전 사회주의 국영기업·협동조합의 영향으로 베트남 노동조합은 사용자에게 협력적이다. 노동조합은 근로자를 대표하고 이익을 증진하는데 주력한다는 방침에 따르지만, 다수의 노동조합 간부는 스스로를 근로자와 경영진의 가교로 인식하고 있으므로 정기회의 등 노동조합과의 대화와 협력을 통해 근로자들의 불만사항을 사전에 파악하고 노동쟁의를 예방할 수 있다.

둘째, 베트남 노동조합법 제26조에 따라 근로자의 사회보험료 산정에 기초가 되는 임금의 2%에 해당되는 금액을 사용자는 노동조합 지원금으로 납부해야 한다. 기업 내에 단위 노동조합이 있는 경우에는 노동조합 지원금의 65%는 해당 기업의 단위 노동조합에서 사용하고 상위 노동조합이 35%를 사용한다. 그러나, 단위 노동조합이 없는 기업들은 직속 상위 노동조합에게 납부하고 상위 노동조합이 해당 기업의 근로자들을 위해 65% 사용하고 남은 금액은 모아 두었다가 해당 기업에 단위 노동조합이 설립되면 환급해야 한다. 따라서 단위 노동조합이 있을 경우, 노동조합지원금 활용이 가능하고 실제 기업현장에서 이 지원금은 노동조합 주도로 직원 복지에 활용되는 경우가 많다.

셋째, 근로자와의 노사분쟁이 발생하여 베트남 노동당국의 조사 또는 감사(근로감독)가 진행되었을 때, 베트남 노동당국은 노동조합의 의견을 중시하고 이에 입각하여 판단을 내리는 경향이 있다. 예컨대,

임금 관련 일부 근로자와의 분쟁이 있고 대부분의 근로자들은 오히려 기업 입장을 지지하여 의견을 제시한다고 하더라도 노동당국은 이를 신뢰하지 않지만, 기업에 노동조합이 있고 노동조합이 의견을 제시할 경우에는 신뢰하여 기업에 유리한 결정이 내리는 경우가 많다. 따라서, 노동조합이 존재하고 우호적인 관계를 형성한다면 노사 분쟁에 있어서도 기업에 유리한 결과를 실질적으로 유도할 수 있다.

3. 베트남의 공휴일 및 명절, 근무 시 초과근무수당

3.1. 베트남의 공휴일 및 명절

베트남 노동법 제115조에 제1항에 따라 공휴일 및 명절은 다음과 같은 유급휴가를 가지며, 제2항에 따라 베트남에서 근무하는 외국인 근로자는 베트남 공휴일과 명절 외에 자국의 전통 설날 1일과 국경일 1일의 휴가를 가진다. 따라서, 베트남의 우리근로자는 한국의 국경일 인 삼일절, 광복절, 개천절 또는 한글날 중 하루의 휴가를 선택적으로 부여받을 수 있다. 한편, 공휴일과 명절이 주휴일과 겹치는 경우, 익일에 휴가가 부여된다(제115조 제3항).

① 신정(양력) : 1일(양력 1월 1일)
② 구정(음력) : 5일
③ 전승기념일 : 1일(양력 4월 30일)
④ 국제노동일 : 1일(양력 5월 1일)
⑤ 건국(독립)기념일 : 1일(양력 9월 2일)

⑥ 흥왕(Hung Vuong)기념일 : 1일(음력 3월 10일)

참고로, 2019년 11월 노동법개정으로 2021년부터는 건국(독립)기념일 휴일이 2일로, 하루 늘어난다.

3.2. 초과근무수당

노동법 제97조, 노동법 일부 내용의 세부규정 및 시행안내에 관한 시행령(05/2015/ND-CP, 2015.1.12.) 제25조 제2항에 따라 초과근로를 한 근로자는 다음의 임금을 지급받는다.

a) 평일에는 150% 이상
b) 주휴일에는 200% 이상
c) 공휴일, 명절 및 유급휴가일에는 300% 이상

3.3. 베트남의 공휴일(명절) 및 대체휴일의 초과근무수당

지난해 흥왕기념일과 올해 구정(Tet) 명절처럼 공휴일(명절)이 주휴일과 겹치는 경우 대체휴일을 부여해야 하는데, 이 경우 공휴일(명절) 근무 시 초과근무수당과, 대체휴일 근무 시 초과근무수당에 대한 우리기업 질의가 많다. 즉, 주휴일과 겹치는 공휴일(명절)에 300%의 초과근무수당을 부여해야 하는지, 아니면 대체휴일에 300%의 초과근무수당을 부여해야 하는가 하는 문제이다. 문의가 많은데 비하여 매우 간단한 이슈일 수 있는데, 노동법 일부 내용의 세부규정 및 시행안내에 관한 시행령(05/2015/ND-CP, 2015.1.12.) 제25조

제5항에 따르면, 공휴일(명절) 당일날 근무 시 300%의 초과근무수
당을, 대체휴일 근무 시 주휴일에 해당하는 200%의 초과근무수당
을 지급하도록 규정하고 있다.

4. 퇴직금 관련 이슈

베트남 노동법(제48조)상 퇴직금은 근로계약 종료사유 중 정년과 징
계해고를 제외한 사유에 해당할 경우 지급해야 하고 근무연수 1년당
1개월 분 임금의 1/2으로서 직전 6개월의 근무계약에 따른 평균 임금
으로 계산한다. 퇴직금 계산 근무기간은 실제 근무기간에서 실업보험
납부기간을 제외하므로 베트남 근로자의 경우 2009.1.1. 실업보험제도
가 도입된 이후 채용되어 실업보험료를 계속 납부한 근로자에게는 퇴
직 시에 퇴직금을 지급할 의무가 없다. 따라서 대다수의 베트남 근로
자에게는 퇴직금 지급의무가 없으므로 우리기업의 퇴직금 지급이슈는
주로 한국인 등 외국인 현지채용 시에 발생하게 된다.

그런데 실무적으로 다수의 한국기업들이 현지 채용한 한국근로자
에 대해 퇴직금 관련 베트남 노동법을 자주 위반하고 있다. 고용노동
관이 한국 진출기업 일부의 근로계약서를 검토한 결과 기업 대다수
가 퇴직금을 월급에 포함하여 지급하고 있거나 중간 정산하는 경우가
많은데, 이는 노동법 위반이다. 베트남 노동법상 중간정산 등과 관련
된 규정은 없으나, 베트남 노동 당국과의 면담 결과, 베트남 노동보훈
사회부는 이를 명백한 노동법 위반으로 판단하고 있다. 즉, 우리 진출
기업은 대한민국의 노동법과 유사하게, 베트남에서도 퇴직금을 월급
에 포함하여 지급하거나, 중간정산(우리나라의 경우에는 원칙적으로

금지하되 주택구매, 파산·개인회생 등 예외사유 존재)하는 것은 금지된다는 것을 인식하여야 한다.

5. 산업재해 및 직업병 발생 시, 사용자 보상책임

산업재해 또는 직업법 발생 시 사용자의 보상 책임에 대해서도 질의가 많은 편이다. 베트남 노동법 제145조 제3항 및 노동안전위생법 제38조 제4호에 따르면, 사회보험법 규정에 따른 사회보험 급여(산업재해 급여)와 별개로 근로자의 책임 없이 발생한 산업재해 및 직업병에 대한 사용자는 다음과 같이 보상하여야 한다. 사업장 이외의 장소에서 임무를 수행하거나, 사용자의 합법적인 업무지시를 이행하면서 발생한 산업재해도 포함한다.

① 근로능력 상실률 5~10% :
   근로계약에 따른 임금 1.5개월분 이상
② 근로능력 상실률 11~80% :
   10%를 초과하는 상실률 1%당 0.4개월분 가산
③ 근로능력 상실률 81% 이상, 사망 :
   근로계약에 따른 임금 30개월분 이상

한편, 산재 발생 관련하여 근로자의 주된 책임이 있는 경우에는 위의 금액의 40% 이상을 지급하여야 하는데 산업재해 조사보고서의 결론에 따라 산업재해가 사고를 당한 근로자의 주된 실수로 인해 발생된 경우나 근로자가 자택에서 근무지로 출근하거나 근무지에서 자택으로 퇴근하는 도중에, 합리적인 시간과 장소에서 발생한 사고 (공안기관의 증명서 등에 근거) 등이 이에 해당한다.

그러나 근로자가 출퇴근 시 합리적인 시간과 장소에서 사고가 발생하지 않거나, 완전한 자기 실수에 의해 사고가 발생한 경우에는 사용자가 별도로 보상하지 않아도 되는 것으로 해석되며, 최근 베트남 노동 당국과의 면담결과도 이와 동일하였다.

6. 휴식시간에 대한 이슈

베트남 노동법 제108조에 따라 8시간 또는 6시간을 계속하여 근로한 근로자는 최소 30분 이상의 (유급)휴식시간을, 야간에 근무하는 근로자는 최소 45분 이상의 (유급)휴식시간을 가질 수 있다. 일부 진출기업에서는 근로자의 지나친 화장실 사용시간을 규제하기 위해 휴게시간을 부여하고 화장실 사용을 휴게시간에만 허용하는 것으로 확인되는데, 이는 베트남 노동법 위반이다. 즉, 인간의 자연적인 생리적 욕구를 해소하기 위하여 필요한 휴식시간은 유급이며, 반드시 인정하여야 한다(근로시간, 휴식시간 및 노동안전위생에 관한 시행령 제3조).

한편, 식사시간과 휴식시간의 관계에 대한 질의도 상당히 많은 편이다. 대다수 기업은 식사시간을 무급으로 처리(다만 취업규칙 등에 규정 필요)하고 있는데, 이 경우 8(6)시간 계속 근로하지 않으므로 (유급)휴식시간 30분을 부여하지 않아도 되는 것으로 해석된다. 만약, 식사시간을 유급으로 처리하는 경우, 휴식시간 30분을 넘는 시간도 유급으로 부여하는 것이 된다.

통상적으로 야간 근무 근로자의 경우에는 45분의 휴식시간을 활용하여 식사를 제공하고 이 경우 유급으로 처리하는 기업이 많다.

7. 베트남 내의 인력채용

베트남은 2019년 실업률이 2.1% 내외의 완전고용 상태이며, 우리 기업 현장의 인력난은 매우 심각한 상황으로 미-중 무역분쟁 이후 FDI기업의 베트남 진출이 보다 확대되면서 인력난이 가중되고 있다. 베트남에 진출한지 얼마 되지 않은 기업을 중심으로 인력채용에 대한 문의가 많은데 베트남인 채용과 한국인 (현지)채용으로 나누어 자세히 안내하고자 한다.

7.1. 내국인(베트남인) 고용

우리나라처럼 온라인채용이 활성화되지 않은 상황에서 대다수 우리기업은 인맥을 통해 채용하고 있다. 이미 진출한 기업 관계자의 추천이나 함께 일하고 있는 베트남직원이 추천해주는 인맥을 활용하는 것이 그 예이다. 베트남 고용센터를 통해 알선을 받거나 '성' 또는 '현' 단위의 노동청 또는 관공서 게시판을 통한 광고도 많은 편이다. 인지도 있는 일부기업은 회사 홈페이지를 통해 채용공고를 하고 있고, 전문(숙련)인력의 경우 헤드헌팅이나 유료 채용사이트 등을 통해 채용하기도 하는 것으로 파악된다. 진출 대기업과 IT기업을 중심으로 CSR사업을 통해 학교에 장학금 등을 지원하고 우수 인력을 사전에 확보하기도 한다.

한편, 한국에서 고용허가제로 짧게는 5년, 길게는 10년 중소기업에서 근무한 후 베트남으로 다시 귀환한 근로자(이하 "귀환근로자"라 한다.)를 활용하는 것도 유용한 인력채용 방안이다. 귀환근로자는 우리문화를 이해하고 용접 등 특정분야에서 숙련된 근로자가 많다. 10년 일한 근로자의 경우에는 대다수가 일상회화도 가능하다. 귀환근로자의 활용을 통해 우리정부는 우리기업 생산성 향상, 베 귀환근로자의 삶의 질 개선(신남방정책 'People'), 불법체류율 감소 등의 효과를 기대하고 있다.

한국대사관과 산업인력공단 베트남 고용허가제(EPS)센터는 베트남 정부(노동보훈사회부 및 외국인력센터)와 함께 상·하반기로 나누어 귀환근로자 채용박람회를 개최하고 있다. 또한, 산업단지의 한국기업이나 대기업 협력사 등이 대규모고용을 위한 채용박람회를 요청할 경우 개별 채용박람회 개최도 가능하다.

또한, 한국대사관과 산업인력공단 베트남 고용허가제(EPS)센터는 우리정부(고용노동부) 및 베트남 정부(노동보훈사회부 및 외국인력센터)와 6개월여의 협의를 거쳐, 고용허가제로 외국인을 송출하는 국가(16개국) 중 최초로 2019년 10월말 귀환근로자 인력풀을 구축하여 11월경부터 이를 제공하고 있다. 아래에 보는 것처럼 인력풀에는 베트남 입국일, 전화번호, 학력, 한국어수준, 한국근무 직종, 한국경력 등의 정보가 포함되어 있다. 다만, 지난해(2019년) 8월말 귀환근로자부터 인력풀 구축을 시작하다보니 아직은 인력풀이 충분하지 못하나, 매년 5,000명에서 10,000여명까지의 귀환근로자가 발생하는 현황을 고려하면, 2020년 하반기부터는 유효구직자 인력풀이 지속 확충되어 실제 채용에도 크게 기여할 것으로 보인다.

귀환근로자의 개인정보와 관련된 정보가 많다보니 알선을 요청하는 기업은 "리턴잡 시스템(eps.hrdkorea.or.kr/e9)" 구인등록 등 간단한 절차를 거쳐야 한다. 귀환근로자 채용박람회나 인력풀 제공 등과 관련된 문의는 산업인력공단 베트남 EPS센터(+84-24-3773-7273~4)의 하상진 센터장이나 강병주 부센터장에게 연락하면 된다.

< 제공 양식(예) : 엑셀파일 >

번호	성명	생년월일	입국일	체류기간만료일	본국주소	본국전화번호	성별	본국학력	한국어	분야/직종 1순위	희망지역	희망월평균임금	한국경력	승인날짜
1	NGUYEN HA BAC	1986. 02.06.	2009. 10.20.	2019. 07.25.	- (개인정보보호)		남	고등학교 졸업	중	Textile 섬유 /	미입력	$700 이상~ $1,000 미만	7년 8개월	2019. 10.15.
2	TRAN VAN TIEN	1984. 01.20.	2016. 07.05.	2021. 05.04.	- (개인정보보호)		남	미입력	상	Electronic 전자 /	하노이	$300 이상~ $500 미만	16년 8개월	2019. 10.17.

7.2. 한국인(현지)채용

한국 국민의 경우 본사에서 인력을 파견하는 경우가 많지만, 최근에는 현지 채용이 증가하는 경향이다. 베트남 근무 인력을, 본사 파견 인력을 중심으로 할 지, 아니면 현지 채용된 인력을 중심으로 할 지는 각 기업의 인사노무정책에 따라 상이하지만, 현지화가 진행될수록 본사파견은 지속적으로 줄고 현지채용은 지속적으로 늘어나게 된다.

경력직의 경우에는 베트남인 채용과 마찬가지로 대다수 한국기업은 기진출 기업이나 직원 등의 인맥을 통해 일종의 "알음알음" 채용을 하고 있다. 인지도 있는 일부 기업은 회사 홈페이지를 통해 채용을 하고 있지만, 전문(숙련)인력의 경우 한국에서 헤드헌팅이나 유료 채용사이트 등을 통해 베트남에서 근무할 인재를 채용하기도 한다.

한편, 우리 정부에서 제공하고 있는 고용지원서비스도 활용할 수 있다. 산업인력공단이 운영하는 월드잡 사이트(www.worldjob.or.kr)를 통한 채용도 유용한 수단이며, 한국의 중앙정부(고용노동부, 교육부, 중소기업부 등)나 지자체에서도 주기적으로 해외취업박람회를 개최하고 있다.

한국대사관에서는 코트라 하노이무역관, 산업인력공단 베트남 EPS(고용허가제)센터와 함께 매년 3차례(통상 3월, 6월, 9월)의 하노이 채용박람회를 개최하고 있다. 2020년의 경우에는 신종 코로나바이러스의 영향으로, 4월에 개최할 예정이다. 호치민의 경우, 호치민총영사관에서 코트라 호치민무역관과 함께 매년 3차례의 채용박람회를 개최하고 있으며, 이 중 1회는 우리 청년뿐만 아니라 베트남인 채용도 동시에 진행된다. 2020년 개최되는 베트남의 채용박람회는 하노이-호치민이 동시에 개최하거나 화상면접프로그램 등을 활용하여 연계하여 진행할 계획이다. 채용박람회는 개최 1~2개월 전부터 교민잡지 등을 통해 박람회 홍보 및 구인기업·구직자 모집을 진행한다.

한편, 경력자가 아닌 신입직원(일부 경력자 포함) 채용의 경우에는 대한민국 정부가 운영·지원하고 있는 K-Move 스쿨(베트남어)이나 한상인턴(영어)도 활용할 수 있다. 고용노동부와 산업인력공단이 지원하고 있는 베트남 K-Move 스쿨의 경우 하노이(하이퐁)와 호치민에서 운영되고 있으며, 최근 베트남의 'Hot'한 인기에 따라 1:5~1:7에 이르는 높은 경쟁률을 뚫고 선발된 한국청년을 대상으로, 베트남어를 중심(80%)으로 영어, 인사관리, 생산관리, 재무관리, 시장환경,

베트남 문화 등 직무교육(20%)을 약10개월(교육과정마다 상이)에 거쳐 교육한 후 우리 진출기업을 중심으로 베트남 현지에 취업시키고 있다. 과정을 수료한 청년들은 최소 중급수준, 일부는 고급수준의 베트남어를 구사할 수 있으며, 대부분 한국 진출기업에서 관리자와 베트남 근로자를 매개하는 중간관리자 직무를 담당한다. 또한, 코트라-한국외대-신한은행은 한국청년 50여명을 대상으로 8개월여의 글로벌영챌린저 과정을 매년 운영하고 있으며, 커리큘럼은 K-Move 스쿨과 대동소이하다.

이와 함께 외교부 및 재외동포재단에서는 국내 청년들의 해외 진출 기회를 제공하고 한상기업에 국내 우수인력을 소개하기 위한 '한상기업 청년채용 인턴십' 사업을 시행하고 있다. 6개월의 인턴십 과정 후 한상기업과 청년인턴이 모두 채용(취업)을 희망할 경우 채용(취업)으로 연계하고 있다.

채용박람회(구인)에 대해서는 코트라 하노이무역관 박주호 과장(+84-24-3946-0511 : 하노이) 및 호치민무역관 김혜리 과장(+84-28-3822-3944 : 호치민)에게, K-Move 스쿨 및 한상인턴 등 우리청년 채용과 관련된 문의는 대사관 이재국 고용노동관(+84-24-3831-5111)에게 연락하면 된다. 또한, 한상인턴 채용을 위한 기업 모집 등 관련사항은 주 베트남 대한민국대사관 홈페이지를 통해 주기적으로 안내하고 있다.

부임한 이후 우리기업의 인사노무 애로 해결과 대응능력 강화에 초점을 두고 (지역)코참(베트남한인상공인연합회) 및 유관기관 등과 함께 베트남 노동법 순회 간담회·설명회를 2019년도에만 총18회(월평균 2회) 개최하였다. 특히, 꽝남·응이엔·하띵·빈푹·하남 등 대다수 지역에서는 (지역)코참이나 HR관련 모임 설립 이후 최초의 설명회·간담회이면서 참여기업들의 만족도도 높아, 매우 보람있는 활동이었다. 또한, 간담회 등을 통해 청취된 우리기업의 애로나 정책건의는 베트남 노동보훈사회부에 그대로 전달되어 일부 의견은 금년도 최저임금 인상이나 노동법 개정에 반영되었다.

2021년에는 전면 개정된 노동법이 시행되고 한국기업의 선제적 대응이 필요하므로 한국대사관은 지난 2019년보다 더욱 활발하게, 베트남 전역을 대상으로 "찾아가는 베트남 노동법 특강(개정노동법 포함)"을 실시할 계획이다. 특강은 무료이므로, 지역(코참, 한인회 등), 공단, 대기업그룹 및 협력사, 금융·건설·IT 등 업종, 개별기업, 법인장 모임 및 사업주 단체 등 베트남 노동법 특강을 희망하는 경우, 부담없이 대사관 이재국 고용노동관(+84-24-3831-5111)에게 문의하면 된다.

또한, 베트남 노동법 및 인사노무 관련 주요사항은 '주 베트남 대한민국대사관 홈페이지-정책-경제관련법령'에서도 확인할 수 있다.

339

제14장 | 베트남 노동법관련 한국기업 주요 질의 7선

TREND

VIETNAM

2020

저작권과 관련권의 관리, 사이버보안과 정보보호, 기술이전법

15

저작권과 관련권의 관리,
사이버보안과 정보보호, 기술 이전법

ROUSE LEGAL VIETNAM
이윤영 변호사

제1절 저작권과 관련권의 관리

이 장은 베트남법과 관행을 고려하여 기업들이 저작권과 관련권 (통칭하여 "저작권")의 효과적인 보호와 사용을 위해 잘 관리해야 하는 필수적인 정보와 서류에 초점을 맞추었다. 이와 관련한 주요한 법규정은 저작권의 보호와 등록에 필요한 서류요건, 고용 또는 위탁 관계에서 창조된 저작물 창작자의 동일성 유지권에 대해 명시하고 있다.

1. 법과 관행

1.1. 저작권 보호/집행을 위한 서류요건

저작권 보호/집행을 위한 서류준비는 다양한 증빙서류를 요구하므로 매우 까다롭다. 저작권 등록증명서는 베트남 집행당국이 결부된 집행 행위에 있어 매우 중요하다. 베트남 지식재산권법[1]("지재권법")에 따르면 저작권은 저작물의 창조, 고정과 동시에 자동적으로 발생하는 권리로서[2] 보호를 받기 위해 등록이 따로 요구되지는 않는다[3]. 하지만, 저작권 등록증명서를 가지고 있으면 분쟁발생시 저작권의 소유권에 대해 증명하지 않아도 된다는 장점이 있다.[4]

저작권 집행을 위해 요구되는 서류요건은 다음과 같다:

민사 소송 :

저작권 소송에서 원고는 소장과 함께 소유권에 대한 증거와 침해에 대한 증거를 제출해야 한다. 이러한 증거는 다음과 같다[5]:

---

1) 2005년 국회가 비준한 지식재산권에 대한 법률 No. 50/2005/QH11(2005년 지재권법 : 이 법을 "지재권법"으로 칭한다)은 2009년 6월 19일 No. 36/2009/QH12(2009년 개정된 지재권법)에 의해 개정이 되었으며 국회가 비준한 보험사업법과 지재권법에 대한 개정과 보충에 대한 법률 No. 42/2019/QH14에 의해 2019년 6월 14일 개정되었다(2019년 개정된 지재권법).

2) 저작권은 저작물이 창조되고 고정되는 즉시 내용, 질, 형태, 방식, 언어와 무관하게, 또한 이러한 저작물의 공개 및 등록 여부와 무관하게 자동적으로 발생하는 권리이다(지재권법 6.1조). 관련권은 공연, 오디오/비디오 부착, 방송 또는 암호화된 프로그램을 전달하는 위성신호가 저작권에 손실을 끼치지 않으면서 고정되고 전시될 때 발생한다(지재권법 6.2조).

3) 지재권법 6.1조, 6.2조, 그리고 49.2조

4) 지재권법 49.3조

5) 지재권법 203조

제15장 저작권과 관련권의 관리, 사이버보안과 정보보호, 기술 이전법

• 소유권에 대한 증거 : 원고는 저작권에 대한 소유권을 증명하기 위해 다음의 서류 중 하나를 제출하면 된다[6] :

- 저작권등록증명서의 인증사본 ; 또는

- 등록에 대한 정보를 보여주는 국가저작권등록청으로부터의 자료 ; 또는

- 등록증명서가 없을 경우, 저작물의 창작을 증명하는 기타 자료로, 예를 들면, 작곡의 원본, 사본, 작품, 오디오/비디오 녹화, 방송, 암호화된 프로그램을 송신하는 위성 신호의 고정물과 창작, 공개, 배포 등을 증명하는 기타 자료들 ; 그리고

- 저작권이 라이센스, 양도, 또는 승계되었을 경우, 저작권 라이센스와 양도계약 사본 또는 승계 증명서

실무상으로는 법원은 증거를 확인하는 능력이 제한적이므로 저작권 소유권에 대해 직접 보여주는 저작권등록증명서를 선호한다. 법원의 몇몇 판결에 따르면 법원은 창조성 또는 예술성 같은 저작물의 저작권 적격을 결정하는 데 있어서도 저작권등록증명서를 의존하기도 한다[7].

• 침해에 대한 증거 : 원고는 다음을 제출해야 한다 : 저작물의

344

---

6) 지재권법 203조, 2006년 정부에 의해 발표된 지재권의 국가관리와 지재권의 보호에 대한 법의 시행에 대한 지침을 주는 시행령 No. 105/2006/ND-CP("시행령 105")의 24조와 2010년 12월 30일 이를 개정한 시행 령 No. 119/2010/ND-CP("시행령 119")의 1.4조

7) 호치민시의 Tan Binh 인민법원의 2014년 8월 14일 판결("판결 213"). 이 사건에서 법원은 이미지의 저작권적격을 부인하였는데 그 이유는 해당 이미지가 등록이 되어 있지 않았기 때문이다.

설명과 견본 ; 심사받을 대상의 견본, 관련된 전시, 사진, 녹화 ; 심사받을 대상과 보호받는 저작물 사이의 비교와 서면 설명 ; 침해행위를 증명하는 진술 또는 회의록[8]

행정 단속 :
- 행정단속을 요청하는 소장과 함께 상기 민사소송에서 요구하는 동일한 증거를 제출하면 된다.
- 실무상, 집행당국은 소유권에 대한 증거로서 저작권등록증명서의 인증사본을 요청할 때가 많다.

저작권 침해감정 :

2016년 문화체육관광부는 저작권과 관련권의 전문가 센터(Expertise Center of Copyright, Related Rights로 약칭하여 "ECCR")를 설립하였는데 이 기관은 저작권 침해감정에 대해 책임을 지고 있는 기관으로 저작권 이슈에 대해 전문가 의견을 발표할 수 있는 권한을 부여받았다. 전문가 의견은 구속력이 있는 것은 아니지만 베트남 집행당국은 이런 전문가 의견에 큰 무게를 두고 고려를 한다.

ECCR에 저작권침해감정을 요청하기 위해서는 저작권 소유권자에 대한 정보, 침해에 대한 정보, 침해감정의 대상물에 대한 요약, 보호범위, 저작물과 침해물 사이의 유사점 등을 상세히 진술하여 침해감정 요청서와 함께 제출해야 한다. 또한 침해행위에 대한 상세한

---

8) 시행령 105, 25조

설명서와 저작권 등록증명서의 사본을 공증/영사확인 받아 함께 제출해야 한다. 특히, ECCR은 소유권에 대한 증거로서 저작권등록증명서만을 받아주고 기타 증명자료는 받아주지 않는다.

비록 저작권의 발생에 있어 등록이 필수적인 것은 아니지만, 저작권등록증명서가 없을 경우, 집행행위에 있어서 불이익이 많다. 또한, 법규정과 집행당국이 베트남에서 발급된 등록증명서만을 요구하는 것은 아니고 베른 협약에 따라 외국의 저작권등록증명서도 베트남에서 받아들여지지만 베트남 집행당국은 여전히 베트남 에서의 저작권등록증명서를 선호하는 것이 실정이다.

1.2. 저작권등록을 위한 서류요건

상술한 것처럼 저작권등록증명서가 매우 중요하므로 기업들은 저작권을 등록하는 것이 좋다. 베트남 법이 요구하는 저작권 등록을 위한 서류는 아래와 같다[9] :

    i. 신청하는 저작물(저작물 요약, 공개 일시와 형태)과 창작자의 정보를 포함한 등록 신청서

    ii. 신청하는 저작물의 견본

    iii. 위임장

    iv. 저작권이 라이센스/양도/승계된 경우 저작권 등록신청에 대한

[9] 시행령 105, 25조

자격을 증빙하는 서류

v. 공동창작자의 승인 서한

vi. 공동소유권자의 승인 서한

하지만, 실무적으로 베트남 저작권청은 (Copyrights Office of Vietnam으로 약칭하여 "COV") 위의 정보를 확인하기 위하여 다음의 서류도 추가적으로 요구한다 :

- 각 창작자의 여권과 주민등록증 사본
- 저작물의 창작과 직접적으로 관련된 모든 고용계약과 위탁 결정. 이 서류는 해당 저작물이 고용/위탁으로 창작된 것을 구체적으로 명시하고 있어야 함
- 창작자가 양도를 목적으로 저작물을 창작했고 타인의 저작물을 베끼지 않고 스스로 창작했다는 것을 확인해주는 선언문. 창작자의 서명 필요

위 서류/정보가 모두 구비되지 않은 이상 COV에서 저작권 등록을 신청하는 것은 불가하다. 저작권 등록의 목적으로 고용계약 등의 서류를 요청하지 않는 국가들이 많은 것을 고려해보면 베트남에서의 저작권등록이 타 국가보다 더 까다로운 것이 사실이다.

1.3. 창작자의 동일성 유지권

기업은 창작물의 개발에 있어 중대한 영향을 미칠 수 있는 창작자의 동일성 유지권의 이슈에 대해 상당한 주의를 기울여야 한다.

베트남은 저작권 창작자와 고용자 친화적인 국가이므로 법은 고용된 창작자의 복지와 권리의 보호를 중시여긴다. 베트남 지재권법에 따르면, 고용의 범위 내에서 창작된 저작물은 양자가 다르게 합의

하지 않은 이상은 고용주에게 그 권리가 귀속된다. 하지만, 고용자는 양도가 불가한 저작인격권을 갖게 되며 이는 저작물의 동일성 유지권을 포함한다.

저작권과 관련된 지재권 법의 지침을 제공하는 시행령 22[10]에 따르면 창작자는 타인이 상호합의 없이 자신의 저작물을 수정, 변경, 왜곡하는 것을 막을 권리가 있다. 동일성 유지권에 대한 규정과 관련 해서는 시행령 22와 지재권법 사이에 일관되지 않는 부분이 있는데 다음과 같다 :

- 시행령 22의 20.3조에 따르면 창작자는 상호합의가 없는 이상은 어떠한 경우라도 타인이 자신의 저작물을 수정, 변경, 왜곡하는 것을 막을 권리가 있다.
- 지재권법 19.4조에 따르면 창작자는 수정, 변경, 왜곡이 창작자의 명예와 명성에 해를 미치는 경우에 한해서만 타인이 이러한 수정, 변경, 왜곡을 하는 것을 막을 권리가 있다.

최근 베트남에서 이 이슈에 대한 법원의 견해를 반영하는 사건이 있었는데 Mr. Le Phong Linh v. Phan Thi Company("베트남 천재사건")이다[11]. 이 사건은 창작자와 저작권 소유권자 사이의 만화 캐릭터 개발을 둘러싼 분쟁과 관련이 있다. 2019년 2월 호치민 1군

348

---

10) 2018년 2월 23일 정부가 발표한 지재권법의 몇 몇 조항에 대한 지침을 제공하는 시행령 No. 22/2018/ND-CP("시행령22")

11) 호치민 1군 인민법원이 2019년 2월 18일 발표한 판결 No. 35/2019/DS-ST

인민법원은 창작자에게 손을 들어주는 판결을 내렸다[12]. 만화 캐릭터를 창작하라고 창작자를 고용한 회사는 저작권을 소유하고 있음에도 불구하고 "저작물의 동일성 유지권을 보호하기 위하여 타인이 창작인의 명예와 명성에 해가 될 수 있는 방식으로 저작물을 수정, 변경, 왜곡하는 것을 허용해서는 안된다"[13]는 창작자의 동일성 유지권을 침해한 것으로 판결이 났다. 하지만, 이러한 판결을 도출해내는 데 있어 법원은 창작자의 명예와 명성에 해를 끼쳤다는 것을 보여주는 증거를 요구하지는 않았다. 2019년 9월 항소법원은 피고의 항소를 거절하고 1심 판정을 확정했다. 법원의 이러한 결정은 시행령 22의 조항과 더 맥을 같이 하고 있다.

실무적으로 저작물의 동일성 유지권은 저작물의 수정을 막을 수도 있다는 점에서 기업에게 문제가 될 수도 있다.

2. 권고사항

- 저작물의 창작과 관련된 서류를 잘 보관하기
- 위 1.1.2.에 기술된 저작권 등록을 위해 필요한 서류, 즉 각

---

12) Tuoi Tre News, Artist는 12년의 소송으로 베트남에서 가장 롱런한 만화캐릭터의 저작권 소송에서 승소했다.

13) 지재권법, 19.4 조

창작자의 여권과 주민등록증, 저작물의 창작과 직접적으로 관련된 고용계약과 위탁 결정 등의 서류는 잘 보관해야 한다.

- 창작자가 저작물의 창작을 일상적으로 하는 풀타임 고용자라면 저작물을 매월 보관하기 위한 매커니즘을 만드는 것이 좋다.

- 창작자가 양도를 전제로 저작물을 창작했으며 남의 저작물을 베끼지 않고 직접 창작하였다는 것을 확인하는 선언문의 템플릿을 미리 준비해 놓으면 편리하다.

• 외국에서 저작권 등록 확보하기

까다로운 서류요건으로 인해 베트남에서의 저작권 등록이 어렵다면 서류요건이 비교적 간단한 외국에서 저작권 등록증명서를 확보하는 것을 고려해 볼 수 있다. 이럴 경우, 베트남에서의 저작권등록증명서가 없으므로 향후 집행행위를 위해 ECCR의 침해감정을 받는 것을 제안한다. ECCR로부터 유리한 의견을 받으면 침해대응행위에 큰 도움이 된다.

• 저작인격권의 권리포기 계약서

지재권법은 저작인격권의 이전을 금지하나 창작자가 이러한 권리를 포기하는 것에 대해서는 금지하고 있지 않다. 따라서 고용주는 창작자가 자신의 저작인격권을 포기하는 계약서를 창작자와 체결하는 것이 권고된다. 이 계약을 통해 고용주가 저작물을 추가적으로 개발하고 변경하는 것을 막을 수 있는 고용인에 의한 잠재적 권리요구의 위험을 미리 제거할 수 있다.

- 고용관련 내부 규정과 고용계약(비밀준수계약)

저작권 소유권 이슈에 대해 분명하게 명시하는 고용계약서 템플릿과 내부 규정을 갖는 것이 좋다. 회사는 고용인이 회사를 위해 일한 기간동안 창작한 저작물에 대해서는 회사가 저작권을 소유한다는 점을 분명히 해야 한다.

따라서, 내부 규정과 고용계약을 통해 고용인이 고용기간동안 창작한 지식재산권의 소유권자를 고용주로 등록하는 모든 관련 서류에 서명을 하도록 의무화해야 한다. 또한 저작물의 창작과 동시에 빠르게 고용주를 소유권자로 등록할 것을 권고한다.

제2절 사이버보안과 정보보호

1. 법규정과 관행

베트남은 정보보호를 규제하는 단일한 법을 가지고 있지 않다. 관련된 규정은 산발적이며 몇가지 주요한 관련 법률은 다음과 같다 :
- 민법(2015)
- 전자상거래법(2005)
- 정보기술법(2006)
- 소비자권보호법(2010)
- 사이버정보보안법(2015)

- 사이버보안법(2018)
- 전자상거래에 대한 시행령 52/2013/ND-CP(2013년 5월 26일)
- 인터넷상 정보의 관리, 제공, 사용에 대한 시행령 72/2013/ND-CP
  (2013년 7월 15일)

1.1. 동의(Consent) 요건

민법 38조에 따르면, 개인은 자신의 사생활, 개인, 가족의 비밀에 대해 비밀을 유지할 권리를 가진다. 개인의 삶과 비밀과 관련된 정보를 수집, 저장, 사용, 공개하는 행위는 해당 당사자의 동의가 필요하다. 가족의 비밀과 관련한 이러한 행위는 가족 구성원 전체의 동의가 필요하다. 따라서, 개인의 메일, 전화, 팩스, 전자 데이터 베이스, 그리고 기타 사적인 의사소통 수단에 불법적으로 접근하는 것은 허용되지 않는다.

개인정보를 수집, 편집, 사용, 저장, 제3자에게 제공, 전달, 공유, 공개하는 행위는[14] 규제를 받는다. 사이버 정보보안법 3.16조에 따르면 다음과 같은 정보가 개인정보에 해당된다 :
- 이름, 생년월일, 주소, 전화번호, 주민등록번호, 또는 이메일 주소 같은 개인의 삶에 대한 정보
- 개인 또는 가족의 비밀

---

14) 2015년 11월 19일 국회가 발표한 사이버정보보안에 대한 법률
   No. 86/2015/QH13("사이버정보보안법")의 2.17조

• 서면 또는 전화통화 내용같은 개인 의사소통

동의가 개인정보보호에 관한 법준수에 있어 핵심이다. 동의의 형태는 규정되어 있지 않지만, 명시적 동의를 구하는 것이 좋다. 또한 정보동의 대상자가 정보와 관련된 행위의 범위, 조건, 목적, 장소에 대해 이해해야 하며, 그들은 정보의 수정과 삭제를 포함하여 해당 정보에 대한 권리를 가진다. 정보처리 기간에 대해서는 추가적인 의무가 부가된다.

사이버정보보안법 16.5조와 17.1조에 따르면, 정부기관에 의한 정보처리 또는 국가안보, 보안, 공공질서 유지를 위한 정보처리의 경우에는 정보보안법에 대한 일반규정이 예외 적용된다. 게다가 정보보안의 일반규정과 함께 국가비밀로 여겨지는 정보의 보호에 대해서는 별개의 규정이 있다. 하지만, 이 장에서는 국가비밀에 대해서는 다루지 않겠다.

1.2. 정보현지화(Localization)

2019년 1월에 시행된 사이버보안법은[15] 다음의 행위를 하는 사업자는 자신의 소비자의 정보를 베트남에 저장, 그리고 외국 기업의 경우 베트남에 지점 또는 대표사무소를 설립할 의무가 주어진다("정보현지화요건")[16] :

---

15) 2018년 6월 12일 국회가 비준한 사이버보안에 대한 법률("사이버보안법")

16) 사이버보안법, 26.3조

- 베트남에서 전기통신, 인터넷, 사이버공간에서 부가가치 서비스를 제공 ; 그리고
- 베트남에서 사용자의 개인정보, 서비스 사용자들 간의 관계에 대한 정보, 사용자가 생성한 정보를 수집, 사용, 분석, 처리

하지만 사이버보안법에서 정보현지화요건에 대한 언어가 모호해서 공안부는 법의 시행에 대한 지침을 주는 시행령을 준비 중이다. 이러한 정보현지화요건의 적용을 받는 기업의 종류, 요건의 적용을 받게 되는 조건, 저장되는 정보의 형태와 저장의 기간 등에 대해 지침을 주는 이 시행령 초안은 현재 정부가 검토 중이다.

1.3. 기술적 조치 요건

사이버정보보안법 19조에 따르면, 정보처리자는 그들이 수집하고 저장하는 정보를 보호하고 사이버 공간에서의 정보보호에 대한 관련 기술규정과 표준을 준수하기 위하여 필요한 기술적 조치와 관리를 해야한다. 또한 동법 21조에 따르면, 정보보안 시스템은 5단계로 분류가 되며 개인의 권리에 대한 잠재적 해부터 국가보안에 대한 위험까지 그 수준이 나뉘어져 있다.

2016년 7월 1일 시행된 정부가 발표한 정보보안시스템의 분류와 관련한 시행령 85/2016/ND-CP("시행령 85")의 9.2c조에 따르면, 해당 분류는 관련 정보의 중요도, 사용자의 수, 정보의 형태, 관련된 사업자의 형태, 다른 시스템과의 잠재적 연결성에 따라 결정된다. 상이한 분류는 상이한 수준의 규제에 처하게 된다.

1.4. 비준수에 대한 제재

• 행정제재

2020년 4월 15일 시행이 될 우편, 전기통신, IT, 라디오 주파와 전자상거래의 위반과 관련한 행정적 제재에 대한 지침을 주는 시행령 15/2020/ND-CP("시행령 15")와 상업활동에서 위조품 및 금지품의 생산과 거래에 대한 위반과 관련한 행정제재와 소비자권의 보호에 대해 지침을 주는 시행령 185/2013/ND-CP("시행령 185")에 따른 침해행위와 그에 상응하는 행정재제는 다음과 같다 :

침해 행위	행정 제재	관련 규정
• 정보의 수집과 사용의 범위와 목적에 대한 동의 없는 개인정보의 수집 • 정보대상자가 유출금지를 요청한 후 제3자에게 개인정보를 유출	1,000만~2,000만 동 (대략 510,600~1,021,200원) 관련 개인정보의 삭제	시행령 15, 84.1조
• 정보대상자의 동의 없이 합의된 범위를 넘어선 정보의 사용 • 정보대상자의 동의없이 개인정보의 유출, 공유, 전파(수집, 접근, 통제 이후) • 개인정보의 불법 수집, 사용, 전파, 거래	2,000만~3,000만 동 (대략 1,021,200~1,531,800원) 관련 개인정보의 삭제	시행령 15, 84.2조
• 정보대상자에게 알리지 않고 저장된 개인정보를 삭제 또는 기술적 이유로 개인정보 보호를 위해 필요한 기술조치를 취하지 않는 행위	1,000만~2,000만 동 (대략 510,600~1,021,200원)	85.1조
• 정보대상자의 요청에 따른 개인정보의 업데이트, 수정, 삭제를 하지 않거나 정보대상자가 직접 위의 행위를 하기 위해 필요한 접근권을 주지 않는 행위 • 정보저장기간의 만료 또는 정보사용 목적의 달성 이후에 저장된 정보를 삭제하지 않는 행위	2,000만~3,000만 동 (대략 1,021,200~1,531,800원)	시행령 15, 85.2조
• 개인정보를 보호하기 위해 필요한 관리조치와 기술적 조치를 취하지 않는 행위	3,000만~5,000만 동 (대략 1,531,800~2,553,000원)	시행령 15, 85.3조
• 사이버공간에서 정보보호에 대한 기술적 표준과 규정을 충분히 준수하는데 실패	1,000만~2,000만 동 (대략 510,600~1,021,200원)	시행령 15, 86.1조

침해 행위	행정 제재	관련 규정
• 사이버공간에서 정보보호에 대한 기술적 표준과 규정을 준수하는데 실패	2,000만~3,000만 동 (대략 1,021,200~1,531,800원)	시행령 15, 86.2조
• 사이버정보 보안에 긴급상황 발생 가능성이 있을 경우 즉각적으로 방어/ 교정조치를 취하지 않는 행위	3,000만~5,000만 동 (대략 1,531,800~2,553,000원)	시행령 15, 86.3조
• 사이버정보 보안에 긴급상황 발생시 즉각적으로 방어/교정 조치를 취하지 않는 행위	5,000만~7,000만 동 (대략 2,553,000~3,574,200원)	시행령 15, 86.4조
• 사용자의 사적 또는 개인정보에 대한 보호조치를 구비하지 않은 소셜 네트워크 • 사이버공간에서 정보의 저장, 공유, 이전과 관련한 사용자의 책임, 권리, 위험에 대해 사용자에게 공지하지 않은 소셜 네트워크 • 정보를 제3자에게 이전하는데 대한 사용자의 통제권을 보장하지 않는 소셜 네트워크 • 소셜 네트워크 조직자와 기타 정보대상자의 개인정보를 등록, 저장, 관리를 하지 않은 소셜 네트워크	2,000만~3,000만 동 (대략 1,021,200~1,531,800원)	시행령 15, 100.1조
• 정보대상자의 동의없이 정보를 사용한 소셜 네트워크 • 정부기관의 요청에 따라 테러, 범죄, 불법활동에 대한 사용자의 사적 또는 개인정보를 제공하지 않은 소셜 네트워크	3,000만~5,000만 동 (대략 1,531,800~2,553,000원)	시행령 15, 100.1조
• 당사자간 합의 또는 법적으로 요구되는 기간보다 더 길게 정보대상자의 정보를 저장	200만~500만 동 (대략102,100~204,200원)	시행령 105, 102.1조
• 정보대상자의 요청에 따라 정보의 수집, 처리, 사용된 기간동안 사이버공간에 저장된 개인정보를 확인, 수정, 삭제하지 않은 행위 • 정보대상자의 삭제/파괴/수정 요청에도 불구하고 개인정보를 제공 또는 공개하는 행위	500만~1,000만 동 (대략 204,200~510,600원)	시행령 105, 102.2조
• 사이버공간에서 개인정보를 수집, 처리, 사용하는 중에 개인정보가 유출, 도난, 변경, 파괴되는 것을 막기위해 필요한 관리와 기술적 조치를 취하지 않는 행위	1,000만~2,000만 동 (대략 510,600~1,021,200원)	시행령 105, 102.3조
• 사전동의 없이 전자상거래상 타 사업체 및 기관의 영업비밀, 또는 소비자의 개인정보를 도난, 공개, 이전, 판매하는 전자상거래 웹사이트 또는 모바일 애플리케이션	3,000만~4,000만 동 (대략 1,535,770~2,048,067원)	시행령 185, 82.5조 시행령 124, 1.33조

침해 행위	행정 제재	관련 규정
• 전자상거래 웹사이트와 모바일 앱에서의 거래와 관련하여 소비자의 개인정보, 사업체와 기관의 영업비밀을 보호할 수 있는 안전조치를 취하지 않는 행위	1,000만~2,000만 동 (대략 510,600~1,021,200원)	시행령 185, 83.2(b)조
• 법준수를 위한 개인정보 보호와 관련한 정책 수립을 하지 않는 행위 • 전자상거래 웹사이트에 소비자에게 개인정보 보호를 위한 정책을 표시하지 않는 행위	100만~500만 동 (대략 51,206~256,031원)	시행령 185, 84.1조
• 전자상거래에서 정보의 수집 이전 또는 정보 수집시 소비자에게 개인정보의 보호에 대한 정책을 표시하지 않는 행위 • 전자상거래 도중 요청받은대로 개인정보를 조사, 업데이트, 수정, 삭제하지 않는 행위	500만~1,000만 동 (대략 204,200~510,600원)	시행령 185, 84.2조
• 개인정보의 오용에 대한 소비자의 항의를 받고 처리할 수 있는 매커니즘을 수립하지 않는 행위 • 소비자의 개인정보의 수집과 사용에 대한 보안정책을 수립, 발표, 시행하지 않는 행위	1,000만~2,000만 동 (대략 510,600~1,021,200원)	시행령 185, 84.3조
• 사전 동의 없이 소비자의 개인정보를 수집 • 홍보 또는 기타 목적으로 개인정보를 공유, 공개하는 것에 동의하도록 소비자에게 강제하는 디폴트 매커니즘 시행 • 합의된 범위와 목적을 벗어난 소비자의 개인정보 사용	2,000만~3,000만 동 (대략 1,021,200~1,531,800원) 추가적인 제재 - 법위반으로 인한 불법적 이득의 반환과 반복되는 침해의 경우 6~12개월간 사업중지	시행령 185, 84.4 조

• 형사제재

형법 159조에 따르면 개인의 이메일, 우편, 전화, 기타 의사소통 수단과 관련하여 비밀유지와 보안에 대한 규정을 위반하는 것에 대해 형사처벌을 받을 수 있다. 형사처벌은 범죄의 경중에 따라 결정되며 다음과 같다 :

- 경고
- 기본처벌은 벌금 2,000만~5,000만 동 또는 3년까지의 보호관찰 또는 1~3년 사이의 징역

- 추가적인 처벌은 벌금 500만~2,000만 동, 그리고 1~5년까지 직위 금지

2. 권고 사항

- 이 분야의 법은 계속 변화가 되고 있으므로 지속적으로 관심을 기울일 필요가 있다. 기업은 이러한 변화, 특히 정보현지화 요건에 잘 대응하기 위하여 입법 과정을 주기적으로 모니터해야 한다.
- 인터넷 서비스 공급자는 사용자의 개인정보를 수집, 처리, 저장하기 위해 명시적 동의를 받을 수 있는 매커니즘과 정보대상자가 요청시 개인정보를 업테이트, 수정, 삭제할 수 있는 매커니즘, 그리고 개인정보의 오용에 대해 소비자의 항의를 받아 처리할 수 있는 매커니즘을 갖추어야 한다. 또한 정보대상자의 요청에 따라 직접 개인정보를 확인, 수정, 삭제할 수 있도록 접근권을 주어야 하며 법준수를 위한 기타 조치를 취해야 한다.
- 합의된 범위 내에서 개인정보의 사용을 관리할 수 있는 매커니즘을 수립해야 한다.
- 시행령 85의 9.2c조에 따른 정보시스템을 엄격히 분류해야 한다. 기업은 그들이 처리하고 있는 개인정보가 국가비밀에 해당하는 정보인지 확인하여 이러한 정보의 처리와 관련해서는 추가적인 요건을 준수하고 조치를 취해야 한다.

제3절 기술 이전법

1. 소개

　베트남 지식재산권 관청(IP Vietnam)의 2018년 통계에 따르면, 신청/등록된 특허 라이센스 계약서의 수가 아래 표에서 보는 바와 같이 2009~2018년까지 그다지 많지 않은 상황이다[17].

특허/특허출원서의 라이센스 계약서의 등록 수

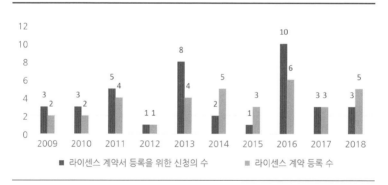

　2017년 비준되고 2018년 7월 1일 시행된 기술이전법은 기존에 있던 2006년도 법을 대체하고 있는데(2017년 기술이전법을 "기술이전법"으로 칭한다), 이를 통해 베트남은 진보된 기술과 특허의 이전을

17) IP Vietnam의 2018년 통계

장려하고 오래되고 위험한 기술이 수입될 위험을 제거하고 기술이전을 촉진하기 위한 베트남 기업들의 연구개발 능력을 향상시킬 수 있는 법적 체계를 발전시키기를 희망하고 있다.

기술이전법에 따르면, 베트남에서 사업 중인 또는 베트남에 투자하려고 하는 기업은 기술이전과 관련하여 다음의 의무를 갖게 된다.

- 해외에서 베트남으로 기술을 이전하는 경우 기술이전 계약일로부터 90일 이내에 반드시 기술이전을 등록해야 한다.
- 이전에 제한이 있는 기술을 이전할 때는 기술이전 계약일로부터 60일 이내에 반드시 인허가를 받기 위한 신청서를 내야한다.
- 법이 요구하는 기술이전 계약서의 내용과 형식을 준수해야 한다.
- 투자 프로젝트에 포함된 기술이 평가(Appraisal)가 요구되는 기술일 경우 평가를 받아야 한다.

2. 법규정과 관행

2.1. 기술의 종류

2.1.1. 이전 가능한 기술

기술이전법에 따르면 이전이 가능한 기술은 다음과 같다[18] :

18) 2017년 6월 19일 국회가 비준한 기술이전에 관한 법률 No. 07/2017/QH14("기술이전법"), 4.1조

- 전문적인 노하우와 기술적인 노하우
- 기술 계획과 공정 ; 공학적 해결책, 변수, 도면, 표 ; 공식 ; 컴퓨터 소프트웨어와 데이터베이스
- 생산의 최적화를 위한 해결책과 기술혁신
- 상기의 기술과 동반되는 기계와 장비

지재권에 해당하는 기술의 이전은 베트남 지재권법의 규정을[19] 준수해야 한다.

2.1.2. 이전을 권장받는 기술

기술이전법은 이전을 권장받는 기술을 명시하고 있다. 다음과 같이 새롭고 진보된 기술은 이전을 권장받고 있다[20] :
- 베트남의 사회경제적 조건에 적합한 진보적이고, 새롭고, 깨끗한 기술은 다음의 조건이 충족이 된다면 외국에서 베트남으로 기술이전이 권장된다 :
  - 같은 종류의 기존기술에 의해 생산된 제품보다 고품질의 경쟁력이 좋은 제품 생산
  - 과학연구와 기술개발에 대한 국내연구의 결과로 국가의 핵심 제품을 생산

---

19) 기술이전법, 4.2조

20) 기술이전법, 9조

- 새로운 생산과 공정의 서비스/산업/섹터 개발 ; 이미 검사를 마친 새로운 종을 배양과 재배
- 베트남에서 같은 종류의 기존기술과 비교해 보았을 때 자원, 에너지, 연료를 절약
- 새롭거나 재생가능한 에너지를 생산 ; 고효율로 에너지를 저장
- 교육과 훈련의 질을 향상시키기 위한 기계와 장비 개발 ; 의약 진단과 치료, 인간의 건강보호와 베트남인의 신체적 힘의 향상을 위한 의료 기계/장비와 제약품
- 자연재해 또는 전염병을 발견, 처리, 예측 ; 수색과 구조행위 도움 ; 환경보호와 기후변화 해결에 도움, 온실가스 배출 감소
- 사회경제적으로 고효율을 가진 안정적인 생산을 도움
- 국가안보에 도움이 되는 제품을 생산
- 전통공예품을 발전시키고 현대화
• 기존의 기술과 비교하였을 때 자원, 에너지, 연료를 절약할 수 있는 기술을 동반한 기계와 장비(상기 언급한 기술과 베트남에서 해외로의 이전에 제한이 있는 기술, 즉 전통 노하우를 사용한 전통 제품 또는 베트남만의 제품 그리고 베트남의 주요 수출품[21]은 제외); 그리고 국내에서 생산되었거나 반가공된 연료에 의해 작동하는 기술은 외국으로의 이전이 권장된다.

21) 기술이전법, 10.2조

이전이 권장되는 기술의 상세한 리스트는 기술이전법에 대한 지침을 주는 시행령 76/2018/ND-CP("시행령 76")의 부록1에 상술되어 있다.

실무적으로는 이전에 권장되는 기술을 지원하는 특정 정책이 베트남 내에서도 지역마다 그 지역의 사회경제 개발 정책에 따라 상이할 수 있다. 예를 들면, Tra Vinh 지역 인민위원회는 2019년 4월 12일의 결정문 No. 82/2019/NQ-HDND에 따르면 기술이전법 상 이전이 권장되는 기술에 사용되는 기계를 구입하는데 발생하는 비용에 대해 30%를 지원해주는 결정을 발표했다[22]. 반면에, 2017년 12월 7일 Thanh Hoa 인민위원회는 결정문 No. 81/2017/NQ-HDND에 따라 구식 기술을 진보된 기술과 기술이전법에 따라 이전이 권장되는 기술로 대체하겠다는 전제하에 새로운 소프트웨어를 만드는데 발생하는 비용의 30%를 지원하기로 결정했다[23].

2.1.3. 이전이 제한된 기술

이전이 제한된 기술은 더이상 인기가 없거나 환경에 유해하다고 판단되는 기술이나 여전히 베트남의 국가적 기술 표준상 용납될 수준의 기술들이다. 일반적으로 다음의 기술들은 외국에서 베트남, 또는

---

22) 2019년 4월 12일 Tra Vinh 인민법원이 발표한 결정 No. 82/2019/NQ-HDND, 5.1(c)조

23) 2017년 12월 7일 Thanh Hoa 인민법원이 발표한 결정 No. 81/2017/NQ-HDND, 3.2조 그리고 4.1(b)조

베트남 국내에서 이전이 제한된다[24] :

- 산업화된 국가에서는 더 이상 인기가 없는 기술 ; 이러한 기술을 동반하는 기계/장비
- 국가기술표준과 규정에는 부합하나 유독화학물 또는 유해하다고 판단되는 쓰레기를 발생시키는 기술
- 유전공학을 사용해 제품을 생산하는 기술
- 국가기술표준과 규정에는 부합하나 방사능 물질을 사용하거나 발생시키는 기술
- 국내에서 채집이 제한된 자원과 미네랄을 사용하는 기술
- 아직 검사되지 않는 새로운 종을 배양하고 재배하는데 사용되는 기술
- 사회적 관습, 습관, 전통, 윤리에 악영향을 끼칠 수 있는 제품을 생산하는데 사용되는 기술

베트남에서 해외로 이전되는 기술에 대해서는 다음의 기술이 이전에 제한이 있다[25] :

- 전통제품을 생산하거나 전통 노하우에 따른 생산활동을 수행하는데 사용되는 기술 또는 베트남의 농업작물, 미네랄, 핵심 물질을 생산하는데 사용되는 기술
- 베트남의 주요 수출품과 경쟁이 되는 제품이 있는 시장에 수출

---

24) 기술이전법, 10.1조

25) 기술이전법, 10.2조

하기 위한 제품을 생산하기 위해 사용되는 기술

이전이 제한된 기술의 리스트는 시행령 76의 부록2에 상술되어 있다.

이전이 제한된 기술을 이전하기 위해서는 과학기술부로부터 반드시 인허가를 받아야 한다.

2.1.4. 이전이 금지된 기술

베트남 국가기술표준상 용납되는 수준을 넘어서는 인간과 환경에 유해하고 오래된 기술은 국내에서 그리고 해외에서 베트남으로의 이전이 금지된다. 이전이 금지되는 기술의 형태는 다음과 같다 :
- 개발도상국에서는 더 이상 인기가 없고 이전이 되지 않는, 그리고 국가의 기술표준과 규정에 부합하지 않는 기술과 기술을 동반한 기계와 장비
- 환경에 대한 국가의 기술표준과 규정에 부합하지 않는 유해 화학물이나 쓰레기를 발생시키는 기술
- 국가의 기술표준과 규정에 부합하지 않는 방사능물질을 사용하거나 발생시키는 기술

기술이전이 금지된 기술의 리스크는 시행령 76의 부록3에 상술되어 있다.

기술이전이 금지된 기술을 이전하는 행위는 4,000만~5,000만 동에 이르는 벌금에 처한다. 추가적인 처벌은 침해품의 압수 또는 강제

수출이다[26].

2.2. 기술의 평가(Appraisal)

기술이전법은 2장에서 투자 프로젝트 기술의 평가에 대해서 따로 소개하고 있다. 이에 따라 투자자는 베트남 투자법에 따라 투자정책/결정의 발급을 요청할 때 다음과 같은 투자 프로젝트에 사용되는 기술에 대해서는 규제당국에 평가 또는 의견을 요청해야 한다.

- 이전이 제한된 기술 리스트에 있는 기술을 적용하는 투자 프로젝트
- 환경보호법에 따라 환경에 부정적인 영향을 미칠 수 있는 기술을 적용하는 투자 프로젝트

이전되는 기술에 대해 평가를 할 수 있는 관계당국은 베트남 투자법에 따라 투자되는 투자의 형태에 따라 달라진다. 예를 들면 국가평가위원회는 국회의 투자결정의 지배를 받는 투자 프로젝트에 적용되는 기술에 대해 평가를 수행할 책임이 있다[27]. 반면에 과학기술부는 총리의 투자결정의 지배를 받는 투자 프로젝트에 적용되는 기술에 대해 의견을 내는 관계당국과 기관에 대해 책임을 지고 협력을 해야

26) 2019년 6월 13일 정부가 발표한 과학, 기술, 기술이전과 관련한 행정제재에 대한 시행령 No. 51/2019/NĐ-CP("시행령 51"), 26.2조 그리고 26.3조

27) 기술이전법, 14.2(a)조

한다[28].

투자자로부터 투자결정 신청서를 받는 대로 관계당국은 투자 프로젝트에 포함된 기술의 평가에 책임을 갖고 있는 관계 당국의 자문을 구해야 하다[29]. 베트남 투자법과 기술이전법은 기술 평가에 있어 관련 관계당국끼리 협력하는 절차에 대해 제공하고 있다.

만일 관계당국이 평가를 수행함에 있어 전문가 의견이 필요할 경우 과학기술위원회(기술평가에 책임이 있는 기관의 결정에 따라 설립된) 또는 독립적인 전문가에게 자문을 구해야 한다[30].

2.3. 기술이전 계약

기술이전법은 기술이전 계약의 형식에 있어 다음과 같은 몇가지 요건을 명시하고 있다[31] :

- 계약서는 계약당사자가 서명과 날인을 해야 한다. 서명과 날인은 계약서에 첨부되어 있는 부록에도 같이 해야 한다.
- 계약서의 언어는 계약당사자가 합의 하에 결정할 수 있다.

---

28) 기술이전법, 14.2(b)조

29) 2014년 11월 26일 국회가 비준하고 2017년에 개정한 투자에 관한 법률("투자법"),
    34.2조 그리고 35.3조

30) 기술이전법, 20조

31) 기술이전법, 22.1 조 그리고 22.2 조

또한 기술이전 계약서는 다음의 조항을 포함해야 한다[32] :

- 이전될 기술의 이름
- 이전될 기술, 이전될 기술로 생산될 제품, 품질 기준
- 기술사용권과 이전의 소유권자
- 기술이전의 방법
- 당사자의 권리와 의무
- 이전 가격과 지급방법
- 기술이전 계약의 기간과 효력일
- 기술이전 계약에서 사용된 개념정의와 용어
- 기술이전 계획, 스케쥴, 위치
- 이전된 기술에 대한 품질보증
- 계약위반에 대한 위약금
- 계약위반에 대한 책임
- 분쟁해결 당국
- 기타 당사자가 합의한 내용

2.4. 기술이전의 등록

기술이전법에 의거해 베트남에서 해외로, 해외에서 베트남으로 기술이전시 몇 가지 유의해야할 의무적인 절차가 있다. 일반적으로 이러한 절차는 준비해야 할 서류가 많으며 그렇게 간단하지가 않다.

---

32) 기술이전법, 23조

실무적으로도 이러한 서류제출 기한을 맞추는 것은 쉽지 않으며 당사자 둘 이상이거나 관련된 기술과 특허에 대한 꼼꼼한 분석이 필요한 복잡한 경우에는 더욱 그러하다. 따라서, 기업들은 기술이전 계약을 체결하기 전에 미리 기술이전 등록/신청을 위해 필요한 서류를 준비하고 각 서류에 대한 기한을 숙지해 놓을 필요가 있다.

(i) 기술이전 인허가 신청

기술이전법에 따르면, 이전에 제한을 받는 기술은 과학기술부에서 반드시 인허가를 받아야 한다. 이러한 인허가를 받는 과정은 다음의 단계를 거친다[33] :

- 기술이전에 대해 과학기술부로부터 승인 받기(투자 프로젝트에 포함된 기술에 대한 평가가 이미 수행된 경우는 제외)
- 과학기술부에 인허가 신청

과학기술부로부터 승인과 인허가 신청을 위해 필요한 서류와 절차는 기술이전법 29조와 30조에 명시되어 있다.

- 주요사항 :

과학기술부에 인허가를 신청하는데 책임이 있는 당사자는 <u>기술이전 계약 체결일로부터 60일 이내에 신청을 해야한다</u>[34].

▓▓▓▓

33) 기술이전법, 28.2조

34) 기술이전법, 30.3조

현 규정상 인허가 없이 이전이 제한된 기술을 이전하는 행위는 3,000만~4,000만 동에 이르는 벌금에 처하게 된다. 또한 침해물의 압수 또는 강제적인 수출 같은 추가적인 제재를 받을 수 있다[35].

(ii) 기술이전 등록을 위한 신청

기술이전법에 따르면, 다음에 해당하는 기술이전 계약은 국가규제 당국인 과학기술부에 반드시 등록을 해야 한다(이전이 제한된 기술로 이러한 이전에 대해 기술이전 인허가를 이미 받은 기술은 제외) :

- 베트남 내부/외부로 들어오고 나가는 기술이전
- 정부소유 자본 또는 정부재정에 의해 자금 지원을 받는 국내 기술이전으로 과학기술업무결과 등록증명서가 있는 경우는 제외

과학기술부에 기술이전을 등록하는 신청 서류와 절차는 기술이전법 31조에 명시되어 있다.

- 주요사항 :

과학기술부에 기술이전 등록 신청의 책임을 지고 있는 당사자는 기술이전 계약 체결일로부터 90일 이내에 신청을 해야 한다[36].

등록없이 베트남 내부/외부로 기술을 이전하고 정부재정을 사용한

35) 기술이전법, 26.1, 26.3조 그리고 시행령 51, 26.4조

36) 기술이전법, 31.4 조

기술을 이전하는 행위는 3,000만~4,000만 동의 벌금에 처할 수 있다. 침해품의 압수 또는 강제적인 수출이라는 추가적인 제재 역시 받을 수 있다[37].

2.5. 기술이전 가격

기술이전의 가격과 세금에 대한 관련 법규정을 준수해야 하며, 다음의 경우, 감사(Audit)를 받아야 한다[38] :
- 기술이전 당사자 중 한쪽 당사자 또는 양 당사자가 국가로부터 자금 지원을 받아 기술을 이전하는 경우
- 모회사-자회사 간 기술이 이전되는 경우
- 세법에 따라 협력관계를 가진 당사자 간 기술이 이전되는 경우

2.6. 조세

기술이전법은 기술이전 계약에 적용되는 조세 정책에 대해서는 제공하고 있지 않다. 기술이전과 관련하여 조세에 대한 규정은 개인소득세법, 법인세법, 부가가치세법, 그리고 베트남에서 사업을 하고 수입을 가진 외국 기업에 적용되는 세법에 대한 관련 지침에서 찾을 수 있다. 기술이전에 대한 조세 관련하여 다음과 같은 몇 가지 특이점이 있다 :

---

37) 시행령 51, 25조

38) 기술이전법, 27.3조

- 기술이전에는 부가가치세가 면제된다[39].
- 2008년 법인세법은 기업이 세율에 대한 혜택을 받을 수 있는 몇 가지 상황에 대해 명시하고 있다. 예를 들면, 교육, 문화, 환경 분야에서의 투자 프로젝트, 경제사회적 어려움이 있는 지역에서의 프로젝트, 첨단기술, 과학연구와 기술개발, 특수한 필요를 가진 정부 기반사업의 개발, 소프트웨어 프로그램의 제조와 같은 프로젝트가 세율 혜택을 누릴 수 있는 경우이다[40].
- 베트남에서 사업 중이거나 수입이 있는 외국 기업의 경우 기술이전으로부터 발생한 수입에 대해 10%의 소득세가 부가된다. 만일 이전된 기술이 동반되는 기계와 분리가 불가능하다면 기술이전에 적용되는 세율은 이러한 기계의 공급에 적용되는 세율, 즉 1%가 된다[41].

39) 2013년 12월 31일 재정부가 발표한 부가가치세법에 대한 지침을 제공하는 시행규칙, 4.21조

40) 국회가 2008년 6월 3일 비준하고 2013년과 2014년에 개정하고 보충한 법인세에 대한 법률 No. 14/2008/QH12, 13.1조

41) 국회가 2014년 8월 6일 발표한 베트남에서 사업을 하거나 소득이 있는 외국기업 적용되는 조세에 대한 지침을 제공하는 시행규칙103/2014/TT-BTC, 13.2(a)와 (b)조

3. 권고 사항

- 이전해야 하는 기술(특허 포함)의 종류(권장, 제한, 금지 기술인지 여부)와 이러한 기술에 적용되는 혜택/정책에 대해 확인하고 자문 구하기
- 베트남법이 요구하는 기술이전 계약서의 내용과 형식을 확인하여 준수하기
- 기술이전의 가격이 감사받아야 하는 경우를 확인하여 감사 받기
- 인허가 신청 또는 기술이전 등록을 위한 기한과 절차를 잘 숙지하여 기한내에 필요한 서류를 제출하기 위하여 기술이전 계약 체결 이전 미리 필요한 서류를 준비해 놓기
- 베트남법에 따라 의무적으로 평가를 받아야 하는 제한된 기술의 사용과 관련된 투자에 대해 전문가 의견을 구하고 따르기
- 기술이전 계약에 대해 적용가능한 조세 규정에 대해 세법 전문가의 자문을 구하기

TREND

VIETNAM

2020

16

베트남 산업안전보건법에 따른
실무 해설

베트남 안전관리회사 SOL VINA / 이재성 대표
호치민시 안전협회 / Mr. Ton Trong Nghia 연구원

1. 베트남 산업안전보건법

베트남은 실질적으로 2015년 이전에는 베트남 노동법에 안전에 대한 규정들이 있었다. 2015년에 산업안전보건법(법률번호 84/2015/QH13)이 국회를 통과하면서 독립된 산업 안전 보건법이 베트남 헌법에 의거 제정되었다. 현재는 노동부내 안전부서에서 관할하고 있으며, 지속적으로 법령이 수정 보완 되어가고 있는 단계이다.

한국의 경우도 마찬가지로 고용노동부법령으로 하고 있으나, 한국 산업안전보건공단(KOSHA. Korea Occupational Safety and Health Agency)조직이 1987년 12월 만들어 지면서 관리, 교육, 점검, 안전 인증 등을 수행하고 있다.

베트남 산업안전보건법은 2008년부터 베트남 노동부(MOLISA)와 한국 산업안전보건 공단의 업무 제휴로 만들어진 법령으로 베트남에 맞는 실정으로 계속 발전해 왔다. 현재는 1장 총칙의 1조 조정 범위. 2조 적용 대상을 시작으로 총 7장 시행 조항 93조 세부 규정까지

망라되어 있다(한국은 2017년 고용노동부령 개정으로 72조항에 세부규정).

[베트남 산업안전보건법중 사업주가 꼭 알아야 할 특이 사항 발췌]

- **1장 2조 적용대상 : '외국인 사업주나 외국인 근로자는 적용 안된다'는 생각을 바꿔야 한다.**

여기에 외국인 관리자 안전 교육을 필해야 하는 법적 내용이 처음부터 등장한다. 관심 갖고 봐야 할 대목이다(밑줄 부분, 4항과 5항).

< 베트남 산업 안전 보건법 1장 2조(적용 대상) >
- 1항 : 근로 계약을 체결하고 근무하는 근로자, 사업주를 위해 근무하는 수습기간 중인 근로자, 견습생 및 인턴 사원
- 2항 : 국가 간부, 공무원, 공공 근로자, 인민 공안
- 3항 : 근로 계약이 없이 근무 하는 자
- 4항 : 근로 계약을 체결하고 해외에서 근로하는 베트남 근로자, 베트남에서 근무하는 외국인 근로자
- 5항 : 사업주
- 6항 : 산업 안전 보건과 관련되는 기타 기관, 조직 및 개인

베트남에서는 위 6개 조항 중 1항, 2항, 3항, 4항에 규정된 대상자들을 "근로자"라 통칭한다. 위 조항은 2015년 이후 개정법에 의해 발전시킨 법 조항이며, 이는 외국인 관리자 및 외국인 근로자는 베트남 산업 안전 보건법을 보장하기 위한 조치와 산업 재해 및 업무상 질병에 대한 정책과 보상, 베트남 산업안전보건 관련 조직과 개인의 책임과 권리 및

산업안전보건에 대한 국가적 관리에 대한 규정 대상이 된다.

　* 위 적용 대상 분류는 이후 사업주가 안전 교육을 시켜야 하는 필수
　　대상에 적용된다.

• 근로자의 권리와 그에 따른 사업주의 대책방안 강구

근로 조건의 보장. 적절한 예방 조치, 교육, 훈련을 받을 권리 : 대책으로는 안전교육, 훈련이 필수이다.

- 사업장 독성 및 유해 요인에 관한 정보와 예방조치. 훈련 교육을 받을 권리 : 대책으로는 안전교육, 훈련이 필수이다.
- 노동 보호 제도. 건강 관리. 업무상 질병의 발견을 위한 검진. 사업주가 산업재해 보험 납부 및 업무상 질병보험료를 납부하도록 할 권리 : 진단부터 완전한 보상을 받을 권리
- 직무 배정을 요청할 권리 : 인사 노무에 관한 사항이나 산업 안전 보건법에도 규정함
- 기타 권리 및 법률에 규정되어 있는 고소, 고발 또는 소송을 진행할 수 있는 권리 등

• 근로자의 의무와 그에 따른 사업주의 대책방안 강구

- 사업장의 산업안전 규정, 절차, 조치를 준수하여야 한다 : 대책으로는 안전관리회사로부터 안전 규정 및 매뉴얼에 대한 교육 및 훈련이 필수이다.
- 사업장에서 제공받은 개인 보호구와 개인 도구 관리 : 대책으로는 안전 보호구 지급 및 지급 증명 서류를 보관해야 한다.

- 안전하지 못한 행위에 대해 근로자는 지역 당국에 통지한다 : 대책으로는 안전 및 위험발견시 보고 체계 및 결과를 근로자에 통지해야 한다.

• 사업주의 권리

- 근로자에게 사업장 산업안전보건 규정, 절차, 조치를 준수하도록 요구, 칭찬, 보상, 징계할 권리. 고소, 고발, 소송할 수 있는 권리 등

• 사업주의 의무

- 근로자들을 위한 산업 재해 및 업무상 질병 보험료를 납부할 의무 : 대책으로는 관리자에 대한 안전 교육을 하여야 한다.
- 산업안전보건 규정, 규칙, 절차, 조치에 대한 교육과 훈련 의무. 산업 장비 및 도구 제공(안전 장구류) 의무 : 대책으로는 안전 교육 및 안전 장구류 제공을 하여야 한다.
- 근로자의 건강관리 – 검진부터 피해자에게 완전한 보상제공 의무 : 대책으로는 정기 건강검진 실시하고 보험을 가입하여야 한다.
- 기타 감시 조사 직원 임명, 관할 노동조합과 협력, 보고, 통계 보고서 작성(6개월 단위 사업장 관할 노동부 보고) 및 감독관 결론 이행 의무

- **제12조 산업 안전 보건법에서 금지되는 행위**
  (이 12조로 인한 피해가 속출)

- 기업무상 부정확한 신고와 은폐, 조치 불이행 그리고 사업장을 떠나
  려는 근로자를 떠나지 못하게 하는 행위나, 위험성이 해결되지 않았
  는데도 계속 근무하게 하는 행위
- 6항 : 직무에 산업안전보건 교육 훈련을 받지 않은 근로자를 투입하
  는 행위
- 7항 : 현물급여 대신 현금을 지급하는 행위(해석 : 보험료나 규정된
  처리말고 현금으로 사고를 무마하려는 행위)

2. 베트남 사고 통계

매년 베트남 정부의 각 기관마다 사고에 관한 통계를 발표하고 있
다. 산업안전보건에 관한 사고 통계는 최근 2019년 3월 15일에 노동
부와 병원 노동부에서 발표한 2018년 산업안전 보건 사고통계를 기
초로 분석했으며, 여기에 나오는 교통에 관한 사고는 교통부에서 발
표한 일반 교통사고와는 별개로 산업안전에 관한 교통사고 통계임을
미리 밝혀둔다. 예를 들면, 현장내 지게차 및 트럭 등 운송에 관한 사
고 등 산업안전에 관한 사고 통계이다.

< 베트남 2017년과 2018년 업무중 사고 통계비교 >

	업무중 사고 내용	2017년	2018년
1	심각한 부상을 동반한 사고 수	7,749	7,090
2	산업재해 사망자 수	7,907	7,259
3	3대 사고 수	666	622
4	심각한 부상자 수	1,681	1,684
5	여성 노동자 희생자 수	2,317	2,489

베트남 노동부 통계자료 2019-1033/TB-LDTBXH

베트남도 한국과 마찬가지로 1인 이상 사망하거나 3인 이상 동시 부상자 발생을 중대 사고로 분류하고 있으며, 이는 언론이나 매체에 의해 공개되고 법적 처리를 해야 한다.

베트남 산업안전에 관한 통계는 최근 몇년간 통계의 중요성을 인식하고, 지속적인 통계 데이터를 다방면으로 기록, 보관, 통계자료로 작성해 나가고 있으므로, 최초 한국통계가 감소하지 않았던 이유처럼 통계상 증가추세가 나타나고 있다. 그러나, 통계상 노동부에서는 재해율을 줄이고자 다방면으로 노력하는 과정에서 점검, 보수, 교육, 장비 Inspection 등에 대한 지속적인 점검과 그 영역을 확대해 가고 있다.

아직은 점검과 단속에 많은 전문가가 부족한 상태이나, 대학 등에 안전학과 설립과 교육기관의 인허가 등으로 많은 전문가를 배출하고 있고, 자체적으로 많은 제3자에 의한 점검 등이 이뤄지고 있다.

3. 베트남 산업안전 분야 2018년 안전 사망 사고 유형

1	추락사고(근로자 추락)	14.75%
2	물체에 맞음(물체 추락으로 인해 근로자 사망)	16.39%
3	감전사고(전기에 의한)	9.84%
4	기계에 의한 사고 (넘어짐, 깔림, 협착, 베임, 절단, 무리한 행동 등)	9.84%
5	교통사고	30.7%
6	기타(폭발, 화재 등)	4.1%

위 표의 베트남 안전사고와 한국 안전사고의 차이 나는 점을 비교하면,

• 전기에 의한 감전과 화재사고가 많다. 이유는 전기가 갑자기 차단되었다가 갑자기 연결되었을 때 조치가 안되거나, 비 전문가에 의한 점검, 농장이나 기타 지역에서 전기를 끌어다 쓰는 과정에서 사고가 많고, 특히 전기로 인한 화재는 더운 나라임에도 빈번한 사고 중 하나로 손꼽히고 있다.

→ 조치 : 전문가에 의한 정기 안전 진단, 보수, 책임자 선정 및 교육

• 교통사고 부분은 앞에서 언급했듯이 이 통계는 교통국에서 발표한 내용이 아니고, 산업안전 통계이므로 공장내 또는 사내에서 출퇴근 시 이뤄진 교통관계 산업 재해 통계로서 사고 수 대비 전체의 약 30%에 육박하는 통계를 보여주고 있다.

특히, 최근 들어 공장 내 지게차에 의한 사고가 급증하면서 지게차에 대한 안전예방 조치와 운전자 교육 등이 부각되고 있고, 공장 건물동과 외부와의 바닥턱의 높이 차이, 공장동 입구 좌우면이 보이지 않는 관계로 과속에 의한 사고원인 부분이 눈에 띄게 부각되고 실제 사망사고로까지 이어지는 경우가 많다.

→ 조치 : 1. 지게차 - 장비에 대한 예방 조치(경보음, 경보기, 지게차 점검표 등)

2. 운전자 안전교육 및 안전교육필증 보유

3. 바닥턱 높이 차이가 있는 부분 점검 및 보수

4. 외부 차량 - 운전자 유도 책임자 및 지정 주차. 동선 분리(차량동선 및 인원동선). 후진 및 주차시 유도인원 필수

→ 잘못 알고 있는 사항에 대한 답변

출퇴근시 근로자의 교통사고에 대해 무한 책임으로 알고 구두 보고에 의한 보상이 이뤄지는 사업장이 많으나. 사고에 대한 경찰 리포트, 병원 진단서가 첨부되고 이는 관할 노동부에 신고 후 완전한 보상이 이뤄져야 한다.

• 무너짐에 대한 사고는 주로 토목부분에서 경사면이 발생시 제대로 각을 주지 않거나 장비를 쓰지 않고 방치해 두는 경우에 발생하는 경우가 많다. 건설법의 안전규정을 따르지 않고 파일작업이나 지반에 대한 제반 안전을 먼저 고려하지 않고 일을 먼저 끝내려는 경향에서 생기는 잦은 사고 사례이다.

2018년 전체 산업재해 사고 신고수가 7,090건이고, 사망자 수는

622명으로, 전년도 대비 약간의 감소 추세를 보이고 있다. 참고로 2019년 한국의 경우, 연간 산업 재해자는 전체 약 10만건 정도이고, 이중 산업재해에 의한 사망자수는 855명이다(2019한국 산업안전보건 공단 재해 통계).

한국의 경우 산업재해로 인한 연간 21조원(2016년)에 이르는 손실을 줄이기 위해 노력하고 있다. 2018년 10월 30일 국회를 통과한 한국의 개정법을 보면 강력하다.

- 산업의 모든 현장 원청 안전 관리 책임(하도급업체 관리 포함)
- 개정
1) 원청 사업주의 주의의무 조치 범위 확대(기존 일부 위험한 장소에서 사업장 전체로 확대)
2) 원청 의무 조치 위반 사항 - 기존 1년 이하 징역에서 하청업체와 같이 5년 이하 징역형으로 변경)
3) 사망 사고시 하청 체와 동일한 5년 이하 징역에서 10년 이하 징역으로 변경
4) 노동자가 급박한 상황에서 "작업 중지" 권한을 가짐, 이에 대한 불이익을 줄 경우 사업주 처벌
5) 벌금형은 1억에서 5억으로, 5억 이하는 10억 이하로 상향 조정

4. 베트남 분류별 안전 사고 통계

4.1. 2017·2018년 사고 건 수

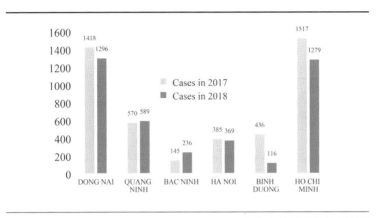

출처 : 1033/TB-LDTBXH 2018년 통보

4.2. 지역별 2017·2018년 부상자 수

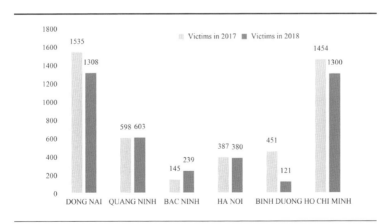

출처 : 1033/TB-LDTBXH 2018년 통보

4.3. 2017년 지역별 사망자 수

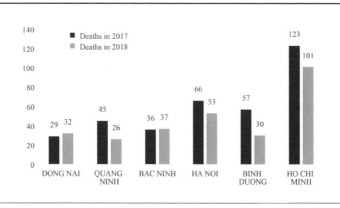

출처 : 1033/TB-LDTBXH 2018년 통보

4.4. 사망사고 주요 원인

베트남 전체에서 무려 30%를 차지하는 교통사고가 단연 1위를 차지한다. 2위는 떨어져 죽거나 떨어진 물체에 맞는 경우다. 이 두개가 합쳐서 약 40%를 차지한다. 3위는 전기에 의한 쇼크사다. 전체 사망자 수 대비 무려 10%가 넘는다. 4위는 기계에 의한 찰과, 절단, 끼임 사고 등을 합해서 약 20%대를 차지한다.

위 원인으로 볼 때 건설현장에서는 전기, 스카폴딩 등에 의한 전도사고, 고층에서 떨어지는 물체, 크레인 사고 등을 주요 점검대상으로 하고, 공장 등지에서는 기계에 대한 안전 작업 반경, 보수, 전기 사고, 추락, 등을 중점 점검대상으로 한다.

베트남은 전체 63개 지역으로 나뉜다. 그 중 산업 집중지역에 따라 사고의 수는 비례하게 된다. 위 도표와 같이 호치민시와 하노이시 주요 도시와 주변 공단지역에 사고가 집중되어 있고, 2015년 베트남 산업안전보건법이 시행된 이후 주요 지역에 대한 관리 강화를 위한 정부의 노력이 실제 결과로 나타나고 있다.

이에 따라, 이전에 없었던 안전, 소방, 환경, 화학, 건설 분야 등에서 규정을 설정하고 점검하게 하고 있다. 최근의 일이지만, 앞으로 산업재해 분야의 안전 예방, 인원 교육, 장비 점검, 관할 기관의 보고 내용이 점차 늘어날 것이며, 이에 따른 관리 인원이 필요하다. 현재까지는 법적으로 400인 이하 사업장은 안전 관리요원이 법적으로는 필수는 아니지만, 벌써부터 관리자중에서 전담 담당자를 임명하는 등의 추세가 늘어나고 있다.

→ 소규모 사업장에 대한 대안

400인 이상 사업장은 법정 안전관리자를 필수로 하고 있으나, 400인 미만 소규모 사업장은 주로 인사, 노무 관리자에게 안전에 관한 임무를 별도로 부여하고 있다. 전문지식이 부족한 부분은 안전 컨설팅 등 소정의 예산으로 네트웍을 형성해 극복해 나가고 있다.

5. 정부 각 기관별 안전 규정

산업 안전 보건법에 인원 및 장비에 대한 책임, 의무, 법적인 내용이 만들어졌다면, 각 정부 기관별로 안전, 소방, 전기, 환경, 건설 등 각 분야에서 규정과 세부 법령들이 나오고 있다.

• 안전분야 법령 및 규정

	관련 법령	내용	비고
1	84/2015/QH13	Occupational Safety and Hygiene	LAW
2	88/2015/ND-CP	On amending a number of article of the Decree No. 95/2013/ND-CP dated August 22, 2013 of the Government on penalties of administrative violations in labor, social insurance and overseas manpower supply by contract	DECREE
3	45/2013/ND-CP	Detailing a number of articles of the Labor Code on working time, rest time and occupational safety and labor hygiene.	DECREE
4	44/2016/ND-CP	Details some articles of the law on occupational safety and sanitation, technical inspection of occupational safety, training of occupational safety and sanitation and monitoring of occupational environment	DECREE
5	39/2016/ND-CP	Detailing the implementation of some articles of the law on occupational safety and sanitation	DECREE
6	37/2016/ND-CP	Detailing and guiding the implementation of a number of articles of the Law on occupational safety and sanitation regarding compulsory labor accident and occupational disease insurance.	DECREE
7	53/2016/TT-BLDTBXH	Promulgate a list of machines, equipment, supplies and substances with strict requirements on occupational safety and sanitation.	CIRCULAR
8	15/2016/TT-BLDTBXH	The list of heavy, hazardous and dangerous occupations and jobs and extremely heavy, toxic and dangerous jobs.	CIRCULAR
9	25/2013/TT-BLDTBXH	On provision of perquisites for workers in harmful or dangerous environment	CIRCULAR
10	04/2014/TT-BLDTBXH	Guidance on how to equip personal protective equipment	CIRCULAR

• 소방 관련 법령

	관련 법령	내용	비고
1	40/2013/QH13	Amending and supplementing a number of articles of the Fire prevention and Fighting Law 27/2001/QH10	LAW
2	79/2014/ND-CP	Guidelines for the Law on Fire Safety and Firefighting and the Law On Amendments to the Law on Fire Safety and Firefighting	DECREE
3	83/2017/ND-CP	Regulations on rescue operations of the fire department are issued by the Government	DECREE

• 화학/정유시설 분야

	관련 법령	내용	비고
1	06/2007/QH12	The law chemistry	LAW
2	113/2017/ND-CP	Chemical law guidelines.	DECREE
	115/2016/ND-CP	Amending Decree 163/2013/ND-CP stipulating the sanctioning of administrative violations in the field of chemicals, fertilizers and industrial explosives promulgated by the Government.	DECREE
3	32/2017/TT-BCT	Guidelines on the Chemical Law and Decree 113/2017/ND-CP guiding the Chemical Law issued by the Minister of Industry and Trade	CIRCULAR

• 환경 분야

	관련 법령	내용	비고
1	06/2007/QH12	Environmental protection	LAW
2	19/2015/ND-CP	Guide the law of environmental protection	DECREE
3	18/2015/ND-CP	Provisions on environmental protection planning, strategic environmental assessment, environmental impact assessment and environmental protection plan	DECREE
4	179/2013/ND-CP	Provisions on sanctioning administrative violations in the field of environmental protection	DECREE
5	19/2016/TT-BTNMT	Report on environmental protection work issued by the Minister of Natural Resources and Environment	CIRCULAR

• 전기 분야

	관련 법령	내용	비고
1	14/2014/ND-CP	Detailing the Implementation of Electricity law on Electric safety	DECREE
2	31/2014/TT-BCT	Detailing a number of contents about Electric safety	CIRCULAR

• 건설 분야

	관련 법령	내용	비고
1	50/2014/QH13	The law construction	LAW
2	139/2017/ND-CP	Regulations on sanctioning administrative violations in construction investment activities; mining, processing and trading of minerals for construction materials, manufacturing and trading of construction materials; technical infrastructure management; real estate business, housing development, home and office use management	DECREE
3	13/2011/ND-CP	Safety of oil and gas facilities on land	DECREE
4	11/2017/TT-BXD	On the technical safety testing process for sliding formwork systems; need independent concrete distribution ; drilling machines, pile presses, pile drivers used in construction of works issued by the Minister of Construction	CIRCULAR
5	14/2014/TT-BXD	National technical regulation on construction safety issued by the Minister of Construction. Symbol : QCVN 18 : 2014/BXD	CIRCULAR
6	TCXDVN 296:2004	Scaffolding - Safety requirements	standard

• *분야별 안전 법령과 규정 총평*

  분야별 전문가 집단이 만들어지고, 그 집단으로부터 교육 및 점검이 이루어지면서 인허가 받은 시험 인증 기관들에 의해 보고서가 만들어지는 형태는 한국의 형태와 같다. 앞으로는 안전 분야의 전문가 직책 부여와 예방 업무, 자체 정기적 점검이 시스템화 되어야 한다.

6. 각 산업 분야 안전 규정에 대한 현실

베트남에서 활동중인 한국업체는 현재 빠르게 변하는 베트남 산업안전 규제에 대해 안일하게 대처해온 게 사실이다. 실제로 한국에서는 한국산업안전보건공단이 1987년에 만들어지면서 정착화 되어가고 있다고 본다면, 이제 2015년 이후 만들어진 베트남 산업안전보건법에 대해 잘 모르고 있는 한국 사업주나 관리자는 실제로 많다고 볼 수 있다. 현실적으로 꼭 지켜야 하는 법령 몇 가지를 얘기해 달라는 질문에 전문가가 아닌 이상 질문조차 잘못된 것에 당혹감을 감추지 못한다.

각 사업장(특히 수출업체)들은 나름 발주처의 안전 규정을 따르고 또 점검을 받아야 한다. 의류업체, 신발업체는 각 브랜드별 국제 안전 기준을 만들어 제3국에서 생산하는 공정에 대한 세부적인 안전 규정을 따로 두고 있다.

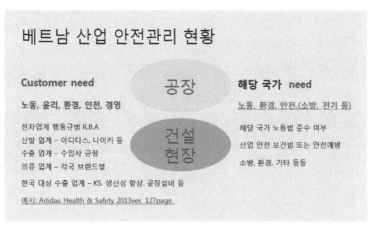

* SOL VINA Co,. Ltd. 의 한국인 관리자 안전교육 자료

- 예시 : 작업자 간 간격, 차량 동선 너비와 폭, 음용수 관리에 대한 점검규정, 식사 제공에 대한 위생 등 다년간에 걸친 제3국 OEM 생산에 따른 경험을 규정하고 있다.

7. 시사점

결론적으로, 베트남 진출하고 있는 한국의 각 사업장들은 한국에 보고 및 점검 받기 위한 안전 대책과 리포트를 준비해야 하며, 브랜드별 규정을 약 1년에 한 두번씩 위험성 평가나 점검 방식으로 점검 받아야 하고 베트남 각종 산업 안전 규정에 저촉되지 않아야 한다. 그러나 베트남 안전 관리자의 능력이 요구에 못 미치는 경우가 많다.

정규 대학과정은 하노이 유니언 대학(노조대학)과 호치민 Ton Duc Thang 대학 내 안전학과 등 2개 대학 학과 과정이 전부이고, 정규 대학을 졸업하지 않은 인원들은 안전 전문 양성 교육기관에서 수료한 자격증으로 안전 관리 업무를 하는 게 현실이다. 자격증의 유효기간도 2년인 이유가 안전 관리자들의 계속적인 재 교육이다. 공장이나 현장에서 먼 관계로 재교육이 쉽지 않다.

또한 공장이나 현장 등이 주로 도심지 외곽의 공단에 소재하는 관계로 안전규정이 새로 추가되거나 변경된 것에 대한 정보나 업체간 공유가 절대 부족한 상황이다. 한국인 관리자 또한 안전에 대한 전문가가 아니고 조직도상으로만 담당자를 선임하는 경우가 많다.

전체적으로 안전 관리자 인원에 대한 자질과 수준을 높이는 노력이 관심사항으로 분류되어 지속적으로 관리되어야 하고, 이에 따라 베트남에서 정한 Group1~6의 안전 교육과 시스템 구축이 절실하다.

393

• 베트남 산업 안전 보건법상 안전 교육 대상 6개 GROUP

- 1 GROUP : 사업주, 관리자, 메니져급. 16시간. 2년 재 교육(교육 수료증 보관)
- 2 GROUP : 베트남 안전 담당자, 각 부분 안전 책임자급. 48시간. 2년 재 교육(교육 수료증 보관)
- 3 GROUP : 위험 작업군(용접, 압력장비, 보일러, 지게차, 화학, 가스, 오일, 밀폐작업자 등). 24시간. 2년 재 교육(교육 수료증 보관)
- 4 GROUP : 일반 작업자(단순 작업자, 재봉등) 16시간. 1년 재 교육. 교육 수료증 없음. Group4를 가르칠 수 있는 자격자가 교육 후 교육기록 보관
- 5 GROUP : 간호사및 의료진 안전 교육. 56시간 교육. 5년 재교육(교육 수료증 보관)
- 6 GROUP : 공장 일반 노무자 팀장및 현장 노무자 팀장급. 4시간. 2년 재교육. 현장내 교육

베트남도 한국과 같이 사업장, 사업주, 관리자에 대한 책임을 묻는다. 벌금형, 구류 등 민형사상의 책임을 진다. 항상 명심해야 할 것은 베트남은 사회주의를 근간으로 하는 노동자의 나라라는 사실이다.

한국인 관리자 및 사업주에 대하여 <베트남 내 외국인 관리자 안전교육>을 실시하는 데 있어, 베트남 정부관계자들에게 물어보면 아래 내용을 꼭 알려주기를 요구한다.
1. 베트남 관계 법령(노동법/산업 안전 보건법/손해배상법등)

2. 베트남 법상 보상 대책

3. 안전은 노동자의 권리다.

4. 관리자로서 안전에 예산을 책정하라(교육/개인 보호장구/예방 대책 등 시스템 구축).

5. 관리자란 안전에 대한 인원과 장비에 대한 책임이 있다.

6. 사고 유형을 이해하고 미리 대비해 줬으면 좋겠다.

7. 사고 통계를 접하고 교육대책을 강구하라.

8. 재해율을 줄여 달라. 반복이 없도록 해달라.

9. 돈주고 입막음 하는 건 큰 벌이다. 노동자들이 지켜보고 있다.

10. 한국업체가 안전에 관한한 모범이 되어줬으면 한다.

11. 모범적 사고 처리

12. 기타

2019년도에 주로 한국 진출 업체 건설 현장과 공장들에 대해 안전 분야 컨설팅, 위험성 평가, 교육 등을 진행하면서 알게 된 사항이지만, 많은 사건 사고들이 발생한 것으로 알고 있다.

일단, 사고가 발생한 후에야 컨설팅 계약을 맺자는 회사도 많다. 안일한 대책이 아닐 수 없다. 사업장에서 일하는 직원들과 가족에 대한 "HOME TO HOME" 계획, 예방 대책, 안전교육도 없이, 사고 이후에 안타까움이나 반성을 하기보다 당면한 사고 건에 대한 스트레스나 피곤함을 호소하는 사업주 및 관리 책임자들을 많이 본다.

한편으로는, 안전에 대해 문의와 자문을 받고 소정의 비용을 들여서라도 사업장 내 시스템을 만들고 직원들을 교육시킴으로써 단 한 건의 경미한 사고도 없는 사업장도 많이 본다. 이러한 좋은 사례는 사업주의 관심에서 비롯된다고 결론 지을 수 밖에 없다.

TREND
VIETNAM
2020

외국인계약자세
(Foreign Contractor Tax)

17

외국인 계약자 세
(Foreign Contractor Tax)

KPMG Vietnam
원일 회계사

이 글은 2020년 현재 유효한 규정인 Circular No. 103/2014/TT-BTC를 기준으로 한국인에게 생소한 외국인 계약자 세에 대한 이해를 돕고자 하는 목적으로 준비하였으므로, 모든 사례 및 예외사항 등을 기술하지는 못하였습니다. 베트남 세법은 규정이 복잡하고 적용 방식 또한 지방 세무당국 또는 담당 공무원에 따라 다른 경우가 있으므로 실무에서는 반드시 담당 세무당국 및 현지 전문가와 상담하시기 바랍니다.

1. 개요

베트남에서 사업을 진행함에 있어 기업과 개인들은 다양한 세금 납부 의무를 직·간접적으로 부담하게 된다. 대표적으로 법인세(Corporate Income Tax, CIT), 부가가치세(Value Added Tax, VAT), 개인소득세(Personal Income Tax, PIT), 외국인 계약자 세(Foreign

Contractor Tax, FCT), 특별소비세(Special Sales Tax, SST), 관세(Import and Export Duties, IED) 등이 있으며, 일부 기업의 경우 자원세(Natural Resources Tax), 재산세(Property Tax), 환경보호세(Environmental Protection Tax) 등을 추가로 부담하여야 한다.

이 중 한국의 세무환경과 가장 이질적인 항목이 외국인 계약자 세로, 베트남에서 사업을 진행하고자 하는 외국의 회사나 개인은 모두 영향을 받으며, 한국에는 없는 규정이므로 그 적용과 해석에 주의를 요하고 있다.

외국인 계약자 세는 외국 법인/단체/개인이 베트남 내에서 수익이 발생하는 경우 정해진 세율에 따라 부가가치세 및 법인세를 납부해야 하는 것으로, 관련 시행규칙인 Circular No. 103/2014/TT-BTC의 정식 명칭은 '베트남에서 사업하는 또는 베트남에서 소득이 있는 외국단체, 개인에 대하여 적용하는 납세의무 이행 안내에 관한 시행규칙[1]'이다[2].

여기서 중요한 점은 <u>외국인 계약자 세 자체가 별도의 세목이 아닌 외국단체 또는 개인이 베트남에서 법인세 및 부가가치세를 납부하는 절차를 규정한 시행규칙</u>이라는 점이다. 즉 외국인 계약자 세는 기본적으로 법인세와 부가가치세로 구성되어 있으며, 외국법인이 베트남에서 사업을 수행할 경우 부담해야 되는 법인세 및 부가가치세 납세

---

1) Circular No. 103/2014/TT-BTC, guidelines for fulfillment of tax liability of foreign entities doing business in Vietnam or earning income in Vietnam.

2) 개인의 경우 개인 소득세에 관한 법률에 따라 개인소득세 납세의무를 이행하여야 하며 해당 Circular에서 별도로 다른 절차를 규정하고 있지는 않다.

의무를 간편하게 완료할 수 있게 한다.

이러한 외국인 계약자 세의 성질을 이해하고 있으면 <u>법인세 부분에 대한 조세조약 적용이나 부가가치세 부분에 대한 매입세액공제를 활용할 수 있다.</u> 즉 법인세 해당 부분은 한·베트남조세조약의 적용을 받으며, 조세조약에 따라 베트남에 과세권이 있는 법인세 부분은 납부 후 한국에서 외국납부세액공제를 받거나 베트남에 과세권이 없는 법인세는 납부제외 신청을 통해 납부하지 않을 수 있다. 또한 부가가치세의 경우 베트남 법인이 부담할 경우 매입세액으로 활용이 가능하므로 기업의 자금부담을 줄여 준다.

2. 적용 대상

Circular No. 103/2014/TT-BTC(이하 "외국인 계약자 세 시행규칙")에서는 적용대상 및 비적용 대상을 명시하고 있으며, 적용 대상으로 몇 가지 사업의 형태나 거래 방식을 나열하고 있다. 그러나, 실질적으로 비적용 대상을 제외하고는 베트남에서 사업성 활동으로 수익이 발생할 경우, 외국법인/단체/개인이 받는 수익금은 거의 대부분 적용대상이 되므로, 아래의 비적용 대상이 아닌 거래에서 사업성 소득이 발생할 경우 외국인 계약자 세를 사업계획 수립 및 계약서 작성 시 고려하여야 한다.

- 투자법, 석유가스법, 각 금융기관법의 규정을 적용 받는 외국 단체 및 개인
- 베트남 내에서 유관용역이나 서비스를 제공하지 않는 물품의 공급

- 베트남 밖에서 공급 및 소비되는 서비스(해외에서 이뤄지는 마케팅, 수리용역 등 포함)
- 투자 및 무역 촉진, 외국에서의 물품 판매 중개
- 교육훈련(온라인 교육훈련 제외)
- 관련 법에 따른 국가간의 통신 및 우편서비스와 관련된 요금 배분
- 보세창고, 내륙통관장을 사용하여 국제운송, 국경통과, 환적 등의 서비스를 제공하는 경우

3. 등록·납세·신고 방법

외국인 계약자 세 시행규칙에 따른 외국인 계약자 세의 담세 의무자(이하 "외국인계약자")가 법인세 및 부가가치세를 납부하는 방법에는 총 3가지 방법이 있으며, 외국인계약자는 적용 요건 및 사업형태에 따라 가장 유리한 방법을 선택하여 적용하면 된다.

(1) 부가가치세와 법인세 모두 베트남 국내법인과 동일하게 신고 납부 하는 방법(이하 "신고법"[3], Declaration Method)

(2) 부가가치세와 법인세 모두 매출 수익에 대해 일정비율로 납부하는 방법(이하 "직접법", Direct Method)

---

3) 경우에 따라 공제법, VAS신고법, 신고법 등으로 불리기도 한다. 마찬가지로 직접법의 경우에도 간주법, 원천징수법 등으로 불리기도 한다.

(3) 부가가치세는 베트남 국내법인과 동일하게 신고 납부 하나 법
　　인세는 매출 수익의 일정비율로 납부하는 방법(이하 "혼합법",
　　Hybrid Method)

3.1. 신고법(Declaration Method)

　신고법은 법인세와 부가가치세 모두 베트남 국내법인과 동일하게
신고 납부하는 방법으로 베트남의 회계기준인 VAS에 따른 장부를
기록하여야 하며, 세무당국에 등록하여 납세코드를[4] 발급 받아야
한다.

　모든 신고 및 납부를 부가가치세법 및 법인세법에 따라 하도록 되
어 있으며 해당 시행규칙에서 별도로 규정하고 있는 사항은 없다.

　베트남의 세법 적용이 까다롭고 VAS에 따른 장부를 기록하기 위
해 다른 방법보다 많은 관리비용이 발생하므로 잘 사용되지 않는 방
법이다.

---

4) 납세코드(TAX Code)라 함은 베트남 과세관청이 세무 목적으로 납세의무자에게 발급한
　일련의 숫자, 문자 또는 기타 특수문자이다.

3.2. 직접법(Direct Method)

직접법은 베트남 기업이 대금을 외국인계약자에게 지급할 때 정해진 비율로 세금을 원천징수 하는 방법으로, 외국인계약자에게 가장 간편한 방법이다.

그러나, 세금계산서 발행이 불가능하며(부가가치세 매입세액 공제 불가), 간주 세율이 상대적으로 높으므로 단발성의 소액거래에 적합하다. 다만, 이 경우에도 원천징수된 부가가치세 해당 부분을 베트남 기업이 부담할 경우 베트남 기업은 매입세액 공제로 활용 가능하므로 계약서 작성시 베트남 기업이 부담하는 것으로 명시하는 것이 필요하다.

3.3. 혼합법(Hybrid Method)

위의 두 가지 방법을 혼합한 것으로 법인세는 매출수익의 일정비율로 납부하되, 부가가치세는 매출세액에서 매입세액을 공제한 차액을 납부하는 방법이다. 외국인계약자가 납세코드를 등록, 발급 받으므로 세금계산서 발행이 가능하고, 매입세액 공제를 받을 수 있으므로 부가가치세 부담이 적다. 또한, 매출세액에 일정 비율로 법인세를 납부 하므로 요구하는 장부기장 및 법인세 신고가 간단하여 필요한 관리비용이 신고법에 비해 적다.

각 방법 별로 적용 조건 및 신고·납부 방법 등을 요약하면 다음과 같다.

항목	외국인계약자가 신고 납부하는 방법 (신고법, Declaration Method)	베트남 국내 기업이 원천 징수하는 방법 (직접법, Direct Method)	부가세는 신고 납부하고 법인세는 베트남 기업이 원천징수하는 방법 (혼합법, Hybrid Method)
적용 조건	(이하의 모든 기준을 충족시킬 경우) • 베트남에 고정사업장[5]을 가진 경우 또는 베트남 세법상 거주자[6]인 경우 • 183일 이상 베트남에서 사업을 실시하는 경우 • 외국인계약자가 베트남 회계 기준(VAS)을 적용하는 경우	N/A	(이하의 모든 기준을 충족시킬 경우) • 베트남에 고정사업장을 가진 경우 또는 베트남 세법상 거주자인 경우 • 183일 이상 베트남에서 사업을 실시하는 경우 • 외국인계약자가 재무성의 가이드 라인 등에 따른 회계 처리를 실시하는 경우(VAS의 간소화된 버전)
	베트남 국내기업, 외국인계약자	베트남 국내기업	베트남 국내기업, 외국인계약자
등록 의무자	베트남 국내기업 : 계약 체결 후 20영업일 이내에 지방 세무서에 통지 외국인계약자 : 계약 체결, 법인설립, 관련 허가 획득 중 빠른 날로부터 10영업일 이내에 세금코드를 등록	첫 번째 계약으로 인한 원천 징수·납세 의무 발생일로부터 10영업일 이내에 지방 세무서에 FCT용 세금 코드를 등록	베트남 국내기업 : 계약 체결 후 20영업일 이내에 현지 세무서에 통지 외국인계약자 : 계약 체결, 법인설립, 관련 허가 획득 중 빠른 날로부터 10영업일 이내에 세금코드를 등록

5) 고정사업장(Permanent Establishment)은 조세조약에서 사업이 전적으로 또는 부분적으로 영위되는 고정된 장소를 말하며 주로 과세권을 결정하기 위한 기준으로 사용된다. 지점, 공장, 광산, 6개월 이상 존속하는 건설공사 등이 해당하며, 고정되거나 등록된 장소가 없는 경우에도 파견된 인원이 있을 경우 고정사업장 요건을 충족할 수도 있다. 고정사업장 유무의 판단은 때때로 매우 민감하고 복잡하므로 관련 전문가와 상담하여야 한다.

6) 베트남 세법상 거주자는 다음 중 어느 하나를 충족하는 자를 말한다. 1) 1역년 중 베트남에 183일 이상 체류하는 경우, 2) 베트남에 상시 거소를 둔 경우로서, 상주 등록거소를 둔 경우 또는 기한부 임대차계약에 따라 베트남에 체재하기 위해 임차주택을 둔 경우

신고·납부 의무자	외국인계약자	베트남국내기업 (원천징수)	외국인계약자
신고·납부	• VAT 베트남 기업과 동일 (분기 또는 월별 신고) • CIT 베트남 기업과 동일 (매 분기별 예정납부 및 각 년도 종료 후 90일 이내 확정 신고·납부) (계약 만료 시) 계약 종료 후 45일 이내에 신고·납부	• VAT 및 CIT (발생할 때마다) 발생 후 10일 이내에 신고·납부 ※ 다수의 지불이 있는 경우는 다음달 20일까지 신고·납부 가능(세무 당국에 등록 필요) (계약 만료 시) 계약 종료 후 45일 이내에 신고·납부	• VAT (월별 신고) • VAT (월별 신고) 다음달 20일까지 신고·납부 • CIT (발생할 때마다) 발생 후 10일 이내에 신고·납부 ※ 다수의 지불이 있는 경우는 다음달 20일까지 신고·납부 가능(세무 당국에 등록 필요) (계약 만료 시) 계약 종료 후 45일 이내에 신고·납부
계산 방법	• VAT : 베트남 기업과 동일, 일반적으로 매출세액 - 매입세액 • CIT : 베트남 기업과 동일, 일반적으로 과세표준의 20%	• VAT : 시행규칙에서 규정한 매출수익[7]의 5%, 3%, 2%(아래 세율표 참조) • CIT : 시행규칙에서 규정한 매출수익[8]의 0.1~10%(아래 세율표 참조)	• VAT : 베트남 기업과 동일, 일반적으로 매출세액 - 매입세액 • CIT : 시행규칙에서 규정한 매출수익의 0.1~10%(아래 세율표 참조)

405

7) 직접법에 따른 세액 계산에 필요한 매출수익은 시행규칙에 각 사례별로 자세히 기술하고 있다. 따라서 사업이나 거래내역에 따라 계산방법이 달라질 수 있으나 일반적으로는 계약서에 기재된 베트남 기업의 하청금액을 제외한 부가가치세와 법인세가 포함된 외국계인계약자가 수령한 대가 총액이 된다. 부가가치세와 법인세가 포함된 금액이 부가가치세 매출수익이 되므로 계약서에 부가가치세와 법인세 금액을 명시하지 않았을 경우 매출수익금액을 계산하기 위한 Gross-up 계산을 하여야 한다.(자세한 계산 내역은 후술할 예시를 참조)

8) 법인세 계산을 위한 매출수익은 부가가치세를 제외하고 법인세를 포함한 금액이다.

< 매출수익에 대한 부가가치세 세액계산 비율 >

No	거래내역	세액계산 비율
1	서비스용역, 각종 기계설비의 임대, 보험, 원재료나 기계 공급이 포함되지 않은 설치나 건설 용역	5%
2	생산, 운송, 상품공급에 포함된 용역, 원재료나 기계 공급이 포함된[9] 설치나 건설 용역	3%
3	기타 사업활동	2%

< 매출수익에 대한 법인세 세액계산 비율 >

No	거래내역	세액계산 비율
1	과세 대상이 되는 물품의 공급[10]	1%
2	각종 서비스, 기계설비 및 시추선의 임대, 보험	5%
	- 식당, 호텔, 카지노의 관리운영 서비스	10%
	- 파생금융상품 관련 서비스	2%
3	항공기와 선박의 임대 및 그 부품의 임대	2%
4	건설 및 설치 용역(원재료 및 기계부품이 건설 및 설치에 포함되었는지 여부에 무관함)	2%
5	생산, 판매, 운송 관련 용역 및 기타 영업활동	2%
6	각종 금융증권 및 금융증서의 양도, 재보험 및 재보험의 양도 관련 사업	0.1%
7	대여금 이자	5%
8	저작권 수입	10%

9) 베트남에서 서비스를 수반하는 물품의 공급이 이뤄질 경우 물품 가격에 해당하는 부가가치세는 수입통관 과정에서 납부하게 되며, 서비스 해당 부분만 외국인 계약자 세에 따라 납부하게 된다. 만약 계약서상 물품가격과 서비스 가격이 구분되지 않을 경우 전체 계약금액을 기준으로 외국인 계약자 세를 납부하여야 한다.

10) 서비스가 동반된 물품의 공급 및 DDP, DAT, DAP조건의 물품 수입, 간주수출입(on-the-spot export and import) 등이 이에 해당된다.

• 직접법 적용 예시 1)

한국 기업 A는 베트남 기업 B에 일반서비스를 제공하기로 하였다. 계약금액은 세후로 36,100 USD이며 모든 세금 및 부가가치세는 베트남 기업 B가 부담하기로 하였다.

베트남 기업 B는 한국 기업 A를 대신해 직접법으로 신고하였으며, 해당 서비스의 직접법 세율은 법인세 5%, 부가가치세 5%라고 가정한다. 이 경우 직접법하의 외국인 계약자 세 산출 내역은 다음과 같다.

1) 법인세 매출수익(과세표준) : 36,100 / (1 − 5%) = 38,000 USD

   법인세 : 38,000 × 5% = 1,900 USD

2) 부가가치세 매출수익(과세표준) : 38,000 / (1 − 5%) = 40,000 USD

   부가가치세 : 40,000 × 5% = 2,000 USD

* 외국인 계약자 세의 계산 방식은 한국의 부가가치세 등 간접세 계산방식과 다르게 세금이 포함된 금액을 과세표준으로 하고 있다. 즉 세금이 포함된 총액에서 세금이 차지하는 비율이 세율로 규정되어 있으므로 외국인 계약자 세의 직접법에서 세금이 고려되지 않은 세후계약(순액계약)의 경우 세전금액을세금이 포함된 과세표준을 구하기 위해서는 Gross-up 계산이 필요하다. Gross-up 계산은 세금이 포함되지 않은 세후금액을 통해 세금이 포함된 전총액금액(과세표준)을 역산하는 방법으로 계산 방식은 다음과 같다 : 매출수익(과세표준)세전금액 = 세후금액세후금액 / (1 − 세율)

** 직접법에서 하의 과세표준에 해당하는 매출수익은 부가가치세는 부가가치세와 법인세가 모두 포함된 금액이 매출수익(과세표준)이며, 법인세는 법인세만 포함된 금액이 매출수익(과세표준)이다. 따라서 세금제외 계약의 경우 법인세를 먼저 계산하여 법인세포함 금액을 구한다음 부가가치세 금액을 구하여야 한다.

*** 해당 거래로 베트남 법인 B는 한국 기업 A에 36,100 USD를 지급하고, 한국 기업 A를 대신하여 베트남 세무당국에 외국인 계약자 세 1,900 + 2,000 = 3,900 USD 를 신고 납부하여야 한다.

• 직접법 적용 예시 2)

한국 기업 C는 베트남 기업 D와 기계 공급 계약을 체결하였다. 물품의 인도는 베트남 국경 밖에서 이루어지며 이후 C는 한 달간 기술자 2명을 파견하여 기계를 설치해 주기로 하였다. 베트남 기업은 정상적으로 직접법 적용을 신고하였으며, 계약서상 구매 조건은 다음과 같다.

• 기계 가격 : 100,000 USD
• 설치 비용 : 10,000 USD
• 파견자를 위해 준비된 숙박 및 식사 비용 : 1,400 USD 상당(부가세 별도)

계약서의 금액은 부가가치세는 별도로 하되 기타세금은 포함하는 것으로 하였으며, 베트남 기업은 파견자의 숙식을 제공하기로 하였다. 계산의 편의상 설치수수료 및 숙식 지원 총액이 파견근로자의 베트남 원천 근로소득이라고 가정한다. 또한 기계장치는 수입 시 10%의 수입부가가치세가 과세된다고 가정한다.

해당 거래의 경우 베트남 국내에서 제공되는 서비스가 포함된 물품의 공급이므로 외국인 계약자 세 과세대상이 되며 관련된 법인세, 소득세, 부가가치세는 다음과 같다.

1) 법인세 : 기계장치 100,000 × 1% = 1,000 USD
　　　　　서비스(10,000 + 1,400) × 2% = 228 USD

2) 소득세 : (10,000 + 1,400) × 20% = 2,280 USD(파견된 근로자

본인이 신고 납부하여야 한다)

3) 부가가치세 : 기계장치 100,000 × 10% = 10,000 USD(수입통
관시 납부)

서비스(10,000 + 1,400)/(1 − 5%) × 5% = 600 USD

* 계약금액이 부가세 별도이므로 직접법에 의한 부가가치세 계산시 Gross-up이
필요하다.

** 계약금액이 법인세가 포함된 금액이므로 직접법에 의한 법인세 계산시 Gross-
up이 불필요하다.

*** 해당 거래로 인해 한국 기업 C외국인계약자는 110,000 − 1,228 = 108,772 USD
를 수령하게 되고, 베트남 기업 D는은 거래대금 108,772 USD를 지급하고 관
련 부가가치세 10,600 USD 및 법인세 1,228 USD를 납부하여야 한다(계약상
법인세는 한국 기업 C 부담이므로 베트남기업이 법인세 해당 금액을 원천징수
하고 대금을 지급한다).

4. 조세조약의 적용

4.1. 조세조약이란?[11]

보통 '소득 및 자본에 관한 조세의 이중과세회피 및 탈세방지를

---

11) 네이버 시사상식사전(제공처 박문각)

위한 협약(Convention for the Avoidance of Double Taxation and the Prevention of Fiscal Evasion with respect to Taxes on Income and on Capital)'을 말한다. 실무적으로 조세조약(Tax Treaty), 조세협약(Tax Convention), 조세협정(Tax Agreement), 이중과세협약(Double Taxation Convention), 이중과세방지협약 등으로 줄여 부르고 있다.

조세조약을 체결하는 주된 목적은 체약국간의 과세권 행사 시 발생할 수 있는 과세권 경합을 조정하여 이중과세를 방지하고 자국기업의 해외진출이나 선진기술 및 자본도입 등을 촉진하고 경제, 문화적 교류의 활성화를 통하여 자국의 이익을 증진시키는데 있다. 이러한 조세조약은 일반적으로 인적 적용범위 및 대상조세, 거주자, 고정사업장, 소득종류별 정의 및 과세방법, 이중과세회피, 상호합의, 정보교환 등의 규정으로 이루어져 있다.

조세조약은 국내세법에 대한 특별법적 지위에 있으므로 국내세법과 조세조약의 내용이 서로 다를 경우에는 조세조약이 우선 적용된다. 조세조약상 규정되지 않은 내용은 국내세법에 따르며, 특히 과세방법, 절차 등은 조세조약상 명시적인 규정이 없으므로 국내세법의 규정을 적용한다.

4.2. 한·베 조세조약

한국과 베트남은 1994년 조세조약을 체결하였으며 부동산소득, 사업이윤, 해운및항공운수, 특수관계기업, 배당, 이자, 사용료, 양도소득, 독립적 인적용역, 종속적 인적용역, 이사의 보수, 예능인 및 체육인, 연금, 정부용역, 학생, 교수 및 교사, 기타소득에 대해 각각의 경우에 대한 과세권 및 과세대상 소득, 제한세율 등을 규정하고 있다.

기본적으로 법인세와 소득세를 조정 대상으로 하고 있으며 부가가치세는 조세조약의 적용대상에서 제외된다.[12] 따라서, 부가가치세와 법인세로 이루어진 외국인 계약자 세의 경우, 법인세 해당 부분만 조세조약의 적용을 받으며, 외국인 계약자 세에 따라 과세 대상에 해당하는 경우에도 조세조약상 베트남에 과세권이 없을 경우 외국인 계약자 세를 부담하지 않을 수도 있다.

대표적으로 한국의 거주자인 회사나 개인이 얻은 해운 및 항공운수 이윤, 현지에 고정사업장이 없는 사업이윤, 양도소득(부동산, 부동산 과다보유법인의 주식, 고정사업장에 속하는 동산 제외)의 경우 베트남의 과세권이 없으므로 한국에서만 과세가 가능하다.

참고로 한베조세조약에서 세율을 제한하고 있는 항목 및 그 제한세율은 다음과 같다.

구분	외국인 계약자 세의 직접법 법인세 세율	한베조세조약의 제한 세율	비고
이자	5%	10%	베트남 과세 가능
배당	-	10%	
특허권, 실용신안, 특정 장비, 특정 정보 등의 사용료	10%	5%	조세조약의 제한 세율이 낮으므로 사전에 세율인하 신청을 할 수 있음
기타 사용료	10%	15%	베트남 과세 가능

---

12) 부가가치세의 경우 소비지국 과세 원칙에 따라 용역 및 서비스의 소비지에서 과세되므로 조세조약에서 별도로 과세권을 규정하지 않는다.

4.3. 외국인 계약자 세에 대한 한·베 조세조약의 적용

조세조약에 대해 가장 흔하게 발생하는 오해는 조세조약이 국내법에 대한 특별법적인 지위이기 때문에 조세조약상 베트남에 과세권이 없을 경우 베트남에서 세금 신고 및 납부의무가 자동으로 면제될 것으로 생각하는 것이다.

그러나 베트남의 과세권이 없는 경우에도 베트남 내에서의 납부의무가 자동으로 면제되지는 않으며, 사전 또는 납부 후 사후 신청을 통해 면제 또는 환급을 신청하여야 한다[13]. 다만 사후신청의 경우 실무적으로 환급에 오랜 시간이 걸릴 수 있으며, 사후 또는 사전신청 과정에서 시간과 비용이 소요되므로 거래 금액이 큰 경우에 한해 사전에 전문가와 상의하여 신청 여부를 결정하여야 한다.

4.4. 외국인 계약자 세에 대한 한국 세법의 취급

한국과 베트남은 조세조약을 맺고 있으므로 베트남에서 과세권이 있는 부분(베트남 내의 고정사업장에서 발생한 사업소득 등)에 대해서는

---

13) 사전신청의 경우 면세 신청서, 계약서 (베트남어), 한국세무당국의 거주 증명서를 제출하여야 한다(세부사항은 Circular156/2013/TT-BTC Article 20 참조).

한국에서 외국납부세액공제를 통해 이중과세를 해소할 수 있다[14]. 그러나 조세조약상 베트남에 과세권이 없는 부분(베트남 내의 고정사업장이 없이 베트남에 납부한 법인세 해당분이 대표적이다)에 대해서는 외국납부세액공제를 받을 수 없으며[15], 특히 조건을 만족하여 외국납부세액공제를 받을 수 있는 이 경우에도 외국납부 세액공제 구조상 베트남베트남에서 납부한 세금이 한국에서 납부할 세금보다 크다면 이중과세가 완전히 해소되지 않을 수도 있에서 부담하는 세금이 더 많을 경우 한국에서 전액 세액공제를 받지 못할 수도 있으므로 주의하여야 한다.

- 조세조약 예시 1)

모든 사항은 직접법 적용 예시2와 동일하며, 한국 기업 C는 베트남에 고정사업장이 없어 외국인 계약자 세 법인세에 대해 사전 제외 신청을 하였다. 신청은 베트남 현지 전문가에게 의뢰하였으며, 수수료는

---

14) 국조, 기획재정부 국제조세제도과-152, 2018.2.6.
   우리나라 법인이 베트남에 고정사업장을 두고 해당 고정사업장에 귀속되는 국외원천소득이 발생한 경우 베트남 세법에 따라 고정사업장 수입금액의 일정 비율로 원천징수된 외국인 계약자 세는 수입금액 중 소득금액에 대응하는 세액에 대하여 한·베트남 조세조약 제23조 제1항 및 법인세법 제57조 제1항에 따라 외국납부세액공제 등의 적용 대상이 되는 것입니다.

15) 국제세원관리담당관실-178, 2012.4.13.
   베트남에 고정사업장을 가지고 있지 아니한 내국법인이 베트남 법인에 제품을 수출하고 받는 대가에 대하여 베트남 세법에 따라 원천징수된 세액이 「한·베트남 조세조약」 제7조에 따라 적정하게 납부된 세액에 해당하지 아니하는 경우에는 「법인세법」 제57조에 따른 외국납부세액공제를 적용받을 수 없음

부가세 별도 4,000 USD이다. 이 경우 한국 기업 C의 해당 거래와 관련된 현금 흐름은 다음과 같다.

- 기계 및 설치대금 수령 : 110,000 USD(외국인계약제사의 법인세 부분은 사전 면세신청으로 면제, 부가가치세는 계약상 베트남 법인 부담)
- 법인세 사전 면세 신청 수수료 지급 : 4,400 USD

결국 한국 기업 C는 해당 거래로 105,600 USD의 순 현금유입이 있었으며, 이는 법인세 사전 면세신청을 하지 않았을 경우의 수령액 108,772 USD보다 적은 금액이다. 이는 해당 거래의 외국인 계약자 세의 법인세 해당분이 1,228 USD로 사전 면세신청 시 지출한 4,400 USD보다 작기 때문이다. 즉 조세조약에 따라 법인세 부분은 제외 신청이 가능하나 관련 적지 않은 비용이 발생할 수 있으므로 사전에 신청에 따른 현금 흐름을 감안하여 의사결정 하여야 한다.

- 조세조약 예시 2)

한국 기업 E는 베트남 기업 F와 자사가 보유한 특허권의 사용 계약을 체결하였으며, 해당 특허권의 사용 대가로 매년 50,000 USD(부가세 및 기타비용 한국기업 부담 계약)를 받기로 하였다. 한국 기업 E는 베트남에 고정사업장이 없으며 직접법으로 외국인 계약자 세를 납부한다고 가정한다. 이 경우 한국 기업 E가 수령하게 되는 사용료는 다음과 같다.

1. 외국인 계약자 세 부가가치세 부분 : $50,000 \times 5\% = 2,500$
2. 외국인 계약자 세 법인세 부분 : $(50,000 - 2,500) \times 10\% = 4,750$

3. 최종 수령 대금 : 50,000 − 2,500 − 4,750 = 42,750 USD[16]

이 경우 조세조약에 따른 감세 신청을 할 경우 법인세에 대해 5%의 세율을 적용할 수 있으므로 매년 47,500 × 5% = 2,375 USD를 절약할 수 있게 된다[17].

---

16) 50,000 USD가 부가세와 법인세가 포함된 금액이므로 해당금액을 기준으로 직접법하의 부가가치세를 계산하며, 부가가치세를 제외한 47,500 USD를 기준으로 직접법하의 법인세를 계산하게 된다. 특허의 사용에 대한 직접법 부가세율은 5%이며, 직접법 법인세율은 10%이다.

17) 다만 이 경우 베트남 세무당국은 해당 특허권이 실제로 베트남 법인에 도움이 되는지 또는 특허권 사용료가 적절한지에 대한 소명을 요구할 수 있다. 또한 2018년 7월부터 발효된 새로운 기술이전에 관한 규정(07/2017/QH14)에 따른 등록 등 기타 절차의 준수가 필요하다.

TREND VIETNAM 2020

베 트 남　　교 민 의
부 동 산 과　지 분 이 전 에
대　　　　　　　　한
한 국 과　　베 트 남 의
과 세 문 제　　검 토

18

베트남 교민의 부동산과 지분이전에 대한 한국과 베트남의 과세문제 검토

CTAC EJ Vietnam
김일중 대표 회계사

많은 한국 회사들이 베트남에 진출하고 있습니다. 과거 중국으로 향했던 한국기업들의 발걸음이 이제는 베트남, 인도 등으로 향하는 것 같습니다. 중국과 베트남에서 오랜 기간 세무자문업을 진행해 온 경험으로 한국기업들이 해외 법인의 주식양수도를 진행하는 경우에 발생할 수 있는 양도 및 양수 문제와 관련한 몇 가지 국제조세 이슈를 정리해 보려고 합니다.

이러한 국제조세 이슈는 지분의 양수도뿐만이 아니라, 급여 생활자의 개인소득세의 납부, 이자, 배당, 사용료 지급, 사업소득의 송금 등 베트남에 진출해 있는 기업들이나 개인들에게도 널리 적용되는 문제라 해외에서 사업을 하고 있거나, 생활하고 있는 교민들에게는 반드시 필요한 개념입니다.

1. 어디서 납세의무가 발생하는가?
거주자/비거주자의 판정

해외에 거주하고 있는 우리기업들과 교민들이 사업활동을 하거나, 베트남에 있는 회사의 지분을 처분하는 경우에 발생한 소득에 대해서 베트남에 납부하여야 하는지, 아니면 한국에 납부하여야 하는지 하는 부분에 대해서 혼란스러워하는 경우가 많이 있습니다. 베트남에 거주하는 기업이나 개인에 대한 납세의무의 판단은 베트남 세법뿐만 아니라 한국의 세법규정을 확인하여야 하고, 추가로 한국과 베트남이 체결한 이중과세방지협정(이후 "한·베조세조약")에 대한 규정내용까지 함께 확인하여 어디서 납세의무가 발생하게 되는지, 얼마나 납부하여야 하는지 여부에 대한 판단을 하는 것이므로 일상생활과 업무에 바쁜 우리기업과 교민들이 이에 대한 판단을 하기가 어려운 부분이 있기 때문입니다.

한국교민 들의 경우에 한국의 세법상 과세를 당할 가능성이 있는지 여부를 확인하기 위해서는 세법상의 거주자 및 비거주자의 개념을 이해하는 것이 매우 중요합니다. 거주자란 쉽게 말해서 세법상으로 해당 국가에 납세의무가 있는 사람으로 판단하는 기준이라고 이해하시면 됩니다. 우리들 모두는 한국여권을 가지고 있지만, 여권(국적)과 관계없이, 납세의무가 발생하는 국가는 달라질 수 있습니다. 예를 들어, 한국사람들도 베트남소재 기업에서 일하고 받는 급여소득은 베트남에 세금을 납부할 의무가 발생하는데, 이때에는 베트남 세법상 베트남 거주자로 보기 때문에 베트남에 세금을 납부할 의무가 발생하는 것이라고 할 수 있습니다.

한국과 베트남 및 조세조약의 거주자 판정에 대한 규정을 살펴보면 아래와 같습니다.

1.1. 거주자 및 비거주자의 정의
(한국세법, 베트남세법 및 한·베조세협약 비교)

1.1.1. 한국세법의 정의

거주자란 국내에 주소를 두거나 183일 이상의 거소를 둔 개인을 말한다. 비거주자란 거주자가 아닌 개인을 말한다.(소득세법 제1조의 2제1항)

1.1.1.1. 국내에 주소를 가진 것으로 보는 경우

국내에 거주하는 개인이 다음 어느 하나에 해당하는 경우에는 국내에 주소를 가진 것으로 본다.
① 계속하여 183일 이상 국내에 거주할 것을 통상 필요로 하는 직업을 가진 때
② 국내에 생계를 같이 하는 가족이 있고, 그 직업 및 자산상태에 비추어 계속하여 183일 이상 국내에 거주할 것으로 인정되는 때.

1.1.1.2. 국내에 주소가 없는 것으로 보는 경우
(소득세법시행령 제2조의 제4항)

국외에 거주 또는 근무하는 자가 외국국적을 가졌거나 외국법령에 의하여 그 외국의 영주권을 얻은 자로서 국내에 생계를 같이 하는 가족이 없고 그 직업 및 자산상태에 비추어 다시 입국하여 주로 국내에

거주하리라고 인정되지 아니하는 때에는 국내에 주소가 없는 것으로 본다.

1.1.1.3. 해외현지법인 등의 임직원 등에 대한 거주자 판정

거주자나 내국법인의 국외사업장 또는 해외현지법인(내국법인이 100% 직간접출 자한 현지법인) 등에 파견된 임원 또는 직원이나 국외에서 근무하는 공무원은 거주자로 본다.

1.1.2. 베트남 세법의 정의(개인소득세법 제1조)

거주자는 다음 요건 중 하나에 해당하는 사람을 말하며, 비거주자는 거주자에 해당하지 아니하는 사람을 말한다.

(1) 1년 동안, 또는 베트남에 최초 체류하기 시작한 날로부터 계속 12개월 동안 183일 이상 베트남에 체류하는 경우
(2) 베트남에 거소를 두고 상주거소를 등록하거나, 또는 베트남에 체류하기 위해 기한부 임대차계약에 따른 임차주택을 점유하는 경우

상기 내용을 검토하여 보면, 본인이 한국의 거주자인지 아니면, 베트남의 거주자인지 혼란스러울 여지가 많을 것 같습니다. 왜냐하면, 한국소득세법에 의하면 한국 거주자이면서도 베트남 개인소득세법에 의하면 베트남 거주자로 판단될 수 있기 때문입니다. 이러한 경우 한국과 베트남 어디에 세금을 납부해야 하는 거주자가 되는지 혼란스러울 수 있습니다. 이 경우에는 국가 간에 이중과세를 방지하기 위해서 체결한 이중과세 방지협정의 조항부분을 보고 거주자 여부를

판단할 수 있습니다. 규정의 해석은 한국과 베트남 세법규정을 놓고 적용여부를 판단한 이후에, 두 국가의 규정에 충돌하는 부분에 대해서는 조세조약의 해석을 우선 적용하는 것으로 보시면 됩니다.

1.1.3. 한국 베트남 이중과세방지 협정의 정의(한·베조세협약 제4조)

제4조【거주자】[1994.9.9.]

1. 이 협정의 목적상 "일방체약국의 거주자"라 함은 그 체약국의 법에 따라 그의 주소, 거소, 본점 또는 주사무소, 관리장소의 소재지 또는 이와 유사한 성질의 다른 기준에 의하여 그 체약국에서 납세의무가 있는 인을 말한다.

2. 제1항의 규정에 의하여 개인이 양 체약국의 거주자가 되는 경우, 그의 지위는 다음과 같이 결정된다.

   가. 동 개인은 그가 이용할 수 있는 항구적 주거를 두고 있는 체약국의 거주자인 것 으로 본다. 동 개인이 양 체약국안에 그가 이용할 수 있는 항구적 주거를 두고 있는 경우, 그는 그의 인적 및 경제적 관계가 더욱 밀접한(중대한 이해관계의 중심지) 체약국의 거주자인 것으로 본다.

   나. 동 개인의 중대한 이해관계의 중심지가 있는 체약국을 결정할 수 없거나 또는 어느 체약국에도 그가 이용할 수 있는 항구적 주거를 두고 있지 아니하는 경우, 그는 그가 일상적인 거소를 두고 있는 체약국의 거주자인 것으로 본다.

   다. 동 개인이 양 체약국안에 일상적인 거소를 두고 있거나 또는 어느 체약국안에 도 일상적인 거소를 두고 있지 아니하는 경우, 그는 그가 국민인 체약국의 거주자인 것으로 본다.

라. 동 개인이 양 체약국의 국민이거나 또는 어느 체약국의 국민
도 아닌 경우, 양 체약국의 권한 있는 당국이 상호 합의에 의
하여 문제를 해결한다.

3. 제1항의 규정으로 인하여 개인 이외의 인이 양 체약국의 거주자
로 되는 경우, 동인은 그의 실질적인 관리장소가 있는 체약국의
거주자로 본다. 의문이 있는 경우, 양 체약국의 권한 있는 당국
이 상호 합의에 의하여 문제를 해결한다.

위의 조세협약의 규정을 보면, 한국과 베트남 양국의 거주자로 중복 판단되는 경우, 조세조약의 규정에 의하여 거주자로 판단하는 주요한 요인은 "항구적 거주지"나 "일상적인 거소"가 어느 국가에 소재하는지 여부에 따라 거주자로 판단될 가능성이 높을 것으로 보입니다.

이와 같은 세법 및 조세협약 규정에 의하여 판단하여, 한국의 거주자인 경우에는 한국의 소득세법에서 규정하는 모든 소득에 대해서 과세하게 됩니다. 즉. 국내 외에서 발생한 모든 소득에 대해서 과세하는 것이므로, 한국뿐만 아니라 베트남에서 발생한 소득에 대해서도 한국 과세당국이 과세할 수 있습니다. 예를 들면, 한국 모회사가 100% 직간접으로 지분을 소유한 베트남 자회사에서 근무하고, 가족들이 한국에 있는 단신 부임한 베트남 교민의 경우에는 한국세법에 의하면 한국 거주자로 구분될 가능성이 높은데 이 경우에는 한국의 소득세법에서 규정하는 모든 소득에 대해서 과세하게 됩니다. 즉, 국내외에서 발생한 소득세가 과세되는 모든 소득에 대해서 과세하게 되는 것입니다.

거주자와 비거주자의 구분은 매우 중요한 개념입니다. 해외에서 거주하는 교민의 입장에서 벌어들인 소득을 한국에 신고하지 않은

경우에 향후 한국 과세당국으로부터 적게는 수백만원에서 많게는 수 억원의 가산세를 부과받을 수도 있는 개념이기 때문입니다. 앞에서 거주자의 개념을 설명하였지만, 실제 적용을 하는 경우에는 그 구분이 매우 모호한 경우가 많이 있습니다. 사실 거주자로 구분되는 경우에는 한국에서 양도/상속/증여 등 세액을 계산할 때 각종 세액공제와 비과세/면세 적용이 가능하여 유리한 경우도 있는 반면에, 비거주자로 구분되어 해외에서 얻는 소득에 대해서 비과세 되는 것이 유리한 경우도 있기 때문에 적용에 있어서 많은 혼란이 있는 것이 사실입니다. 이러한 내용을 표로 정리하면 아래와 같습니다.

< 한국세법상 거주자 및 비거주자의 세목별 납세의무[1] >

	구분	거주자	비거주자
종합소득세	납세의무의 범위	국내+국외 소득	국내 소득
	특별공제	○	×
양도소득세	1세대 1주택 비과세	○	×
상속세	납세의무의 범위	국내+국외 상속재산	국내 상속재산
	기초공제	○	×
	인적공제, 일괄공제	○	×
증여세	납세의무의 범위	국내+국외 수증재산	국내 수증재산
	배우자 증여공제	○	×

판례의 사례에서 거주자와 비거주자 구분에 대한 사례를 추가로 살펴보도록 하겠습니다.

----

1) 오성택, 세법상 비거주자판정의 문제점과 개선방안연구(2018)

1.1.4. 한국판례 검토

국세기본법 제8조 제1항에 의하면 세법이 규정하는 서류는 그 명의인의 주소·거소·영업소 또는 사무소에 송달하도록 규정되어 있는바, 여기서 주소라 함은 원칙적으로 생활의 근거가 되는 곳을 가리킨다(대법원 1998.4.10. 선고 98두1161 판결).

납세자가 아파트를 분양받아 대금을 납입하던 중에 가족 중 납세자와 처가 미국으로 이민하였으나 아들 2명은 여전히 국내에서 거주하였으며 아파트를 분양받아 그 대금을 청산하고 아파트를 취득한 후 아들들이 그 곳에서 거주하여 오다가 각 미국으로 이민한 경우, 특별한 사정이 없는 한 아들들이 미국으로 이민한 때까지는 납세자의 가족 및 자산 등이 있는 국내에 생활의 근거를 두고 있으므로 여전히 거주자이다(대법원 1996.10.25. 선고 95누14039 판결).

조심(2010중1675, 2011.1.7.) 주소가 국내에 있더라도 1년 이상 국외에서 거주할 것을 필요로 하는 직업을 가지고 있어 비거주자에 해당한다고 하여 해외에서의 직업을 주소보다 우선하여 결정하였으며, 서울행정법원 2015.4.17.선고 2013구합 64554 판결은 1년 이상 해외에서 장기간 체류하며 근로하여 시행령 제2조 제4항에 해당하는 경우라도 그 생활의 근거가 국내에 있는 것으로 인정되는 때에는 시행령 제2조 제1항에 의한 거주자로 볼 수 있다고 하여 국내의 주소가 우선된다고 판단하여 국고주의적 입장을 취함

국외 사업장 등에 파견된 임원 또는 직원의 거주자, 비거주자 판정(소통칙1-3) 거주자 또는 내국법인의 국외 사업장 또는 해외현지법인에 파견된 임원 또는 직원이 생계를 같이 하는 가족이나 자산상태로 보아 파견기간의 종료 후 재입국할 것으로 인정되는 때에는 파견기간

이나 외국의 국적 또는 영주권의 취득과는 관계없이 거주자로 본다. 국내에 생활의 근거가 있는 자가 국외에서 거주자 또는 내국법인의 임원 또는 직원이 되는 경우에는 국내에서 파견된 것으로 본다.

청구인이 소득세법상 거주자에 해당한다고 보아 국외원천소득에 대해 종합소득세를 부과한 처분의 당부(조심2014중3133, 2015.4.14.) : 청구인은 출국후에도 국내에 주민등록을 유지하고 건강보험료를 납부한 점, 배우자도 국내에서 진료를 받은 점, 출국한 이후에도 국내에서 영위하던 사업을 그대로 영위하고 근로소득, 배당소득을 얻은 점, 청구인도 자신을 거주자인 것으로 하여 종합소득세를 신고했던 점 등에 비추어 이 건 과세처분은 잘못이 없음

상기와 같이, 거주자와 비거주자의 판단은 단순히 183일의 체류기간만을 검토하는 것이 아니라, 거주자 본인의 가족들이 한국에 체류하고 있거나, 체류하고 있지 않다고 하더라도 한국내에 집이나 기타 부동산을 보유하고 있는지 여부, 의료보험을 납부하고 의료서비스를 이용하거나, 근로소득, 임대소득, 배당소득 등을 한국에서 취득하고 있는 경우에는 한국 거주자로 판단할 여지가 높으므로, 실제적인 판단은 쉽지 않은 일입니다.

2. 다자간 금융정보 자동교환 제도 및 한국의 해외금융계좌 신고제도

2.1. 다자간 금융정보 자동교환협정(CRS, MCAA)

앞서 언급한 거주자/비거주자 기준의 판단을 한 후에, 한국의 거주자에

해당하는 경우에는 다자간 금융정보 자동교환협정에 의하여 해외금융계좌를 한국의 국세청에 신고할 의무가 있습니다. OECD는 역외탈세를 방지하고 국제적 납세의무를 촉진하기 위해 자동정보교환 표준 모델인 공통보고기준(CRS : Common Reporting Standard)을 제정해 다자간 금융정보 자동교환을 추진하였습니다. 2018년 10월 현재 한국을 포함한 전 세계 104개국이 동협정에 서명하였으며, 이 협정을 다자간 금융정보 자동교환 협정(MCAA : Multilateral Competent Authority Agreement on Automatic Exchange of Finance Account Information)이라고 부릅니다. 2019년 12월 현재 베트남은 당해 협정에 참여하지 않아서 베트남 금융기관은 금융정보 자동교환을 한국 국세청과 진행하지는 않습니다. 다만, 한국의 거주자의 경우에는 한국의 해외 금융계좌 신고제도에 의하여 해외금융계좌에 대한 보고 의무가 있고, 당해 의무가 지켜지지 않는 경우에는 과태료 및 벌금규모가 매우 크므로 주의하여야 합니다.

2.2. 해외금융계좌 신고제도

해외금융계좌를 보유한 거주자 또는 내국법인 중에서 해당연도의 매월 말일 중 어느 하루의 보유계좌잔액이 5억원을 초과하는 경우 그 해외금융계좌정보를 다음해 6월 1일부터 30일까지 납세지 관할 세무서에 신고하는 제도입니다(국제조세조정에 관한 법률 제34조부터 제37조). 그러므로 2019년 중 보유한 해외금융계좌에 대해 2020년 6월에 신고를 하여야 합니다.

2.3. 신고의무자

해외금융회사에 개설된 해외금융계좌를 보유한 거주자 및 내국법인이 신고의무자가 된다. 거주자란 국내에 주소를 두거나 183일 이상 거소를 둔 개인을 말하며, 내국법인이란, 본점, 주사무소 또는 사업의 실질적 관리장소를 국내에 둔 법인을 말합니다. 내국법인의 해외지점이나 해외연락사무소는 내국법인에 포함되며 해외현지법인은 제외됩니다. 신고의무자인 거주자 및 내국법인은 신고대상 연도 종료일을 기준으로 판정하며, 차명계좌인 경우에는 계좌의 명의자와 실질적 소유자 둘 다 신고의무가 있으며, 공동 명의계좌인 경우 공동명의자 모두가 신고의무가 있습니다.

2.4. 신고의무면제자

신고의무자 중 다음 어느 하나에 해당하는 경우에는 신고의무를 면제합니다.

(1) 재외납세자의 출입국과 법적 지위에 관한 법률 제2조제1호의 재외국민으로서 해당 신고대상연도 종료일 2년(2019년 보유분부터 1년) 전부터 국내에 거소를 둔 기간의 합계가 183일 이하인자

(2) 신고대상연도 종료일 현재 10년 전부터 국내에 주소나 거소를 둔 기간이 5년 이하인 외국인 거주자

(3) 국가, 지방자치단체, 공공기관, 금융회사 등

(4) 국가의 관리감독이 가능한 기관(주로 금융회사)

2.5. 신고대상범위

해당연도의 매월 말일 중 어느 하루의 보유계좌잔액(보유계좌가 복수인 경우에는 각 계좌잔액을 합산함)이 5억원을 초과하여야 한다. 신고대상 해외금융계좌의 자산은 현금/주식(예탁증서 포함), 채권, 집합투자증권, 보험상품 등 위 신고대상 해외금융계좌에 보유한 모든 자산을 말합니다.

2.6. 신고의무 불이행에 대한 제재

해외금융계좌정보의 신고의무자로서 신고기한 내에 신고하지 아니한 금액이나 과소신고한 경우에는 과태료부과, 명단공개 및 형사처분을 받는다.

(1) (과태료부과) 미/과소신고 금액의 20% 이하에 상당하는 과태료 부과

(2) (명단공개) 미/과소신고 금액이 50억원을 초과하는 경우 인적사항 및 신고의무 위반금액 등을 공개

(3) (형사처분) 미/과소신고 금액이 50억원을 초과하는 경우, 2년 이하의 징역 또는 신고의무 위반금액의 13% 이상, 20% 이하에 상당하는 벌금에 처함

위에서 살펴본 바와 같이, 베트남에서는 자국내 금융기관 정보를 공유하는 MCAA 협정에 미가입 하였으나, 한국세법에 근거하여 베트남 내에 5억원을 초과하는 금액을 보유하는 한국 거주자는 한국 과세당국에 당해 금액을 신고할 의무가 발생하는 것이므로 이에 유의하여야 합니다.

아래에서는 상기와 같은 기준에 의하여 판단한 후에, 한국의 거주자인 경우와 비거주자인 경우로 구분하여 사례를 통하여 발생하는 납세의무에 대해서 검토하도록 하겠습니다.

3. 부동산 자산의 취득과 처분에 대한 양도/상속/증여 세금문제

앞서 언급한 바와 같이, 베트남에 거주하는 한국교민이 부동산 자산을 처분하는 경우에는 상황에 따라, 한국거주자로 구분될 수도 있고, 베트남거주자(한국비거주자)로 구분될 수 있다고 설명 드린 바 있습니다. 그럼 각각의 경우에 발생하는 납세문제에 대해서 상황별로 살펴보도록 하겠습니다.

3.1. 한국 거주자인 경우

3.1.1. 한국에서의 납세의무

3.1.1.1. 한국 거주자가 해외부동산의 취득/보유/처분 등 각 단계별로 발생하는 세금

해외부동산 취득·보유·처분 등 각 단계별로 발생되는 세금에는 각 단계별로 국내납세의무를 이행하여야 합니다. 각 단계별 한국에서 발생하는 납세의무는 아래 표와 같이 정리할 수 있습니다.

< 거래 단계별로 발생하는 한국측 세금문제[2] >

구분		취득단계	보유단계	처분단계	
내용		취득자금증여	임대소득	부동산양도소득	상속증여가액
적용 세율	한국	10~50% 누진세율	6~42% 누진세율	6~42% 누진세율	10~50% 누진세율
	베트남	없음	부가세5% 및 소득세5%	양도가액의 2%	과세가액의 10% (1,000만 동 초과분)
한국과세효과		과세해당분 전액	세율차이분	세율차이분	과세해당분 전액

상기 내용에 의하면, 부동산을 취득단계에서는 해외에 거주하는 교민이 한국의 거주자인 경우에도 한국에 세금을 납부할 의무는 증여를 받는 경우를 제외하고는 발생하지 않습니다. 각 개별 단계별로 발생하는 납세의무를 나누어 보면 아래와 같습니다.

3.1.1.2. 취득단계(한국)

취득단계에서는 해외부동산 취득에 대하여 한국에 신고/납부해야 할 세금은 없습니다. 다만, 해당 부동산을 취득하는 과정에서 취득자금을 증여받은 경우에는 증여세를 신고/납부할 의무가 발생합니다.

취득자금을 증여받은 경우 한국의 '상속세 및 증여세법'(이하 "상증법")에서는 10년 내에 부모 등 친족으로부터 일정금액(배우자 6억원, 직계존속 및 비속 5,000만원(미성년자는 2,000만원)을 넘는 금액을

---

2) 2019 부동산과 세금, 국세청

증여받은 경우에는 동 일정금액을 초과하는 금액을 증여세 과세대상 금액으로 합니다. 금액을 친족이 아니라 친족이외의 사람으로부터 증여받은 경우에는 위에서 언급한 비과세/면제금액이 적용되지 않고 증여받은 금액 전액을 과세대상으로 하고 있습니다.

참고로, 10억 미만의 금액에 대해서 증여추정을 받는 경우에 취득자금의 80% 이상의 자금출처를 증명하면 취득자금 전체가 증명된 것으로 봅니다.

3.1.1.3. 보유단계(한국)

해외 부동산을 취득하여 보유하고 있는 경우, 당해 보유단계에서 한국에 납부할 납세의무는 어떻게 발생할까요? 이 경우에는 부동산 소재지 국인 베트남 세법에 근거하여 베트남에서 납세의무를 이행하고, 한국에서는 다음해 5월 1일부터 30일까지 소득세법에서 규정하는 종합소득세과세표준 확정신고를 이행해서 소득세를 신고 납부하여야 합니다. 이때, 베트남에서 납부한 세금은 한국에서 종합소득세 과세표준 확정신고시 외국납부세액으로 공제하거나 필요경비로 산입할 수 있으므로, 동일소득에 대해서 베트남과 한국에서 이중과세를 하는 것은 아닙니다.

3.1.1.4. 처분단계(한국)

(1) 양도하는 경우(한국)

한국의 거주자가 해외 부동산을 처분하는 경우에는 당해 처분한 해외 부동산에 대해서 해당국에 납세의무를 이행한 다음, 다시 한국에 양도소득세를 신고하고 납부하여야 합니다.

　다시 말하면, 한국의 거주자인 베트남 교민의 입장에서 구입한 주택을 처분하는 경우에는 베트남세법 규정에 따라 당해 부동산 양도에 대한 세금을 납부하여야 하고, 다시 한국 국세청에 주택양도에 따른 양도소득세 신고를 진행하여 세금을 납부하게 됩니다. 이때에도 앞서 보유단계에서와 같이 베트남에서 납부한 양도소득세액은 한국의 양도소득세 신고시점에 외국납부세액으로 세액공제나 필요경비로 산입하게 하여 이중과세를 회피하도록 하고 있습니다.

　참고로, 해외부동산에 대해서는 한국내 주택양도시점에 적용되는 1세대 1주택 비과세 규정이 적용되지 않기 때문에 주택 보유수나 보유기간과 관계없이 한국에 양도소득세를 신고 납부하여야 합니다.

　해외 부동산을 양도하였을 경우에는 양도일이 속하는 달의 말일로부터 2개월이내에 한국의 주소지 관할세무서에 양도소득세 예정신고를 하여야 합니다. 동일 연도에 부동산 등을 여러 건 양도한 경우 예정신고와 함께 다음 연도 5월 1일부터 5월 31일까지 주소지 관할세무서에 양도소득세 확정신고/납부를 하여야 하며, 예정신고나 확정신고를 하지 않은 경우에는 무신고 가산세(20% 또는 40%(부당가산세)) 및 무납부가산세(1일 10만분의 25)를 부담하여야 합니다. 이때, 적용하는 세율[3]은 다음과 같습니다.

---

3) 2019 부동산과 세금(국세청)

<해외부동산 양도에 따른 양도소득세 적용세율 >

국외자산 종류	보유기간	과세표준	세율	누진공제액

• 토지 또는 건물
 	
• 부동산에 관한 권리
  (지상권, 전세권,
  부동산 임차권,
  부동산을 취득할 수
  있는 권리)
 	
• 기타자산
	보유
	기간에
	관계
	없음
		1,200만원 이하	6%	-

		1,200만원 초과~4,800만원 이하	15%	108만원
		4,600만원 초과~8,800만원 이하	24%	522만원
		8,800만원 초과~1억 5,000만원 이하	35%	1,490만원
		1억 5,000만원 초과~3억원 이하	38%	1,940만원
		3억원 초과~1억 5,000만원 이하	40%	2,540만원
		5억원 초과	42%	3,540만원

거주자의 해외부동산에 대한 양도소득세의 계산구조는 국내자산의 양도에 따른 양도소득세 계산절차와 동일하나, 장기보유특별공제는 적용하지 아니하며, 신고가액은 모두 실지거래가격으로 과세됩니다. 이때 준비하여야 할 서류는 아래와 같습니다.

- 토지대장 및 건축물대장, 토지 또는 건물 등기부 등본
- 당해 자산의 양도·취득에 관한 계약서 사본
- 자본적 지출액·양도비용 증빙, 감가상각비명세서
- 외국 과세당국에 신고한 양도소득세 신고서 사본(외국납부세액 공제 증빙)

(2) 상속 및 증여하는 경우(한국)

만약 한국 거주자가 베트남 보유주택을 한국거주자에게 상속 및 증여하는 경우에는 베트남 세법에 의하여 상속 및 증여세를 납부하고, 다시 한국 과세당국에 국외자산에 대한 상속세를 신고 납부하여야 합니다.

한국의 상속세법의 구조를 모두 설명하기는 어려우나, 단순히 적용세율과 과세표준 및 신고납부 기한 등에 대해서 거주자와 비거주자에 대한 적용항목의 차이만을 설명하면 아래와 같습니다.

< 한국의 상속 및 증여세율[4](거주자와 비거주자 동일) >

과세표준	세율	누진공제액
1억원 이하	10%	-
1억원 초과 5억원 이하	20%	1,000만원
5억원 초과 10억원 이하	30%	6,000만원
10억원 초과 30억원 이하	40%	1억 6,000만원
30억원 초과	50%	4억 6,000만원

증여를 하는 경우에 적용하는 세율은 상기 표4의 세율을 참고하면 됩니다. 다만, 수증자가 증여자의 자녀가 아닌 손자, 외손자 등일 경우에는 증여세 산출세액의 30%(수증자가 미성년자로 증여재산가액이 20억원을 초과하는 경우 40%)에 상당하는 금액을 할증 과세하도록 하고 있으므로 유의하여야 합니다. 동일인으로부터 10년 이내에 증여받아 가산한 증여재산 관련 증여세액은 납부세액으로 공제합니다.

증여세의 계산은 상속세보다 비교적 단순하게 되어 있으며, 아래 친족에 대한 공제금액을 유의하면 됩니다. 주의할 점은 증여세의

4) 재중납세자가 알아야할 한중세금상식(2019), 상하이총영사관

경우에는 증여를 받는 수증자를 기준으로 거주자와 비거주자의 구분을 한다는 점입니다.

증여재산공제금액만을 염두에 둔다면, 수증자가 한국거주자인 경우가 비거주자보다 훨씬 유리한 측면이 있습니다.

< 거주자와 비거주자의 사망에 따른 상속세 과세표준 계산차이[5] >

구분	거주자가 사망한 경우	비거주자가 사망한 경우
① 신고납부기한	상속개시일이 속하는 달의 말일로 부터 6월 이내	상속개시일이 속하는 달의 말일로 부터 9월 이내
② 과세대상 재산	국내·외의 모든 상속재산	국내 소재 상속재산
③ 공제금액		
• 공과금	미납된 모든 공과금	국내 상속재산 관련 공과금
• 장례비용	공제	공제 안됨
• 채무	모든 채무 공제(증여채무 제외)	국내 상속재산에 저당권으로 담보된 채무(증여채무 제외)
④ 과세표준의 계산		
• 기초공제(2억)	공제	공제
• 그 밖의 인적공제	공제	공제 안됨
• 일괄공제(5억)	공제	공제 안됨
• 배우자상속공제	공제	공제 안됨
•금융재산상속공제	공제	공제 안됨
• 재해손실공제	공제	공제 안됨
• 동거주택상속	공제	공제 안됨
• 감정평가수수료	공제	공제

436

5) 상동

< 거주자와 비거주자의 증여재산 공제금액차이 >

거주자[6]		비거주자
직계존속	5,000만원	
직계비속	5,000만원	
배우자	6억원	없음
기타 친족	1,000만원	
타인	없음	

3.1.2. 베트남에서의 납세의무

3.1.2.1. 취득단계(베트남)

베트남에서 아파트 분양 받는 경우 한국과 달리 취득세는 없으나, 소유권 등기 시 분양가액에 대해 0.5%의 등록세를 납부해야 합니다. 이외에 건물가액의 10%를 부가세로 납부해야 합니다. 또, 세금은 아니지만 유지보수비(한국의 장기수선충당금) 명목으로 일반적으로 분양가의 2%를 선 납부해야 합니다.

3.1.2.2. 보유단계(베트남)

베트남의 경우 연간 1억 동, 우리 돈 약 500만원 이상의 임대소득이 발생하면 부가가치세 5%, 개인소득세 5%의 세금을 납부해야 합니다.

6) 2016년 1월 1일 이후적용

만약, 연간 임대소득이 1억 동 이상인 경우에는 임대인은 추가로 임대소득 수준에 따라 30만~100만 동(약 1만 5,000원에서 5만원)의 면허세를 부담해야 합니다. 신고는 개인이 직접 신고(통상적으로 부동산중개업자가 대행)하거나 법인에서 임차하는 경우 원천징수 할 수도 있습니다.

3.1.2.3. 처분단계(베트남) - 양도 또는 상속/증여

처분단계에서는 주택을 양도하거나 상속 또는 증여의 방법으로 소유권을 이전할 수 있습니다. 이 경우 각각의 베트남 세법상의 세금을 정리해 보면 아래와 같습니다.

(1) 양도소득세

베트남의 경우 양도세는 양도차익 발생 여부와 관계없이 양도가액의 2%를 납부해야 합니다. 양도세 납부 후 잔여금액은 매매 계약서, 양도세 신고 납부 영수증 등 베트남 현지 은행에서 요구하는 증빙 서류 등을 은행에 제출하시고 국내로 송금하실 수 있습니다.

(2) 상속/증여세

베트남 세법에서는 비거주자의 포상소득, 상속/증여소득에 대해서 개인소득세는 그 소득에 대하여 10%의 세율을 곱하여 산출한다(개인소득세법 제31조의제1항)고 규정하고 있습니다. 비거주자의 상속/증여소득은 베트남 내에서 비거주자가 받은 소득건 별로 천만동을 초과하는 소득을 말합니다.

상속/증여로 인하여 베트남 세법에 따라 베트남에서 상속/증여세를 납부한 한국의 거주자는 앞서 양도소득세 및 임대소득에 대한 종합소득세과세표준 신고 때와 동일하게 외국에서 납부한 세액을 외국

납부세액공제의 형식으로 공제할 수 있으므로 베트남과 한국에서의 이중과세 문제는 발생하지 않습니다.

3.1.3. 한국-베트남 이중과세방지협정의 부동산 양도 등에 대한 규정 (한·베조세협약 제13조)

한국과 베트남의 이중과세방지협정에서는 아래와 같이 양도소득 중에 한국의 거주자가 베트남에 소재하는 부동산의 양도로부터 발생하는 소득에 대해서는 베트남에서 과세할 수 있도록 하고 있습니다. 따라서, 위에서 검토한 바와 같이, 베트남 세법에 근거하여 2%의 양도소득세를 납부하고 난 후 당해 양도소득에 대해서 한국의 과세당국에 해외부동산 처분에 대한 양도소득세를 신고 납부하여야 합니다.

제13조【양도소득】[1994.9.9.]

1. 제6조에 언급되고 타방체약국에 소재하는 부동산의 양도로부터 일방체약국의 거주자에게 발생하는 이득에 대하여는 동 타방체약국에서 과세할 수 있다.

3.2. 한국 비거주자(베트남거주자)인 경우

한국비거주자(베트남 거주자)인 경우에 베트남에서의 자산처분시 발생하는 세금부담에 대해서 살펴보면, 자산의 소재지가 베트남에 소재한 자산인 경우에는 한국에 양도소득세, 상속세 및 증여세 등의 세금을 납부할 의무가 발생하지 않습니다. 따라서, 앞서 언급한 세법 규정에서 한국에 신고 납부하는 부분에 대해서는 무시하고, 베트남에서만 당해 소득에 대한 세금을 각각 납부하면 되겠습니다. 대략적인 내용은 3.1.2. 내용을 참고하면 되며, 개인소득세 측면에서의 상속/증여 관련 베트남 세법규정을 상세히 알아보면 아래와 같습니다.

3.1.4. 베트남 상속/증여세 개정 연혁

베트남에서의 상속 및 증여세는 여러 번의 세법개정절차를 거쳤습니다. 비록 상속 및 증여세의 적용가능한 경우가 많지 않고 전체 세액의 규모가 비교적 작은 수준이지만 사회적인 관심은 많은 편입니다. 1990년부터 2000년까지의 기간 동안에 베트남의 상속 및 증여세는 국외에서 지급받는 현금증여에 한하여 지급받는 소득에 대하여 적용되었습니다. 국내에서의 소득수준이 매우 낮은 상황이라 증여할 여건이 되지 않았기 때문에 국내에서의 증여는 과세대상이 되지 않았습니다. 세율은 200만 동을 초과하는 금액에 대하여 5%의 세율이 적용되었습니다. 2001년부터 2008년까지의 기간 동안[7]에는 국내에서 지급되는 상속 및 증여소득에 대해서는 과세가 면제되었습니다. 또한, 해외 베트남 교민으로부터 송금되는 증여금액에 대한 세금도 해외교민들의 국내송금을 지원하기 위하여 폐지되었습니다. 2009년부터 현재까지는 베트남 국회에서 승인한 개인소득세법[8]에 근거하여

7) Ordinance No. 35/2001/PL-UBTVQH10

8) The Law on personal income tax(PIT) - number 04/2007/QH12 was approved by the Vietnam's National Assembly on November, 2007

10가지 종류의 소득종류에 대해서 과세를 결정하고 그 중에 상속 및 증여소득에 대하여도 세부규정을 정리하였습니다. 현재의 상속 및 증여세법은 아래의 경우에 적용되도록 하고 있습니다[9].

3.1.5. 현행 베트남 상속/증여세 과세규정

3.1.5.1. 상속/증여세 과세대상물건

- 증권법이나 기업법에 의한 합자기업의 주식, 채권 및 지분 등에 대한 증여
- 유한회사, 조합, 파트너쉽, 개인기업, 법에 의해 설립된 펀드 등을 포함한 기업에 대한 자본증여
- 부동산, 부동산에 대한 권리, 부동산사용권, 기반시설 이용 등 기타의 소득(비과세 부동산 소득을 제외함)에 대한 상속 및 증여
- 자동차, 오토바이, 선박, 항공기, 요트 등 등기를 요하는 동산에 대한 상속 및 증여

3.1.5.2. 과세표준 및 과세소득의 계산

- 매 수령시점별로 1,000만 동을 상속 및 증여소득으로부터 공제
- 증여시점의 개인소득세 계산은 아래와 같습니다.

9) Circular 111/2013/TT-BTC, Circular 92/2015/TT-BTC

√ 과세금액 = 과세소득 × 10%(거래별로 1,000만 동을 초과하는 금액)

3.1.5.3. 상속자산 가액평가

상속 및 증여재산가액은 다음과 같이 계산한다[10].
- 부동산에 대한 상속 및 증여 재산가액은 다음과 같이 평가한다.
  (1) 토지사용권은 토지사용권 등기시점에 지방인민위원회에서 발행된 토지가격
  (2) 주택 및 건축토지는 등기시점에 주택분류 및 건축표준 담당 기관의 규정에 근거한 잔존가격
- 소유권 또는 등기를 요하는 권리에 대한 상속 및 증여재산 가격은 상속 및 증여를 위한 등기시점에 지역인민위원회에서 공시한 가격

3.1.5.4. 납세의무의 발생시점

- 상속 및 증여에 대한 납세의무의 발생시점은 당해 소유권 및 권리의 실행을 위하여 해당인이 등기하는 시점으로 본다.

---

10) Article 16 of Circular 111/2013/TT-BTC(amended by Clause 1 and Clause 2 Article 19 of Circular 92/2015/TT-BTC)

한국의 비거주자인 경우(베트남 거주자인 경우)에는 상기에 언급된 베트남 세법규정의 내용으로 과세가 마무리될 수 있으므로, 한국의 거주자인 경우보다 부담세액의 크기가 많이 줄어들 수 있는 여지가 있을 것으로 보입니다. 한국세법에서 규정한 상속 및 증여세율은 전세계적으로도 높은 수준이며, 양도소득세인 경우에도 마찬가지기 때문입니다. 다만, 세액의 부담은 각 개인의 상황과 자산소재지에 따라 반대의 경우도 발생할 수 있기 때문에 적용전에 반드시 꼼꼼하게 전문가와 함께 검토해 보아야 할 수 있습니다.

아래에서는 부동산 자산의 처분과 취득과는 달리 회사의 지분과 같은 자산의 취득과 처분을 진행하는 경우 발생하는 한국과 베트남에서의 관련 세금문제를 알아보도록 하겠습니다.

4. 지분/주식의 취득과 처분에 대한 양도/상속/증여 세금문제

앞서 3장에서는 부동산 자산을 중심으로 베트남과 한국에서 발생하는 세금문제를 알아보았습니다. 아래에서는 부동산 이외에 기업을 경영하면서 발생할 수 있는 베트남 투자법인의 지분 등을 양도하거나 상속 및 증여하는 경우에 발생할 수 있는 세금문제에 대해서 알아보도록 하겠습니다.

4.1. 한국 거주자인 경우

4.1.1. 한국에서의 납세의무

4.1.1.1. 한국 거주자가 지분의 취득/보유/처분 등 각 단계별로 발생하는 세금[11]

부동산처분의 경우와 마찬가지로 해외지분을 취득·보유·처분 등 각 단계별로 발생되는 국내납세의무를 이행하여야 합니다. 베트남교민이 한국거주자로 분류되는 경우 한국에서 발생하는 납세의무는 아래와 같이 정리할 수 있습니다.

구분	취득단계	보유단계	처분단계	
관련세목	증여세	종합소득세	양도소득세	상속증여세
내용	취득자금증여	배당	주식양도소득	상속증여가액
한국	10~50%	14% 또는 누진세율	20% (상장중소기업 10%)	10~50% 누진세율
베트남	10% (1,000만 동 초과분)	5%(개인), 0%(법인)	총판매가격의 0.5%	10% (1,000만 동 초과분)
조세조약	해당없음	10% 제한세율	일반주식은 베트남 비과세, 부동산법인주식은 베트남과세	해당자산 및 적용세금에 따라 적용 여부 판단
한국과세효과	과세해당분 전액	세율차이분	세율차이분	해당여부 거래별 검토

---

11) 해외주식과 세금(국세청, 2018) 참조

아래에서는 상기에서 언급한 각 거래단계별로 발생가능한 한국측 세금문제에 대해서 알아보도록 하겠습니다.

(1) 취득단계(한국)

취득단계에서는 해외지분 취득에 대하여 한국에 신고/납부해야 할 세금은 없습니다. 다만, 해당 부동산을 취득하는 과정에서 취득자금을 증여 받은 경우에는 증여세를 신고/납부할 의무가 발생합니다. 발생하는 증여세 규정에 대해서는 앞서 언급한 부동산양도시 발생하는 세금문제 부분을 참고하시기 바랍니다.

(2) 보유단계(한국)

해외 지분을 취득하여 보유하고 있는 경우, 당해 보유단계에서 해외 지분을 취득하여 보유하고 있는 경우에 발생가능한 납세의무는 배당소득에 대한 납세의무입니다. 우리나라 거주자가 외국법인이 발행한 해외주식을 보유하면서 외국법인으로부터 받는 이익이나 배당 등은 배당소득에 해당되고 해당 국외소득이 한국에서 원천징수되지 않았거나, 연간 금융소득(이자소득과 배당소득)이 2,000만원을 초과하는 자는 다른 소득(근로소득이나 사업소득 등)과 합산하여 다음해 5월 종합소득세 확정신고를 해야 합니다. 해외에서 원천징수된 외국납부세액은 종합소득세 확정신고시 외국납부세액공제를 받을 수 있습니다.

또한, 한국증권사를 통해 외국법인의 주식에 투자해 외국법인으로부터 배당금을 수령할 경우, 한국증권사는 한국세법에 의해 15.4%(소득세 14%, 주민세1.4%)를 원천징수하는데(해외현지에서 배당소득에 대해 이미 원천징수했다면 국내세법에 의한 세율 14%에서 현지 원천징수세율을 차감하여 산출한 세액),

이 원천징수된 세액은 종합소득세 신고시 기납부세액으로 차감하면 됩니다[12].

(3) 처분단계(한국)

1) 양도하는 경우(한국)

한국의 거주자가 해외 지분을 처분하는 경우에는 당해 처분한 해외 지분에 대해서 해당국에 납세의무를 이행한 다음, 다시 한국에 양도소득세를 신고하고 납부하여야 합니다.

해외주식의 양도차익 계산은 양도 당시 실지거래가액에서 필요경비를 공제하여 계산하고 적용세율은 보유기간에 관계없이 20%(상장중소기업은 10%)를 적용합니다. 해외주식 양도시 손실을 보게 되면 납부할 세금이 없습니다. 또한 같은 과세기간(1.1.~12.31.) 중 다른 해외주식의 거래에서 양도차익이 발생했다면 다음해 5월 양도소득과세표준 확정신고시 양도차익과 양도차손을 통산하여 신고할 수 있도록 소득세법이 개정[13]되어, 한국주식과 해외주식, 어느 한 쪽에서 발생한 손실은 다른 양도소득과 상계가 가능하며 실제 순소득에 맞는 과세가 가능합니다[14]. 금융기관에 지불한 수수료는 필요경비에 해당되지 않습니다.

---

12) 소득세법 제127조제1항및제5항, 제129조제4항

13) 2020년 이렇게 달라집니다(2019.12.30. 기획재정부)

14) 2020년 1월 1일 이후 신고분부터 적용

2) 상속 및 증여하는 경우(한국)

만약 한국 거주자가 베트남 지분을 한국거주자에게 상속 및 증여하는 경우에는 베트남 세법에 의하여 상속 및 증여세를 납부하고, 다시 한국 과세당국에 국외자산에 대한 상속세를 신고 납부하여야 합니다.

한국의 상속세법의 구조는 앞서 언급한 부동산 양도의 경우를 참조하시기 바랍니다. 다만, 한국의 상속세법에서 규정하고 있는 상속/증여대상 지분의 가치를 산정하는 방법에 대해서는 참고로 아실 필요가 있습니다.

한국의 '상속세 및 증여세법'에서는 비상장주식에 대한 보충적평가방법을 규정하고 있으며, 해외주식/지분의 양도, 상속 및 증여시점에 '국제조정에 관한 법률'에서 규정한 바에 따라 정상가격으로 평가하도록 하고 있으나, 경우에 따라 한국의 과세당국은 우리나라의 세법에서 규정한 '상속세 및 증여세법'상의 보충적평가방법을 보충하여 적용하는 경우가 종종 있습니다[15].

한국의 세법에서는 비상장주식의 보충적평가방법으로 원칙적으로 1주당 순손익 가치와 1주당 순자산가치를 각각 3과 2의

---

15) 심판례(국심2005서1406, 2005.7.5.) 및 예규(서면 인터넷방문 상담2팀-2030, 2004.10.5.)에서도 정상가격이 불분명한 경우 상증세법 상 보충적 평가방법을 준용해 평가한 가액을 정상가격으로 봄, 다만, 상증세법 상 보충적 평가방법에 따라 쟁점주식의 가액을 평가하는 것이 부적당하지 않다는 점을 입증할 책임을 과세관청에 두고 있음(2015.8.13.선고 수원지방법원 2014구합54470 판결)

비율로 가중평균한 가액으로 평가하도록 하고 있습니다. 매우 복잡한 사안이므로 상세한 내용은 전문가의 자문을 받아서 결정할 필요가 있습니다.

4.1.2. 베트남에서의 납세의무

베트남 세법의 이자, 배당 및 지분양도 소득(수동적소득)에 대한 베트남 세법[16]의 일반내용을 우선 살펴본다면 아래와 같습니다.

[16] Circular 111/2013/TT-BTC : CIRCULAR ON THE IMPLEMENTATION OF THE LAW ON PERSONAL INCOME TAX, THE LAW ON THE AMENDMENTS TO THE LAW ON PERSONAL INCOME TAX, AND THE GOVERNMENT'S DECREE NO. 65/2013/ND-CP ELABORATING A NUMBER OF ARTICLES OF THE LAW ON PERSONAL INCOME TAX AND THE LAW ON THE AMENDMENTS TO THE LAW ON PERSONAL INCOME TAX.
Circular 119/2014/TT-BTC : CIRCULAR AMENDMENTS TO SOME ARTICLES OF CIRCULAR NO. 156/2013/TT-BTC DATED NOVEMBER 06, 2013, CIRCULAR NO. 111/2013/TT-BTC DATED AUGUST 15, 2013, CIRCULAR NO. 219/2013/TT-BTC DATED DECEMBER 31, 2013, CIRCULAR NO. 08/2013/TT-BTC DATED JANUARY 10, 2013, CIRCULAR NO. 85/2011/TT-BTC DATED JUNE 17, 2011, CIRCULAR NO. 39/2014/TT-BTC DATED MARCH 31, 2014, AND CIRCULAR NO. 78/2014/TT-BTC DATED JUNE 18, 2014 OF THE MINISTRY OF FINANCE IN ORDER TO SIMPLIFY TAX FORMALITIES
Circular 92/2015/TT-BTC : CIRCULAR GUIDELINES FOR VAT AND PERSONAL INCOME TAX INCURRED BY RESIDENTS DOING BUSINESS, AMENDMENTS TO SOME ARTICLES ON PERSONAL INCOME TAX OF THE LAW NO. 71/2014/QH13 ON THE AMENDMENTS TO TAX LAWS AND THE GOVERNMENT'S DECREE NO. 12/2015/NĐ-CP DATED FEBRUARY 12, 2015 ON GUIDELINES FOR THE LAW ON THE AMENDMENTS TO TAX LAWS AND DECREES ON TAXATION.

(1) 취득단계(베트남)

베트남 세법에서는 앞서 언급한 바와 같이, 비거주자의 포상소득, 상속/증여소득에 대해서 개인소득세는 그 소득에 대하여 10%의 세율을 곱하여 산출한다(개인소득세법 제31조의제1항)고 규정하고 있습니다. 비거주자의 상속/증여소득은 베트남 내에서 비거주자가 받은 소득 건별로 천만동을 초과하는 소득을 말합니다.

(2) 보유단계(베트남)

이자 및 배당소득에 대해서는 5%의 동일세율을 적용합니다. 또한, 금융기관으로부터 얻는 이자소득에 대해서는 개인소득세를 면제하며, 기타형태의 이자소득에 대해서는 투자소득으로 과세되는 것임을 유의하여야 합니다. 참고로 배당금의 지급 을 살펴보면 배당금은 납세가 완료된 이후에 송금이 가능하며, 1년에 한번 회사의 과세연도가 종료된 후 감사보고서가 준비된 경우에 송금이 가능함. 배당금은 현금 및 등가물로 지급이 가능함. 당해 지급내용은 베트남 외환관리규정의 적용을 받습니다.

배당가능금액과 관련하여 외국투자자에게 송금가능한 연간이익은 감사 받은 재무제표 및 법인세 대차대조표 상의 순이익에서 전년도 미분배이윤을 가산한 후 베트남 내에 외국투자자의 생산, 사업활동 및 개인적인 소요를 위하여 재투자할 금액을 차감하여 계산합니다.

배당금액은 법인인 외국인 투자자에게는 원천징수세금이 없으며, 개인에 대해서는 5%의 원천징수세율을 적용합니다. 외국인 투자자는 적어도 송금일 7일 이전에 관할 세무당국에 국외송금 신청하고 이를 승인하는 통지서를 수령하여야 합니다.

(3) 처분단계(베트남) - 양도 또는 상속/증여

처분단계에서는 주택을 양도하거나 상속 또는 증여의 방법으로 소유권을 이전할 수 있습니다. 이 경우 각각의 베트남 세법상의 세금을 정리해 보면 아래와 같습니다.

1) 양도소득

자본양도소득은 비거주자의 자본양도소득에 대한 개인소득세는 양도가 베트남내 또는 외국에서 이루어졌는지 여부와 상관없이 비거주자가 베트남 법인 또는 개인의 지분을 양도하여 받은 양도가액에 0.1%의 세율을 곱하여 산출합니다. 이때 지분투자손실이 발생하였다 하더라도 당해 투자손실은 개인소득세 측면에서 공제불가한 비용입니다.

2) 상속/증여세

베트남 세법에서는 앞서 언급한 바와 같이 상속/증여소득에 대해서 개인소득세는 1,000만 동이 넘는 소득에 대하여 10%의 세율을 곱하여 산출합니다. 자세한 내용은 부동산 양도의 경우를 참고하시기 바랍니다.

① 상속/증여세 과세대상물건

a. 증권법이나 기업법에 의한 합자기업의 주식, 채권 및 지분 등에 대한 증여

b. 유한회사, 조합, 파트너쉽, 개인기업, 법에 의해 설립된 펀드 등을 포함한 기업에 대한 자본증여

② 상속 및 증여 재산가액의 평가

증권에 대한 상속 및 증여 재산가액은 소유권이 이전된 시점의 증권가치로 아래와 같이 평가합니다.

a. 주식시장에서 거래되는 주식가치는 소유권 등기 이전

시점의 주식시장가격

    b. 상기 조건에 부합하지 않는 주식가치는 소유권 이전등기 이전 검토 받은 가장 최근의 장부가치

    c. 출자지분에 대한 증여 재산가액은 출자지분의 등기이전 가장 최근의 장부가치

③ 과세표준 및 과세소득의 계산

    a. 매 수령시점별로 1,000만 동을 상속 및 증여소득으로부터 공제

    b. 증여시점의 개인소득세 계산은 아래와 같습니다.

    c. 과세금액 = 과세소득 × 10%(거래별로 1,000만 동을 초과하는 금액)

4.2. 한국-베트남 이중과세방지협정의 배당 및 지분양도 등에 대한 규정(한·베조세협약 제13조)

한국과 베트남의 이중과세방지협정에서는 아래와 같이 배당소득과 지분양도소득에 대해서 규정하고 있습니다. 아래 내용에 의하면, 배당소득에서 대해서는 최고 10%를 초과할 수 없도록 하고 있으므로 현행 베트남 세법의 5% 또는 0% 세율이 적용되며, 나머지 부분에 대해서는 한국세법에 의하여 차액을 과세받을 것으로 사료됩니다.

지분양도소득은 두 가지로 나누어서 검토하여야 하는데 1. 부동산 과다보유법인의 지분인 경우에는 베트남 법인의 지분양도 소득에 대해서 베트남에서 과세할 수 있으나, 2. 기타 법인의 주식의 경우에는 한국거주자가 베트남법인의 지분을 양도하는 경우에는 베트남에서

과세하지 않고 한국에서만 과세하도록 하고 있으므로 유의하여야 합니다.

제10조【배당】[1994.9.9.]

1. 일방체약국의 거주자인 회사가 타방체약국의 거주자에게 지급하는 배당에 대하여 는 동 타방체약국에서 과세할 수 있다. 2. 그러나 그러한 배당에 대하여는 배당을 지급하는 회사가 거주자인 체약국이 동 국의 법에 따라 과세할 수 있다. 단, 수령인이 배당의 수익적 소유자인 경우 그렇게 부과되는 조세는 총배당액의 10퍼센트를 초과하지 아니한다.

제13조【양도소득】[1994.9.9.]

(생략) 4. 회사의 재산이 주로 일방체약국에 소재하는 부동산으로 직·간접적으로 구성된 경우 동 회사의 자본주식의 지분 양도로부터 발생하는 이득에 대하여는 동 체약국에서 과세할 수 있다. 5. 제1항 내지 제4항에 언급된 재산이외의 재산의 양도로부터 발생하는 이득에 대하여는 그 양도인이 거주지인 체약국에서만 과세한다.

4.3. 한국 비거주자(베트남 거주자)인 경우

한국비거주자(베트남 거주자)인 경우에 베트남에서의 자산처분시 발생하는 세금부담에 대해서 살펴보면, 자산의 소재지가 베트남에 소재한 자산인 경우에는 한국에 양도소득세, 상속세 및 증여세 등의 세금을 납부할 의무가 발생하지 않습니다. 따라서, 앞서 언급한 세법규정에서 한국에 신고 납부하는 부분에 대해서는 무시하고, 베트남 4.1.2의 세법규정을 참고하시면 됩니다.

5. 맺음말

   많은 수의 한국교민들이 베트남에 10년이 넘게 살고 있다가 한국에 귀국해서 한국 국세청으로부터 예상치 못한 과세를 당하는 사례를 종종 접하고 있습니다. 한국에 가족과 자산이 그대로 있거나 한국기업의 주재원으로 오랜 기간 근무한 분들, 또 심지어 한국에 가서 의료보험이나 복지혜택을 받았던 분들이 베트남 소득이나 자산의 처분이 발생한 경우에 한국에 납세의무가 발생할 수도 있음을 간과해서는 안될 것입니다.

< 참고문헌 >
- 베트남세법(삼일인포마인, 김준석, 한경배, 이삼한, 김태경 공저, 2019년)
- 2019 재중납세자가 알아야할 한/중 세금상식(국세청, 상하이영사관)
- 해외주식등과 세금(2018년, 국세청)
- 부동산과 세금(2019년, 국세청)
- 2020년부터 이렇게 달라집니다(기획재정부, 2020)
- 세법상 비거주자판정의 문제점과 개선방안 연구(오성택, 2018 건국대학교)

- 다자간 금융정보 자동교환제도 가입국가(OECD, https://www.oecd.org/tax/automatic-exchange/international-framework-for-the-crs/)
- 국제조세분야 개정세법해설(국세청, 2019)

TREND

VIETNAM

2020

베 트 남   통 관 환 경
및
최 근   베 트 남
진 출 기 업   애 로   사 항

19

베트남 통관환경 및
최근 베트남 진출기업 애로 사항

호치민시 총영사관
양승혁 전) 관세관

1. 베트남 통관환경

1.1. 수출입 금지 및 사전 수출입 허가 등

베트남은 2018년 1월 1일부로 시행된 대외무역법(05/2017/QH14), 2018년 5월 15일부로 시행된 동법 시행령(Decree 69/2018/ND-CP)에 따라 수입 금지 대상 품목 및 사전 수입허가 필요 품목을 규정하고 있다.

수출입 업체로 등록된 업체는 수출입 금지 품목(시행령 부록1), 수출입업자가 지정된 품목(시행령 부록2), 수출입 라이센스가 필요한 품목(시행령 부록3), 또는 특정품목(시행령 부록4)을 제외한 일반품목을 수출입 할 수 있다. 수출입 금지품목으로는 무기, 탄약, 폭죽, 중고 가전 및 소비재, 국내 보급 및 배포가 금지된 각종 출판물, 중고 운송 수단 및 부품, 차대번호 수정 또는 디자인이 변형된 각종 차량 및 우측핸들 차량 등 운송수단, 화학물질, 각섬석에 속하는 석면 함유자재·제품, CITES[1)]에 따른 동식물 등이다.

1.2. 관세율

관세율은 일반관세율, 우대관세율, 특혜관세율로 구분할 수 있으며, 일반관세율(Normal tariffs)은 베트남과 정상무역 관계(NTR)를 맺고 있지 않은 국가, 예컨대, WTO 회원국이 아닌 나라로부터 수입되는 물품에 적용하는 관세율을 의미하며, 우대 관세율의 150%를 부과한다.

우대관세율(Preferential tariffs)은 베트남이 정상무역관계(NTR)를 맺고 있는 국가에 적용 되는 관세율로서 WTO 회원국으로부터의 수입에 대하여 부과하는 관세율이다.

특혜관세율(Special preferential tariffs)은 베트남과 FTA 등 특혜관세협정을 맺은 국가들 또는 베트남 상품에 특혜관세율 혜택을 부여하는 국가에 적용되는 관세율 이다. 특히, 한국은 한·ASEAN FTA와 한·베트남 FTA 특혜관세율을 적용 받을 수 있으며, 수출입자가 유리한 FTA를 선택하여 적용할 수 있다. 그러나, 민감품목 및 초민감 품목, 상호대응세율 적용대상 품목은 특혜 제공이 제한되거나 거부될 수 있다(한·ASEAN FTA에 한함).

1) 멸종위기에 처한 동식물 교역에 관한 국제협약

1.3. 수출용 원자재 등의 수입세(관세, 수입부가세) 면제

수출용 원자재 등의 수입세 면제와 관련된 법령으로는 베트남「수출입세법」제16조, 시행령(Decree No. 134/2016/ND-CP) 제12조를 참고할 수 있다.

동 법령은 수출물품 생산을 목적으로 수입하는 원자재 등은 관세가 면제되며, 그 대상은 원부자재, 소모품, 부분품, 중간재 등이다. 이때 제조시설이 반드시 있어야 하며, 일부 공정을 외주가공 맡긴 경우에는 직접 수출했다 하더라도 면세가 아니라는 유권해석으로 인해 현재 다툼이 있다(다만, 해외 임가공 계약에 따른 수출품 제조업체는 시행령 제10조 임가공 면세 규정에 따라 수입세가 면제됨). 관세면제를 받은 기업은 추후 세관에 연1회 정기적으로 정산보고(Liquidation)를 해야 한다.

수출물품 생산용 원자재 등을 수입신고 하는 경우, 수출 이행기한 제한은 없으나, 수입세를 납부한 원자재 등은 수출 후 수출신고필증 및 소요량 증명서를 첨부하여 세관에 수출 사실을 증명하고, 환급신청서를 제출해야 하며, 과오로 과다 납부한 세액의 환급 허용 기간은 10년이다. 한편, 수입자가 직접 수출을 하지 않은 경우에는 환급받을 수 없음에 유의해야 한다.

수입된 내수물품 생산용 원부자재를 수출용 원부자재로 용도 변경하는 경우 용도 변경 시점에 세관에 사전신고(반대의 경우도 동일)를 해야 하며, 최초 수입신고필증이 발급된 날로부터 2년 이내에 수출을 완료해야 한다.

1.4. 수출세

베트남은 국내 원료수급의 원활화, 광물 및 원자재의 무분별한 채취 및 대외유출 방지를 목적으로 원목, 모래, 귀석, 모든 광산물(석재 포함), 석탄, 금속(비철금속 포함) 및 금속 Scrap 등 품목에 대하여 0~40% 수준의 수출관세를 부과하며, 수출 관세의 산출은 FOB/DAF 가격을 기준으로 한다.

※ 수출세 부과 여부는 재무부 시행령인 「Decree No. 125/2017/ND-CP(122/2016/ND-CP 보충 시행령)에서 HS CODE」를 기준으로 확인할 수 있다.

수출관세는 211개의 상품그룹(HS CODE 4단위 기준 등)을 규정하고 있으며, 특히 천연자원, 광물 등의 비중이 제품가치의 51% 이상 차지하는 경우 5~20%에 상당하는 수출세를 부과하고 있다. 이는 가공 수준이 낮은 천연자원, 광물 등에 대한 수출 세율은 높게 책정하여 해당 자원의 유출을 막고, 가공 수준이 높은 천연자원 등에 대한 수출 세율은 낮춤으로써 베트남 내 부가가치 창출(국내생산 원자재 확보를 위한 수출 제한) 및 가공기법 개발을 위한 투자를 유도하고자 하는 것이다.

그러나, 원산지가 베트남산이 아닌 금속바(황동)를 수입하여 가공후 남은 잔재물(스크랩)을 한국으로 보내 금속바 형태로 재수입하는 형태의 일시수출 건에서 수출세를 추징한 사례가 있으므로 유의해야 한다. 이와 관련하여, 베트남産에 한하여 이를 적용하도록 규정개정을 요구 중이다.

※ 베트남 수출세 개황(2019년 12월 현재)

- 석탄, 광물(석재 포함), 원목, 금속(비철금속 포함) 등에 수출세 부과
- 211개 품목(HS code 4자리 기준), 541개 세부품목(HS code 8자리 기준)
- 주요 세율 : 철광·구리광(40%), 각종 원목 및 제재목(25%), 금속 스크랩류(15~22%), 석탄(10%)

1.5. 수입물품 검사

베트남에는 5개 중앙 직할시 및 58개 성 등 63개 광역지방행정기관이 있으며, 이 가운데 35개 시·성에 세관국이 설치되어 있고, 세관국 산하에는 총 160여 개의 세관지국이 있다. 베트남 관세청은 "관세총국"이라고 하며, 지방의 세관국은 각 시·성 인민위원회 소속으로 지방 공무원 신분을 가지고 있으면서 동시에 관세총국의 업무지휘를 받는다.

< 베트남 세관 수입물품검사 종류 >

Channel 분류		필요 심사 절차
Green Channel		세관 서류심사 및 물품검사 면제(전산신고만으로)
Yellow	E-Yellow Channel	e-document 세관 제출
	Paper-Yellow	종이서류 세관 제출
Red Channel		종이서류 제출 및 물품 검사

※ 육류·수산물·곡류·두류·동식물 수입시에는 주무관청의 사전 허가와 검역을 거친 후 세관 신고시 수입허가서와 검역증명서를 함께 제출해야 함.

460

모든 수출입화물은 수출자/수입자/신고 대행자가 신고한 통관신고서와 첨부 서류 등의 일치 여부 확인 및 실물검사 대상이 될 수 있으며, 성실화물(Green Channel), 우범화물(Yellow Channel), 위험화물(Red Channel) 등 3종류로 구분되어 관리되고 있다.

1.6. 주요 통관애로

① 복잡한 통관절차와 모호한 규정

베트남에서 발생하는 주요 통관애로사항은 복잡한 통관절차와 모호한 규정이다.

세관절차에 관한 시행령(08/2015/ND-CP, 59/2018/ND-CP), 시행규칙(38/2015/TT-BTC, 39/2018/TT-BTC) 규정에 따른 통관과정에서 규정에 대한 해석과 처리에 일관성이 부족하여 세관과 담당자에 따라 다른 집행이 이루어지는 경우가 있고, 그에 따른 불필요한 서류 제출 요청 등에 대응해야 하므로 통관이 지연되고 있다. 다양한 부서 및 정부기관과 관련된 갖가지 승인서류로 인해 통관이 더욱 복잡하고 많은 단계를 요하며, 각 국가기관 간 협력 시스템이 원활하지 못해 추가적인 비용이 발생하는 경우도 있다.

고의적인 통관 지연 역시 발생하고 있는데, 베트남에서 생산되지 않는 시설재 및 원부자재 수입시 지역세관의 통관지연 발생도 일어나고 있다. 예컨대 베트남 내 검사기관에서 객관적으로 작성한 품목 분석보고서를 첨부하여 수입신고를 했음에도 불구하고 타 검사 기관의 추가 검사를 강요하는 경우가 있다.

② FTA 원산지증명서 부인

FTA 원산지증명서 부인도 발생하는데, 수입 자가 C/O 원본이 아닌 사본을 제출하거나 수입신고시 원산지증명서 사후제출 의사 표시를 하지 않은 경우 등 수입자 귀책사유로 부인된 사례도 있으나, 베트남 세관담당자가 다양한 FTA 협정을 제대로 숙지하지 못해 원산지증명서를 거부하는 경우도 종종 발생하고 있다.

사후심사 또는 세관조사 과정에서 HS code 오류가 발견될 경우 그동안 받았던 특혜관세 혜택까지 추징대상이 되므로 유의해야 하며, 이 경우 한·베 FTA 및 한·아세안 FTA 원산지 증명서 유효기간인 1년 범위 내의 수입품은 변경된 HS code에 따른 수정 원산지 증명서를 한국 수출자로부터 받아 제출하면 관세혜택을 받을 수 있다. 한편, 수입신고시 원산지증명서를 갖추지 못한 경우에는 사후제출 의사표시를 반드시 해야 하며, 한·아세안 FTA 원산지증명서는 30일, 한·베 FTA 원산지증명서는 1년내에 제출해야 한다.

③ 품목분류 오류에 따른 추징

품목분류 오류에 따른 추징에 대한 것도 수출시 주의해야하는 부분인데 이견이 없는 품목의 경우 수출국의 HS code를 수입 신고시 그대로 적용하는 것이 통상적이나 관세평가 및 Hs code에 대한 판단은 수입국 세관의 견해가 가장 중요하므로 특히 반복적으로 수입할 계획이 있거나, 최초 신고 물품의 경우에는 품목분류 전문가의 자문을 받아 관련 근거를 충분히 확보하는 것이 필요하다. 베트남 관세총국에 신청하는 HS code 사전 확정 신청제도를 활용하여 위험 관리를 하는 것이 바람직하며, 관련 정보는 주 호치민 총영사관 홈페이지(정보마당 법령 정보 페이지)에 기재된 내용을 참조할 수 있다.

2. 최근 베트남 진출기업 애로사항

2.1. 베트남 원산지증명서상 Hs code 오류
(베트남에서 한국으로 수출시)

베트남 발급기관(베트남 산업무역부)은 베트남 수출신고서가 수정되지 않는 이상 수정 원산지증명서를 발급하지 않으며, 베트남 세관은 해당 물품이 이미 수출된 경우 수출신고서 정정을 허용하지 않는다.

한국 원산지증명서 발행기관(세관 또는 상공회의소)이 협약 상대국이 주장하는 HS code의 FTA 원산지 기준을 검토하여 해당 기준을 충족할 경우 변경된 Hs code가 기재된 수정 원산지증명서를 발급(베트남 관세총국의 Hs code 사전심사 결과통지서 또는 세관 수입신고필증 등을 제출하여 증빙)하는 것과 다름에 유의해야 한다(한국에서 베트남으로 수출시).

2.2. 수출용 원재료 등 면세범위 축소 경향

베트남은 수출 장려 및 외국인 투자유치를 위해 일반 수출용 원재료 및 해외업체와 임가공 계약을 체결한 기업의 수입물품에 대한 수입세(관세 및 부가세) 면세제도를 유지하고 있다. 과거에는 수출용 원재료를 투입하여 275일 전에 물품을 수출하면 면세를 확정하는 구조였으나 베트남 정부는 「수출입세법」시행령(134/2016/ND-CP, 2016.9.1. 발효)을 개정하여 수출용 원재료 등에 대한 275일 관세유예 제도를 폐지하였다.

베트남 재무부(관세총국)은 관세유예제도를 폐지하면서 수출용 원재료 등에 대한 면세 요건 기준을 마련하였으나, 최근 세수확대를 위해 면세범위를 축소하는 보수적인 유권 해석을 발표하여 문제가 되고 있다.

대표적인 것이 수출품 제조시 일부공정이라도 외주를 줄 경우 직접수출 하더라도 면세가 아니라는 유권해석과 사전 계약에 따라 수출용 원재료 등 수입자가 수출품을 제조하고 베트남 국내 타법인에 내국수출하여 해당 법인이 최종가공을 마치고 수출 하는 간접수출의 경우에는 면세가 아니라는 것이었다. 과세당국의 추징이 현실화 될 경우 확인된 것만 수백억 대에 달하는 세금 부과로 이어질 상황이었다.

이에 한국 관세청 등의 끈질긴 설득으로 베트남 당국은 내국수출을 통한 간접수출의 경우 수출용 원재료 등은 면세가 아니라는 유권해석을 철회(2019.6.25.) 하였으나, 외주가공을 거친 수출품에 대한 수출용 원재료 등 면세부인 유권해석은 현재 여전히 유지 하고 있어 다툼이 있으며 한국 관세청은 우리 기업들의 애로해소를 위한 노력을 지속 중이다.

이에 따라, 수출용 원재료 등을 수입하는 베트남 진출 한국기업들은 가능한 한 향후 축소가 예상되는 베트남의 일반 면세제도보다는 FTA 특혜 원산지증명서를 활용하여 관세를 절세하는 것이 바람직하다.

2.3. 중고 설비 및 기계 통관 요건

일반적으로 베트남에서는 중고설비 수입이 제한되나, 제조가공 등

생산활동에 공여되는 HS 84,85류에 해당하는 중고 생산(기술) 라인 및 설비, 기계류에 대해 조건부 수입을 허용하고 있다. 최근 중고기계 등 수입과 관련하여 총리 결정문이 개정(18/2019/QD-TTg, 2019. 6.15.시행) 되었다.

생산라인이 아닌 일반 기계류(부분품 포함)는 제조연한이 10년 이내여야 하나, 특정분야(목재, 제지, 펄프 등)에 대해서는 15년이내 또는 20년이내여도 가능한 경우가 있다. 생산라인을 구성하는 설비류라 하더라도 생산효율성 기준(최초 설계 대비 85% 이상 성능을 보유), 에너지 원료 소모율 기준(최소 설계 대비 15%를 초과할 수 없음), 기술이전 관련 법령에 따른 제한(또는 금지)에 해당하지 않을 것, OECD 회원국 중 최소 3개국 이상 현재 사용하고 있는 기술일 것 등 조건을 충족해야 한다.

※ 특히 수출국에서 생산라인 설비 검사 인증서(유효기간 18개월)를 발급받을 경우에는 설비가 가동중일 때 검사가 진행돼야 함

최근 중국으로부터 베트남으로 생산시설을 이전한 업체들이 통관 애로사항을 많이 겪고 있는데, 이는 한국의 중고설비는 한국공인검사원(KAIRI) 검사 인증서를 발급받아 수입이 가능하다. 중국 중고설비를 반입하는 경우에는 베트남에서 검사를 받을 수밖에 없기 때문이며, 중고가 아님에도 중고가 의심 된다며 통관을 지연시키고 Under-table Money를 요구하는 사례도 보고된 바 있다.

2.4. 한·아세안 FTA 누적조항 적용

한·아세안 FTA 협정은 부속서3 원산지규정 제7조에서 원산지

누적조항을 두고 있다. 즉, 일방 당사국 영역의 원산지 상품이 특혜관세 대우를 받을 수 있는 최종재의 재료로 다른 당사국의 영역에서 사용된 경우, 그 최종재의 작업 또는 가공이 발생한 그 다른 당사국 영역의 원산지 상품으로 간주된다.

아세안 국가들은 상호 교역시 일반적으로 ATIGA(아세안 국가간 상품교역 협정) 원산지증명서를 발급하므로 한국산 원재료로 베트남에서 가공하여 태국 등 타 아세안 국가로 수출하는 경우 위 누적조항에도 불구하고 특혜관세 혜택을 받을 수 없다. 베트남 산업무역부로부터 한·아세안 원산지 증명서를 발급 받으면 누적조항 혜택을 누릴 수 있음에도, 담당자에 따라 발급을 거부하는 경우도 종종 발생한다.

최근 한·아세안 특별정상회담(2019년 11월 부산) 개최 계기에 열린 아세안 사무국장과의 기업간담회에서 베트남 한인상공인협회(코참)는 한·아세안 FTA 누적조항이 자동적으로 효력이 발생할 수 있도록 ATIGA[2] 협정에 상호 교차 누적조항 신설을 건의한 바 있다.

----

2) 아세안 국가간 자유무역협정

3. 세관 민원 해소방안

3.1. 꼼꼼한 사전 확인

베트남은 FDI 유치를 위해 각종 면세혜택을 전면에 내세우고 있으나, 세부적으로 들어가면 최초의 약속과 다르거나 부처간 엇박자가 발생하여 혜택을 받지 못하는 경우도 있다. 특히 면세제도를 활용하면서도 사전에 챙겨야 할 각종 요건을 제대로 갖추지 못해 추징으로 이어지는 경우도 있으므로 불필요한 비용을 최소화하기 위해서는 항상 수입 전 또는 투자 전 해당 절차를 꼼꼼히 살펴보는 노력이 필요하다.

또한 저렴한 수수료를 제시하거나 세관원 과의 관계를 과시하는 업체보다는 검증된 물류업체를 이용하고 주 베트남 대사관(하노이시), 관세관이 상주하는 주 호치민 총영사관, 한인상공인연합(코참 : KOCHAM), KOTRA(하노이시, 다낭시, 호치민시), 한국무역협회(호치민시), 대한상공회의소(하노이시) 등을 통해 즉시 유용한 정보나 조언을 구하는 것이 바람직하다.

3.2. 세관 세무조사 사전 대응

세관의 통관 후 세무조사는 10영업일(1회 연장 가능) 동안 실시하며, 특별 세무조사 대상인 경우에는 30영업일(1회 연장 가능) 동안 실시한다. 필요시 조사연기 신청도 가능하며 연기신청에 대한 답변시한이 5영업일이므로 이를 활용할 필요가 있다.

평소 성실한 재고관리는 물론 현품과 회계 장부 간 불일치 원인 등을 파악하고 있어야 하며, 최종 협상시에는 본세는 물론 가산세와 지연 이자까지 포괄하여 감안해야 한다. 세액에 영향을 미치는 신고오류 수정 기간은 60일(60일 이후라도 자진 신고를 하면 10%의 행정벌금만 부과하나, 세관이 지적할 경우에는 20%)이며, 수출입 신고 취소는 실제 수출입이 발생하지 못한 경우 등 아주 제한적으로 운용된다.

기간이 도과한 후에는 본세의 20%에 해당하는 벌금(가산세)과 1일 0.03%(2016년 7월 이전 해당분은 0.05%)의 지연이자가 있다. 또한 고의로 허위신고를 할 경우(탈세 또는 조세사기) 탈루세액에 더해 100~300%의 벌금이 부과되며, 과거 10년치까지 추징이 가능하다. 베트남에서 부과되는 행정벌금에는 하한선과 상한선이 있기 때문에 하한선을 부과하고 추가 현금을 요구하는 경우도 많다.

3.3. 세관 세무조사 사후 대처

한국기업들은 베트남 직원들에게 각종 관리업무를 맡기고 한국인 관리자는 영업이나 마케팅, 품질관리 등에 전념하는 경우가 많다. 베트남은 공무원의 권한이 막강하고 만성적인 세수부족을 겪고 있기 때문에 공무원들은 협박과 위협 등 다양한 수단을 사용하며, 베트남 직원들은 이에 매우 취약하다. 따라서, 세관조사시 베트남 직원들이 적극적으로 회사를 위해 대응하는 것을 기대하기 어렵기 때문에 관리자가 반드시 평소 점검을 게을리하지 말아야 한다. 일반적이지는 않지만, 평소 통관업무를 전담했던 직원이 세관원에게 먼저 위반사항을 알려준 것으로 밝혀진 경우도 있다.

조사관이 작성한 세무조사 의사록 내용을 제대로 확인하고 객관적인 자문 등을 받아보는 것이 필요하며, 납득이 되지 않는 한 어떤 서류도 쉽게 서명해서는 안된다. 세무조사 결정자는 세무조사 종결일로부터 15일 기한 내에 세무조사 의사록(세무조사 보고서)에 서명하여 신고인 에게 송부해야 한다.

세무조사 결론에 대해 권한 있는 기관의 전문분야에 관한 의견이 필요한 경우, 세무조사 의사록 서명 기한은 권한 있는 기관의 의견이 있은 날로부터 계산되며, 권한 있는 전문기관은 세관의 요구를 받은 날로부터 30일 기한 내에 의견을 제시해야 한다. 따라서 의사록 검토는 상황에 따라 최대 30영업일까지 가능(독촉전화가 매우 빈번) 하므로 그 사이에 심도 깊게 대응방안을 검토하는 것이 바람직하다.

세무당국의 세무조사 의사록(세무조사 보고서) 통보 및 피조사자의 의사록 서명(의사록 수령 후 5영업일 이내 서명)이 이루어지면 정식으로 결정 통지서(과세 통지서)가 발행되며, 10영업일 이내 통지 금액을 납부해야 한다. 실무상 피조사자가 30영업일까지도 의사록에 서명하지 않을 경우 결정 통지서가 즉시 발행된다.

납부기한으로부터 90일이 경과하여 강제 집행 가능기간이 개시되면, 세관에 분할 납부를 신청할 수 있다. 이 경우 금융기관 보증 및 미납 세금·벌금에 대한 국고 납부 서약서를 갖추어야 하며, 미납 세액 기준에 따라 3개월(5억~10억 동), 6개월(10억~20억 동), 12개월(20억 동 이상) 기간 동안 월 균등 분할 납부가 가능하다(시행규칙 제39/2018/TT-BTC 제1조 67항 참조).

불복(세관국, 관세총국, 재무부 등 상급 기관의 순서로 이루어지며, 1차 이의제기가 거부될 경우에는 2차 민원제기 가능하며 행정소송도 병행 가능)은 결정통지서 수령일로부터 90일 이내에 해야 하고, 그후에는 행정소송만 제기할 수 있으며 1년 내에 제기해야만 하므로 처음부터 회계법인 또는 법무 법인의 조력을 받는 것을 추천한다.

TREND

VIETNAM

2020

베 　 　 트 　 　 남
세 　 관 　 조 　 사 차
절 　 　 　 　 　 항
　 　 　 및
세 　 부 　 　 사 　 항

20

베트남 세관조사 절차 및 세부 사항

관세법인 유니/Cargo Rush International
변상현 관세사

베트남 세관조사는 전국차원으로 관세총국, 사후 세관조사국에서, 지방성 차원에서 관세국, 세관지국으로 여러 관세기관에서 경쟁적으로 실시하고 있어, 베트남 진출 한국기업들이 관세조사에 올바르게 대응하지 못하여 관세추징 피해를 입는 경우가 많다. 정확한 세관조사 절차를 확인하여 관세 추징 피해를 최소화하기 바란다.

1. 세관조사 개요

1.1. 세관조사란

베트남 관세총국법에서 세관조사를 다음과 같이 정의하고 있다.

사후 세관조사(이하 '세관조사')라 함은 통관서류, 회계장부, 결제 입증서류 및 각종 입증서류, 물품과 관련 문서, 데이터에 대한 관세기관의 검사 활동이며, 물품이 통관된 다음에 필요한 경우 물품 실물과 아직 이행되지 않은 요건을 검사한다. 이때 세관당국에 신고, 제출, 제시한 각종 서류 내용 정확성, 진실성을 평가한다. 법규 준수도 평가를 목적으로 한다.

1.2. 시행 장소

관세기관 주소지 또는 신고인 주소지
1) 대상 기간
   신고일로부터 5년(신고 등록일로부터 검사 결정서 발행일까지 최대 5년 이내 세관 서류)
2) 조사 사유
   - 규정 위반 징후 발견
   - 위험관리

2. 관세기관에서 세관조사

2.1. 정보수집(신고인 영업소에서 세관조사 동일)

일반적으로 세관조사 개시 전에 실시한다
① 정보수집 권한 : 관세총국, 사후 세관조사국, 관세국, 관세지국
② 정보수집 방법

서면 정보수집 : 조직 및 개인에게 회신 요청을 서면 통보
직접 정보수집 : 공무원이 직접 정보를 요청(서면 요청이 있는 경우에 한함)

다음은 실제 세관 정보수집 통지서 내용이다.

구분	서류, 자료명
A. General Company documents (회사의 일반적인 정보)	1. Investment Registration Certificate
	2. Business Certificate
	3. Tax Registration Certificate
	4. Stamp Registration Certificate
	5. Organization Map
	6. Workshop, Warehouse Map, Processing Process
B. Company documents (회사 서류)	1. Accounting from 20××.1.1.~20××.12.31.
	- Finance report(audited) from 20××~20××
	- Machine list; Accounting Balance sheet ; Invoice list (buy/sell) ; account 111, 112, 131, 152, 153, 154, 155, 156(if have), 331, 511, 711
	- Liquidation report from 20××~20××
	- BOM data of all products from 2015~2019
	- Remain material report in nearest financial year
	2. Import - export documents from 20××.1.1.~20××.12.31.
	- Import, export declarations list
	- Return tax documents, tax-free documents
	3. Checking Decisions, Checking Conclusions of government that relates to customs recently and from 20××.1.1.~20××.12.31.
	4. Others information/docs/data as customs requests if need
C. Submit to customs (접수방법)	우편 접수 직접 방문 접수
D. Time to submit docs(제출기한)	규정된 제출 기한은 없으며, 10근무일 정도의 제출 기한을 정하는 것이 일반적이다. 기간 연장 관련 규정 없음

※ 상기 자료는 실제 통지서 내용이며, 세관별, 업종별 제출 서류의 차이가 많음

2.2. 조사 개시

• 조사 결정 : 관세국, 세관지국

• 조사 내용 : 신고인 상업송장, 선하증권(B/L), 물품 매매계약서, 원산지 증명서, 대금 입증 서류 등을 요구에 따라 제시, 설명(5년

이내 세관 서류, 신고와 회계기록 일치, 수출입 물품 관련 자료 및 수출입자료 검사)

- 조사 기간 : 최대 5근무일

2.3. 조사 내용

세관조사 통지 : 결정일로부터 3근무일 내, 세관조사 개시일 5근무일 전에 송달(우편, 팩스로 신고자에게 직접 발송)

신고인 책임 : 관세당국의 요구에 따라 서류 제시, 설명 책임
신고인 권리 : 세관조사 기간 중 해명, 보충 권리

2.4. 조사 결과

- 신고인의 해명 내용이 적정한 경우 인정된다.
- 행정위반 처리 : 증명하지 못하는 경우, 서류 제공하지 않거나, 해명하지 못하는 경우
- 결과 통지 : 종결일로부터 5근무일 기한 내에 세관조사 결과 통보

3. 신고인 영업소에서 세관조사

3.1. 세관조사 결정권한

- 관세총국, 사후 세관조사국은 전국 범위 세관조사 결정

- 관세국은 해당 국의 관리지역 내에서 세관조사 결정, 관할지역 범위 밖 업체를 세관조사하는 경우, 관세총국에 보고하여 검토
- 신고인의 법규준수도 평가에 대한 검사는 관세총국 발행하는 사후 세관조사 계획에 따라 실시한다.

3.2. 사후 세관조사 기간

- 세관조사 기간 : 세관조사 개시일로부터 최대 10근무일, 조사범위가 넓고, 내용이 복잡한 경우 10근무일 내 1회 연장 가능
- 세관조사 통지 : 서명일로부터 3근무일 내 교부하여 세관조사 개시일로부터 최소 5근무일 전에 송달

3.3. 조사 절차

① 세관조사 개시할 때 세관조사 결정 공표
② 세관신고 내용을 회계장부, 증빙서류, 재무자료 등과 대조
③ 세관조사 종결일로부터 5근무일 내 세관조사 보고서 작성
④ 신고인에게 세관조사 종결일로부터 15일 기한 내에 세관조사 결론서 송부, 전문분야 의견이 필요한 경우, 신고인은 30일 내 의견 제시 가능함
⑤ 권한에 따라 결정

3.4. 세관당국 임의 결정

신고인 세관조사 결정 미 이행하거나, 기한내 해명하지 못하거나,

서류 등을 제출하지 않는 경우, 관세당국은 규정에 따라 처리 결정하거나 특별 조사를 실시한다.

---

* 특별검사 대상
- 세관조사 기간 경과   - 세관조사 후에도 의혹이 있는 경우

---

4. 신고인 영업소 세관조사 시 관세공무원 책임과 권한

① 관세총국, 사후 세관조사국, 관세국은 다음 책임과 권한을 갖는다.

- 세관조사 결정, 세관조사단 구성   - 필요시 세관조사 기한 연장
- 세관조사 결론서 발행, 세관조사 결과 처리, 규정에 따른 처리 결정
- 이의제기 처리, 고발 처리

---

② 세관조사단 단장은 다음 책임과 권한을 갖는다.

- 세관조사 결정서에 기재할 세관조사 내용, 대상, 기간 및 세관조사단 구성, 지휘
- 신고인에게 정보를 제공하고, 검사 관련 문서 요청, 검사 전 물품 제시 요청
- 증거 인멸, 은닉 우려가 있는 경우, 증거 임시보관, 봉인
- 세관조시 보고서 직싱, 서명
- 세관조사 결정권자에게 세관조사 결과 보고, 동 보고의 정확성, 진실성, 객관성에 대해 책임

---

③ 세관조사단 단원은 다음 책임과 권한을 갖는다.

- 세관조사단장의 업무 분장에 따라 임무 수행
- 수행결과를 세관조사단장에게 보고, 동 보고의 정확성, 진실성, 객관성에 대해 책임
- 세관조사단장 지시에 따라 세관조사 결과 보고서 작성

5. 세관조사 중 신고인의 권리와 의무

실제 세관조사 결과 보고서 및 결론서에 서명에 대해 계속해서 독촉한다.

1) 신고인 권리와 의무 이행

<신고인 권리>
• 세관신고 관련 정보 제공 요청, 관련 법률 안내 요청
• HS코드, 원산지, 관세가격 사전확인 요청
• 물품 사전 열람, 물품 견본 채취
• 이미 검사한 물품에 대해 재검사 요구
• 관세당국, 관세공무원 법률위반에 대해 고소, 고발
• 손해배상 청구

<신고인 의무>
• 규정에 따른 세관신고, 통관절차 이행
• HS코드, 원산지, 관세가격에 대한 정확하고 충분한 정보 제공
• 제시서류에 대한 정확성에 대한 책임
• 관세당국 결정 및 요구 이행
• 신고 등록일로부터 5년간 서류 보관, 제시 요청 시 정보, 입증서류 제공

2) 입증서류 적시에 충분하고 정확하게 제공, 그 서류의 정확성, 진실성에 대해 책임

3) 세관조사 내용과 관계 없는 경우, 거절할 수 있다.

4) 세관조사 결론서 수령받을 수 있으며, 결론서 내용에 대해 설명을 요구할 수 있고, 결론서에 의견을 기재할 수 있다.

5) 세관조사 결정서, 세관증명서 제시 요구 권리

6) 세관조사 요구사항 이행, 세관조사에 대응 업무 직원 지정(신고인이 유능한 담당자를 선정하여 세관에 설명 가능)

7) 세관조사 관련 문제에 대한 설명

8) 세관조사 보고서 서명

9) 결정 이행

6. 세관조사 불복

신고인은 세관조사 결과에 대해 불복 절차를 진행할 수 있다. 세관조사를 시행한 관세기관에서 1차 불복 절차를 진행한다. 1차 불복 절차에 대해 상위 기관에 2차 불복 절차를 진행할 수 있다. 재무부 장관에게 최종 불복 절차를 진행할 수 있다. 행정소송절차도 병행할 수 있을 것으로 보인다.

1) 불복 처리는 객관성 있는 담당자를 지정해야 하며, 행정처분을 결정한 부서는 불복 처리 부서로 지정될 수 없다.

2) 불복 처리 단계

　　a. 사후 세관조사국 부국장, 세관 부국장은 행정 처분에 대한 최초 불복 처리를 수행

b. 관세국 국장은

    b.1) 관세국 국장이 결정한 행정처분에 대한 1차 불복 처리

    b.2) 사후 세관조사국 국장 또는 세관 국장이 결정한 행정 처분에 대한 2차 불복 처리

c. 사후 세관조사국 국장은 사후 세관조사국 국장이 결정한 행정 처분에 대한 1차 불복 처리

d. 관세총국장

    d.1) 관세총국장이 결정한 행정처분에 대한 1차 불복 처리. 관세총국 감사 부서는 불만 처리를 위해 관세총국장에게 통지해야 한다.

    d.2) 관세국 국장이 결정한 행정처분에 대한 2차 불복 처리. 사후 세관조사국 국장은 불만을 해결하기 위해 관세총국장에 통지해야 한다.

    d.3) 사후 세관조사국 국장이 결정한 행정처분에 2차 불복 처리. 관세총국 검사 부서는 최초 불복 처리를 수행

e. 재무부 장관은 관세총국장이 결정한 행정처분에 대한 2차 불복 처리를 수행해야 한다. 재무부 감사 부서는 재무부 장관에게 통지해야 한다.

<이 글은 2020년 1월 기준 현행 법령을 기준으로 작성되었습니다. 베트남 관세조사에 대해 이해를 돕기 위한 목적으로 활용하시기 바랍니다. 의사결정이 필요한 경우 반드시 현행규정을 확인하시기 바랍니다.>